DANN HABEN DIE HALT MEINE DATEN. NA UND?

EIN BUCH FÜR ALLE, DIE NICHTS ZU VERBERGEN HABEN

KLAUDIA ZOTZMANN-KOCH

EDITION SILBENREICH

DANKE

Liebe Leser:innen,

herzlichen Dank, dass Ihr dieses Buch erstanden habt. Ich freue mich sehr darüber. Jeder Buchkauf ist nicht nur ein Stück meines Einkommens als selbständige Autorin, sondern motiviert vor allem ungemein. Ich danke Euch für diese doppelte Unterstützung.

Viel Spaß beim Lesen und bei der Umsetzung!

Eure Klaudia

INHALT

INFOS

Arbeitsblätter

Ab dieser vierten Auflage enthält das Buch Arbeitsblätter für den leichten Einstieg ins Umsetzen.

Für Schulklassen, die die Themen gemeinsam bearbeiten wollen sowie für Menschen, die bereits frühere Ausgaben des Buchs haben, oder diejenigen, die nicht in ein gedrucktes Buch schreiben möchten, gibt es die Arbeitsblätter auch zum Download unter CC-BY-SA 4.0 Lizenz auf meiner Webseite.

https://www.zotzmann-koch.com/na-und/

Disclaimer

Dieses Buch ist für Technik-Laien geschrieben, für Menschen, die bislang vielleicht nicht viel mit Datenschutz am Hut hatten. Daher sind die technischen Inhalte stark vereinfacht und schematisiert, um die komplexe Thematik möglichst verständlich zu machen. Die technisch Interessierten mögen es verzeihen.

Außerdem ist die sehr persönliche, eher lapidare Ansprache Absicht, um den teils sehr abstrakten Themen die Distanz zu nehmen.

Die Nennungen von konkreten Browsern, Plugins, Suchmaschinen, Messengern, etc. sind Vorschläge. Es sind Programme, die ich selbst benutze oder kenne. Ich bekomme kein Geld dafür, dass ich sie hier nenne. Wenn vorhanden, stelle ich Euch mehrere Alternativen zu einem Service vor, sodass Ihr Eure eigene Entscheidung treffen könnt.

An einigen Stellen gibt es Links, die auf Angebote Dritter verweisen, auf die ich keinen Einfluss habe und ich somit für deren Inhalte etc. keine Gewähr übernehme.

Alle in diesem Buch verwendeten Marken- und Produktnamen sind Eigentum der jeweiligen Unternehmen. Die Inhalte wurden mit größter Sorgfalt und Genauigkeit erstellt, für die Richtigkeit, Vollständigkeit und Aktualität der Inhalte übernehme ich jedoch keine Gewähr. Sollte Euch ein Fehler auffallen, freue ich mich sehr über eine Nachricht an na-und@zotzmann-koch.com.

Die Quellenangaben stellen nur eine Auswahl von zumeist einer Fülle an Informationen dar. Ich lade Euch ein, selbst weiter zu recherchieren und Euch zu informieren. Sollte Euch dabei auffallen, dass es noch viel bessere Quellen gibt, oder ich einen Sachverhalt falsch oder nicht scharf genug dargestellt habe, freue ich mich ebenfalls über eine Nachricht an na-und@zotzmann-koch.com.

Auf der Buch-Detailseite zotzmann-koch.com/book/na-und gibt es eine Unterseite mit Updates, weiteren Links und Quellen.

VORWORT ZUR VIERTEN AUFLAGE

Facebook heißt jetzt Meta (also der Konzern, nicht die Plattform) und Google Analytics ist seit Neuestem illegal. Google Fonts auch. Und diese mehrseitigen Cookiebanner mit vorausgewähltem »berechtigtem Interesse« ebenso. Es passiert ein bisschen was im Bereich Datenschutz und Privatsphäre und ich höre seltener »ich habe ja nichts zu verbergen«, aber dafür öfter »es ist mir nicht egal, aber ich kann ja nichts machen«. Das stimmt nur zum Teil. Wir können eine Menge tun, um unseren eigenen kleinen Vorgarten sauber zu halten und anderen Menschen davon erzählen, dass sie in ihrem Vorgarten anfangen. Denn Nichts tun ist nur eine schlechte Option, nachdem wir nicht nur für unsere eigenen Daten, sondern auch für die all derer verantwortlich sind, von denen wir Kontaktdaten, Fotos, Videos oder sonstige persönliche Informationen bei uns auf unseren Geräten, in Cloud-Speichern oder auf Social Media gepostet haben.

Ich tue mich schwer damit, einen genauen Punkt auszumachen, an dem die Themen Privatsphäre und Datenschutz wirklich Fahrt aufnahmen. Es werden jedenfalls die Zeitungsausschnitte mehr, die ich von meiner Familie per Messenger geschickt bekomme. In kleinen Lokalzeitschriften wie auch überregionalen Blättern wird zunehmend über Google, Facebook, WhatsApp und wie sie alle heißen aufgeklärt und berichtet. Kritisch durchaus und mit Möglichkeiten, den jeweiligen Unternehmen ein Schnippchen zu schlagen. Wir sind auf einem guten Weg.

Für die letzte Neuauflage war der Fall des PrivacyShields ein ausschlaggebendes Ereignis. Für diese hier sind es vielmehr einzelne, vermeintlich kleinere Ereignisse, Gerichtsentscheidungen, und Entscheidungen von Datenschutzbehörden, die sich in kurzer Zeit zusammenläpperten.

Auch wenn ich mir den bisherigen Verlauf des noch sehr jungen Jahres 2022 ansehe: Drei wichtige Entscheidungen sind bereits gefallen: Noch im Dezember 2021 entschied die Datenschutzbehörde in Österreich, dass Google Analytics, also Googles weiterverbreitetes Webseiten-Analysetool, rechtswidrig ist.[1] Keine vier Wochen später gab es eine Entscheidung des Landesgerichts München, dass Google Fonts, also Schriftarten, die von Google Servern an Webseiten ausgespielt werden, rechtswidrig sind.[2] Anfang Februar erklärt die belgische Datenschutzbehörde den technischen Standard hinter Einwilligungen zu Werbezwecken für rechtswidrig.[3] Und nur einen Tag später entschied das irische ICCL, dass die Cookie-Banner nach iab-Standard rechtswidrig sind.[4] Iab steht für Interactive Advertising Bureau und deren Cookiebanner-Design-Standard ist das mit den mehreren Unterseiten und verstecktem und auch noch vorangehaktem »berechtigtem Interesse«.

Das war der Tag, an dem ich beschloss, diese Neuauflage endlich anzugehen, ehe ich nicht mehr nachkomme mit dem Überarbeiten. Bitte schaut auf meiner Webseite nach möglichen weiteren Änderungen.

All diese Entscheidungen passieren natürlich nicht aus heiterem Himmel oder weil »die da oben« sich darum kümmern, weil's auf ihrer To-Do-Liste steht. Das alles passiert, weil viele Menschen wie Ihr und ich uns mit den Themen auseinandersetzen, recherchieren, darüber reden. Zum Beispiel mit der Nachbarin. Und die trifft im Kindergarten beim Abholen den Vater eines anderen Kindes. Und der ist im Landtag. Und so geht die Sache weiter. Ein gutes Beispiel für eine »Grassroots-Bewegung«; eine Bewegung, in der Themen von unten nach oben sickern.

Und etwas mehr als zwei Jahre nach der Veröffentlichung der ersten Auflage sitze ich hier und aktualisiere erneut ein Sachbuch über Datenschutz, bei dem sich weitere Teilbereiche geändert haben – zum Besseren. Dank Euch und all den Menschen, die über die Themen lesen, weiter recherchieren, drüber reden, bloggen, podcasten und auf Social Media posten. Und die hinterfragen, wenn bestimmte Software von US-Konzernen z. B. im Bildungsbereich eingesetzt werden soll. Die nicht alles hinnehmen, was Typen in Anzügen für viel Geld an ahnungslose Menschen in Zugzwang verscherbeln. Gut so. So funktioniert eine aufgeklärte Gesellschaft und so funktioniert Demokratie.

Ja, manche Debatte ist mühsam und macht keinen Spaß. Wer weiß das besser als ich, die (auch noch als Frau) versucht, für das Thema Datenschutz eine Lanze zu brechen? Aber es ist gut, wenn sie geführt werden. Nichts ist tödlicher für eine Debatte als »toxische Positivität« – das Wort habe ich 2020 gelernt. Es bezeichnet den Zustand, wenn eine Stimmung oder Gruppen-kultur vorherrscht, in der nichts Aufreibendes gesagt werden darf. Wo jeder Konflikt und jede Diskussion über Missstände ums Verrecken vermieden wird. Wo Diskussion und gemeinsame Konsensfindung in Anbetracht aller Fakten unerwünscht sind. Toxische Positivität bringt uns gesellschaftlich nicht weiter, weil Missstände nie aufgezeigt werden dürfen. Übrigens ist »Trollen« die zweite Art, mit der wir kein Stück weiterkommen; also das opportunistische Auf-Alles-Draufschlagen, bis die Parteien der Diskussion so gespalten sind, dass keine Kommunikation mehr möglich ist. Dazu gehört auch »Derailing«, also das Ablenken vom Thema und ebenso »Whatabou-tism«, also ebenfalls Ablenken, aber mit der Frage »aber was ist mit XY, die auch ein Problem haben?!«.

2022 hänge ich an diese Liste noch an, dass ich zunehmend Menschen begegnet bin, die lauthals verkünden, dass man ja nirgendwo mehr frei seine Meinung sagen darf, weil man dafür gleich »geächtet würde«, wie es die letzte Person ausdrückte, die dies laut und öffentlich sagte. Der Ironie dürfen wir hier eine Gedenkminute abhalten. All jenen sei gesagt: Wir leben hier – glücklicherweise! – in einer Demokratie, zu der Meinungsfreiheit essentiell dazu gehört. Andere Menschen auf dieser Welt haben dieses Privileg nicht. Denn Meinungsfreiheit bedeutet, dass wir öffentlich frei unsere Meinung äußern dürfen, solange sie eine Meinungsäußerung und keine rechtswidrige Äußerung (z. B. Nazi-Propaganda oder Aufruf zu Straftaten) ist, und wir für diese Meinungsäußerung nicht belangt werden. Meinungsfreiheit bedeutet nicht, dass ich eine Meinung habe und alle anderen die Freiheit, diese eine, meine Meinung teilen zu müssen. Alle anderen dürfen ihre eigene Meinung haben und frei äußern und wir alle müssen es aushalten, dass diese Meinungen auch unterschiedlich sein können. »Agree to disagree« nennen die Briten das. Und von gespaltener Meinung können die wohl ein Liedchen singen.

Es ist großartig, dass Ihr Euch hier mit diesem sich langsam wandelnden, und immer noch für viele aufreibenden Thema beschäftigt. Wir brauchen als Gesellschaft Menschen, die sich mit den kritischen Themen befassen. Die auf Wissenschaftler:innen und in dem Fall Datenschutzexpert:innen und auch IT-Forensiker:innen vertrauen. Die genau hinschauen, was tatsächlich in einer Software passiert, welche Daten erhoben und irgendwohin übertragen werden, wo sie nichts zu suchen haben. Und die dann die Frage stellen: cui bono? Wo fließt hier das Geld?

Danke, dass Ihr ein Teil davon seid. Und danke, dass Ihr Euch mit den Themen auseinandersetzt, die mir – wie einer immer größer werdenden Menge an Menschen – sehr am Herzen liegen. Viel Spaß beim Lesen und beim Entdecken der vielfältigen Möglichkeiten, es anders zu machen.

Klaudia Zotzmann-Koch

---

1. https://noyb.eu/en/austrian-dsb-eu-us-data-transfers-google-analytics-illegal
2. https://rewis.io/urteile/urteil/lhm-20-01-2022-3-o-1749320/
3. https://netzpolitik.org/2022/datenschutzgrundverordnung-wichtiger-baustein-fuer-cookie-banner-ist-illegal/
4. https://www.iccl.ie/news/gdpr-enforcer-rules-that-iab-europes-consent-popups-are-unlawful/

GELEITWORT

von Katharina Larisch & Volker Wittpahl

Dass es unter der schönen bunten Oberflächen unserer digitalen Welt brodelt und im verborgenen quirlig werkelt, bekommt ein jeder von uns mit, wenn eine irritierend treffende Werbeanzeige oder Kaufempfehlung sich in unserem Browser öffnet und man sich leicht beklemmt die Frage stellt: »Woher wissen die, obwohl ich doch …?«

Obwohl ich doch, … nichts gemacht habe? Ja, genau deshalb! Weil ich nichts gemacht habe: Weil ich die AGBs nicht gelesen habe, weil ich die Firmware nicht upgedatet habe, weil ich nicht nachgedacht habe, bevor ich die Google-Suche genutzt oder bei Facebook etwas gepostet habe!

Wo ist das Problem? Ich habe doch nichts zu verbergen. Das mag sein, aber ich habe definitiv etwas zu verlieren. Was wir zu verlieren haben verbirgt sich hinter dem eher unattraktiven und zum Teil mit negativen Assoziationen versehenen Begriff »Datenschutz«:

Datenschutz – dieses Wort löst Widerwillen aus.
Datenschutz – das ist ein administratives Monster, welches mein Leben erschwert.
Datenschutz – das ist das Totschlagargument, um ungeliebte Prozesse abzuwürgen.

Dabei ist Datenschutz unser Grundrecht, welches uns gegen den Datenhunger von Konzernen und Organisationen schützt. Es verhindert Profiling und damit Diskriminierung.

Klaudia hat uns ein Jahr lang als Coach begleitet, um uns für den Umgang mit Daten in der digitalen Welt zu sensibilisieren und Wege aufzuzeigen, wie man sich als technischer Laie wappnen kann. Das vorliegende Buch liest sich für uns wie eine Zusammenfassung ihrer Coaching-Sitzungen.

In den Sitzungen hat sie uns aufgezeigt wie perfide und jeglichen Datenschutz missachtend heute von vielen Konzernen Nutzerdaten abgegriffen werden, um daraus Milliardengewinne zu generieren. Auch die Datenschutzgrundverordnung, kurz DSGVO, wird dabei häufig missachtet oder die vermeintlichen Bestimmungen werden so umständlich beschrieben, dass jeder einfach zustimmt, weil man die Tragweite der Zustimmung nicht erfasst.

Dank Klaudia sind wir in der Lage besser zu verstehen, was mit unseren Daten passiert und so informierte Entscheidungen zum Umgang mit unseren Daten zu treffen. Jedem, den wir treffen, erzählen wir davon. Ganz häufig kommt dann die »Ich habe nichts zu verbergen«-Diskussion und wir versuchen aufzuklären, welche Verantwortung jeder einzelne für sich und die Gemeinschaft hat.

Die überarbeitete 2. Auflage ist da – was hat sich geändert? Bei vielen Menschen nicht sehr viel und schon gar nicht unter Corona-Bedingungen. Als Emotet wütete, waren wir froh, dass auf all unseren Privatrechnern nur noch Linux läuft und wir statt Microsoft Office LibreOffice nutzen. Als bekannt wurde, dass im Rahmen vom Solarwind Virus auch Microsoft OneDrive korrumpiert sein könnte, waren wir froh, dass unsere Daten schon seit zwei Jahren auf einer privat gehosteten Cloud liegen. Um Datenschutz muss man sich selbst kümmern und das ist so mühsam wie den inneren Schweinehund zu überwinden, um sich gesund zu ernähren oder sich ausreichend zu bewegen. Bei den letzteren beiden siegt die Ratio über den Schweinehund und beim Umgang mit digitalen Lösungen inzwischen auch.

Bei einigen Anwendungen ist die freie Open-Source-Welt komplizierter oder weniger komfortabel, aber sie funktioniert. Manchmal fordert sie auch Geduld und die Auseinandersetzung mit ihr, da nicht für jedes gemeinnützige Open-Source-Softwareprojekt genug Menschen verfügbar sind, die tolle

Bedienungsanleitungen schreiben. Aber das ist wie Sport, da musst man durch, nicht um dem Herzinfarkt zu entgehen sondern dem Profiling der Datenkraken.

~

Nun liegt die überarbeitete 4. Auflage vor und die Welt hat sich weitergedreht. Zwei Jahre Pandemie zeigen, wie anfällig unsere globalen Wirtschafts- und Gesundheitssysteme sind. Zwei Jahre haben Menschen noch intensiver Internetdienste und digitale Geräte genutzt. Nicht nur das Coronavirus schaffte den Sprung zur Pandemie, auch die digitale Schädlinge haben sich rasend vermehrt: Eine amerikanische Pipeline wurde lahm gelegt, die Rechner des Landkreises Bitterfeld verschlüsselt und die Technische Universität Berlin konnte über Monate nicht mehr digital arbeiten. Immer mehr „Einzelfälle" zeigen, wie verwundbar unsere digitale Infrastruktur ist.

Währenddessen saßen viele von uns zu Hause bei Streaming-Angeboten von Netflix und noch mehr Lieferungen von Amazon. Manche konnten und durften von zu Hause arbeiten, so dass Videokonferenzen nicht mehr Privileg sondern das neue Normal in allen Lebenslagen sind. Aber nicht nur wir saßen zu Hause, sondern auch die Hacker. Sie haben ihre Methoden optimiert. Ebenso entwickelten die global agierenden Datenhändler ihre Werkzeuge und Angebote weiter und freuen sich über die täglich mehr werdenden Datenmengen.

Wenn ich nichts zu verbergen habe, warum gibt es dann noch Bankgeheimnis, Wahlgeheimnis, ärztliche Schweigepflicht und Briefgeheimnis?

Wenn uns diese Errungenschaften in der physischen Welt wichtig sind, so müssen wir sie auch in der digitalen Welt verteidigen. Viele Menschen ist dies im Umgang mit digitalen Diensten aber nicht bewusst. Sonst hätten sie den ein oder anderen vermeintlich freien Dienst nicht einfach genutzt und ihn dabei mit wertvollen persönlichen Daten versorgt.

Mit der 4. Auflage ist nun dem digitalen Laien die Möglichkeit gegeben, sich den neuen Bedrohungen bewusst zu werden und sich entsprechend abzusichern.

– Katharina Larisch & Volker Wittpahl

WIE ICH SELBST VON EINER »NORMALEN ANWENDERIN« ZUR »ZERTIFIZIERTEN DATENSCHUTZEXPERTIN« WURDE

Diesen Teil könnt Ihr gerne überspringen. Die spannenden Teile, warum Ihr Euch mit Privatsphäre beschäftigen solltet und was alles geht, kommen ab Kapitel 1.

Ihr müsst nicht irgendwas mit IT oder Technik studiert oder eine mehrjährige Ausbildung in dem Bereich gemacht haben, um die Themen »Privatsphäre« und »Datenschutz« zu verstehen. Es reicht, Euch damit zu beschäftigen und ggf. auch nicht locker zu lassen, wenn Euch eine Frage umtreibt.

Es ist gar nicht so lange her, da war ich eine normale Internetnutzerin. Ich hatte seit 2007 ein Facebook-Konto, nutzte Gmail und web.de und davor auch Myspace und StudiVZ. Ich arbeitete mit Google Docs und nutzte Google Maps, wenn ich mich irgendwo nicht auskannte. Ich »skypte« regelmäßig mit meiner Mutter und meiner Oma, hatte Evernote und Dropbox auf allen meinen Geräten und insgesamt wenig Ahnung, wie das Internet funktioniert, wie Werbetechnologien arbeiten und all die anderen Sachen, von denen später noch die Rede sein wird. Ich hatte sogar mal Kundenkarten.

Dann wechselte ich von der Uni zu einer Vollzeitstelle als Projektmanagerin in der Webentwicklung und lernte, wie das Internet funktioniert, wie man große Webseiten, Onlinespiele und Apps baut und auch, wie man Tracking, also Besucherzählung und Analyse von Nutzer:innenverhalten, einbaut und nutzt. Zu dem Zeitpunkt war es mein Job, Kundenprojekte zu begleiten und umzusetzen und noch immer war ich mit Facebook-Veranstaltungen und -Fotoalben und allem oben genannten fleißig dabei.

Und dann gab es mehrere Ereignisse in meinem Leben, nach denen ich das vage Gefühl hatte, dass mir »Die« zu nahe auf die Pelle rückten. Personalisierte Werbung über mehrere Geräte hinweg war mir unangenehm. Bei einem Skiurlaub wusste mein Exmann genau, wo ich gefahren war, bevor ich ihm davon erzählte, weil die Familienfreigabe im Telefon ihm live anzeigte, wo sich mein Telefon – und damit auch ich – befand. Auch abseits dessen empfand ich zielgerichtete Angebote und Informationen zunehmend als übergriffig. Dabei ging es gar nicht darum, dass ich »etwas zu verbergen« hatte. Ich erzählte meinem Exmann ja auch selbst, dass ich todesmutig mit dem Skikurs die Anfängerstrecken hinunter gerast war (mit vermutlich 10 km/h). Ich fand es nur irritierend, dass er es bereits wusste.

Genauso wie viele andere ging ich damals der Illusion auf den Leim, dass »etwas zu verbergen haben« gleichbedeutend sei mit »etwas verbrochen zu haben«.

Ich jubelte, als *Anonymous* Websites des IS übernahm und mit Werbung für Potenzmittel bespielte. Ich feuerte die Jungs und Mädels von *Anonymous* an: »Go, guys, go!« Und ich beschloss, mich näher mit diesem Thema »Internetsicherheit« zu beschäftigen.

Später im selben Jahr besuchte ich meine erste »Cryptoparty«, einen jener Abende, die es in quasi jeder größeren Stadt gibt, an denen man von fachkundigen Menschen lernen kann, wie man die eigene Privatsphäre schützen kann; beispielsweise wie man eMails verschlüsselt, wie man sein Telefon sicherer macht etc. Ich wollte damals wissen, wie das mit dieser Verschlüsselung grundsätzlich funktioniert. Nicht wegen meines Exmanns, sondern weil ich schrecklich neugierig bin. Noch ein bisschen später zog ich dann bei ihm aus und wohnte zehn Wochen bei einem Kumpel auf der Couch, bis ich eine eigene Bleibe hatte. Während dieser Zeit war ich dann öfter im Wiener Hackspace, dem *Metalab*, weil ich dort mehr »Privatsphäre« hatte, als auf der fremden Couch. Ich lernte nicht nur, wie Verschlüsselung funktioniert und welche Messenger sinnvoller sind als andere und warum, ich lernte auch eine Menge Leute kennen, die im Bereich Datenschutz und IT-Sicherheit wissen, was sie tun.

Im selben Jahr fuhr ich sehr spontan nach Hamburg zum jährlichen Kongress des CCC, des *Chaos Computer Clubs*. Ich war überwältigt. Neben einem ausufernden Maß an buntem Blinken und vielen Spaß-Projekten wie beispielsweise einem Fernschreiber, dem man via Internet Nachrichten schicken konnte, die dann auf Lochstreifen ausgegeben wurden, gab es ein

Vortragsprogramm, das sich gewaschen hatte. Nahezu alles wurde von den Teilnehmer:innen selbst angeboten. Keine bezahlten Vortragenden und schon gar keine »Keynotespeaker«, sondern alles Leute, die in ihren Dayjobs tagtäglich mit dem Zeug arbeiteten, über das sie sprachen. Die Vorträge hatten insgesamt ein derart hohes Niveau, das ich an der Uni nur selten erlebt habe. Bis heute: Hut ab.

Nach diesem Kongress wurde in Wien die lokale CCC-Niederlassung regegründet, die die letzten zehn Jahre eingeschlafen gewesen war. Gleich zu Beginn der Vereinstätigkeit wurden zwei große Projekte gestartet: »Chaos macht Schule« wurde von Deutschland nach Wien geholt. Das bedeutet, dass Menschen in ihrer Freizeit unbezahlt in Schulen gehen und dort Workshops zu Internetsicherheit und Medienkompetenz für Schüler:innen, Lehrende und Eltern abhalten. Viele von ihnen nehmen sich dafür extra einen halben Tag oder auch länger frei, um ehrenamtlich das zu kompensieren, was andere für viel Steuergeld in ihrer Arbeitszeit versäumen. Das andere Projekt, das im selben Jahr startete, ist die »PrivacyWeek«, die seither jährlich stattfindet, 2020 und 2021 aufgrund der Gegebenheiten komplett online. Die Privacy-Week ist eine ganze Woche voller Workshops, Vorträge, Kunstprojekte, Filmvorführungen, Diskussionsrunden und Austausch. Zielgruppe: jede:r, den:die die Themen Privatsphäre, Medienkompetenz, Internetsicherheit und Demokratie interessieren – weil wir unser Wissen und unsere Erfahrungen in die Gesellschaft tragen wollen. Ich bin sehr glücklich, dieses Projekt bis heute mit betreuen und gestalten zu dürfen.

Im Frühjahr 2016, wenige Wochen nach meinem ersten Congress, hatte ich aufgehört, Facebook zu nutzen. Ebenso Google Maps, die Google Suche, WhatsApp, Gmail, web.de, GMX und einiges andere, was mir nicht einmal mehr einfällt. Ich hatte noch Twitter und die eMail-Adresse, die mit dem Webspace meiner Domain gekommen war. Außerdem noch Skype für das sonntägliche Video-Telefonat mit meiner Familie. In meiner Erinnerung habe ich nicht einmal gemerkt, wie ich mich langsam aber sicher von allem anderen verabschiedet hatte.

Ich begann, Vorträge darüber zu halten, welche Dienste datensparsamer sind als andere. Ich erzählte bei Autor:innen-Treffen davon, was Hacker:innen sind und was alles nicht. Und dass niemand, der:die sich mit Internetsicherheit auskennt, jemals »Cyber« sagt, ohne es ironisch zu meinen. (Weil das nämlich von »Kybernetik« kommt und absolut nichts mit dem zu tun hat, wofür es im Marketing und in den Medien verwendet wird.)

Ich lernte im nächsten Dayjob – wieder Projektmanagement Webentwicklung –, wie große Trackinganbieter wie Adobe, IBM und Oracle arbeiten und wie deren Verträge aussehen. Allerdings machte ich wenig Projektmanagement, weil es dafür noch eine eigene Abteilung gab. Stattdessen sollte ich mich 14 Monate lang um Google Werbebanner kümmern. Ich erzählte meinem Arbeitgeber im Wochentakt, dass ich das nicht machen will und warum und kündigte schließlich, als ich noch mehr Werbebanner auf meinen Tisch bekommen sollte.

Stattdessen machte ich die Ausbildung zur Datenschutzbeauftragten. Ich hatte mittlerweile genug gelernt, dass ich mich mit dem Thema wohlfühlte und nach der Prüfung legte ich noch eine weitere bei der österreichischen Wirtschaftskammer zur Datenschutzexpertin ab.

Der 25. Mai 2018, also der Stichtag für die DSGVO, kam und zumindest in Österreich schien damit das Thema gestorben. Schlag Mitternacht war alles ruhig. Fünf Nachzügler-eMails kamen noch am 25. vormittags, ab dann: *Totenstille*. Ab dem Zeitpunkt schaute ich voller Bewunderung nach Deutschland und Frankreich wo Datenschutz tatsächlich durchgesetzt wurde. Von einigen nordischen Ländern ganz zu schweigen. Österreich schaffte es hingegen, drei Wochen vor dem Stichtag die lokale Gesetzgebung so anzupassen, dass »Verwarnen statt Strafen« im Datenschutzgesetz steht. Entsprechend lax ist zuweilen der Umgang mit Datenschutz und gerade mal das Minimum wird in vielen Firmen umgesetzt. Im November 2019 wurde von der Datenschutzbehörde mit der 18-Millionen-Euro-Strafe gegen die österreichische Post erstmals ein ernstzunehmendes Bußgeld gegen ein österreichisches Unternehmen verhängt; dafür, dass sie die politische Einstellung der in Österreich lebenden Menschen erhoben bzw. hochgerechnet und an Werbetreibende verkauft hat.[1] Die Post ging rechtlich gegen die Strafe vor, weil sie darin ihr zentrales Geschäftsmodell gefährdet sah – und kam tatsächlich ohne Strafzahlung davon.[2] Und das schlug nicht einmal sonderlich hohe Wellen. Wenn ein teilstaatlicher Betrieb sein zentrales Geschäftsmodell im Datenhandel mit sensiblen Daten sieht, sagt das ja auch schon sehr viel aus. Im Übrigen stellen die 18 Millionen ziemlich genau 1 % ihres Jahresumsatzes dar. 4 % wäre die mögliche Maximalstrafe gewesen. Die Datenschutzbehörde scheint also tatsächlich aktiv zu sein – ein Umstand, der in der Bevölkerung und bei den meisten Firmen nur sehr, sehr langsam sickert. Vielleicht trägt ja das Urteil zu Google Analytics[3] von Ende Dezember 2021 mehr zur öffentlichen Wahrnehmung bei.

Noch immer gilt: Alle, die es sich leisten können, beauftragen ihre Haus- und Hof-Kanzleien für Datenschutzthemen, ungeachtet dessen, dass Datenschutz nur zum Teil ein juristisches Thema ist. Mindestens zur Hälfte ist es auch eine Sache von technischer Expertise. Einige haben dies bereits verstanden und ihre Teams divers aufgestellt – divers hier im Sinne der Mischung von Techniker:innen und Jurist:innen. Zwei meiner vergangenen Arbeitgeber setzten auf derart durchmischte Teams und die Arbeit zwischen Jurist:innen und Techniker:innen fand ich immer sehr bereichernd.

Auf den folgenden Seiten habe ich festgehalten, was ich in den letzten Jahren gelernt habe.

---

1. https://kurier.at/chronik/oesterreich/post-in-der-causa-datenskandal-verurteilt/400660373
2. https://netzpolitik.org/2020/dsgvo-millionenstrafe-gegen-oesterreichische-post-ag-aufgehoben/
3. https://noyb.eu/en/austrian-dsb-eu-us-data-transfers-google-analytics-illegal

TEIL I

HINTERGRÜNDE

1

ZITRONENFALTER FALTEN KEINE ZITRONEN

»Datenschutz« klingt schon so staubig. Dabei geht es beim Datenschutz nur bedingt darum, Daten zu schützen. Zitronenfalter falten ja auch keine Zitronen.

BEIM DATENSCHUTZ GEHT ES DARUM, Menschen-[1] und Persönlichkeitsrechte[2] vor Missbrauch und Verkauf zu bewahren. Es geht darum, Eingriffe in unsere Grundrechte zu unterbinden. Es geht um Minderheitenschutz, Privatsphäre und höchstpersönliche Lebensbereiche. Es geht darum, was niemanden etwas angeht und dass das auch so bleiben darf. Es geht um gleiche Chancen für alle in unserer Gesellschaft, unabhängig von Finanzkraft, Herkunft oder gesellschaftlicher Stellung.

DER KNACKPUNKT BEIM DATENSCHUTZ IST, dass er ein Teamsport und kein individuelles Thema ist. Natürlich soll jede:r Einzelne auf seine oder ihre Geheimnisse aufpassen. Aber nur gemeinsam arbeiten wir effektiv daran, dass es für alle gleich fair zugeht. Jede:r kann noch so gut auf Datensparsamkeit achten; sobald eine Person aus der Gruppe WhatsApp auf dem Telefon installiert, werden alle Daten aus deren Adressbuch automatisch an Facebook übertragen. Auch die Daten derjenigen Personen, die selbst nie ein Facebook-Konto hatten oder eröffnen würden.

· · ·

Die Privatsphäre der einen hört dort auf, wo die Unachtsamkeit der anderen beginnt. Oder Wurschtigkeit, wie man in Österreich wohl sagen würde.

~

Wer sind »Die« überhaupt?

Natürlich könnte ich jetzt hier von »Threatmodels« schreiben und weiß genau, dass 90 % der Leser:innen an dieser Stelle frustriert das Buch schließen würden. Das ist auch nur das Technikerwort für »was ist Dein größtes Problem« oder »was ist Dein Bedrohungsszenario«.

Bedrohung? Aber ich fühle mich gar nicht bedroht! Ja, genau. Die Probleme, die das Internet und all die Technik mit sich bringen, sind leider nur selten sichtbar. Abgestumpft sind wir von all den Datenskandalen auch schon. Ich nehme mich nicht aus. So sehr es mich innerlich aufregt, entlockt es mir nur noch ein müdes Augenbrauenheben, wenn Facebook nahezu im Wochentakt den datensparsamen Vogel abschießt oder ich lese, dass ein Unternehmen im Silicon Valley Informationen von Menschen, die bei Suizid-Hotlines Hilfe suchen, kommerziell auswertet und weiterverkauft.[3]

»Die«, das sind die üblichen Verdächtigen wie Facebook, Microsoft, Apple, Amazon und Google, aber nicht nur. Ganz vorne stehen beispielsweise Versicherungen, aber auch Krankenkassen, die nur allzu gerne vom Datenkuchen naschen. Wo früher Verkehrsbeobachtung, Bewertung von Wohngegenden und Anzahl von Versicherungsfällen einer Person berücksichtigt wurden, liegen mittlerweile quasi in Echtzeit Daten aus Kartenzahlungen, Verkehrsdaten aus Navigationsgeräten, Vitaldaten aus Fitnesstrackern, Werbeprofile über Einzelpersonen und vieles mehr vor, um zu bewerten, wie risikoreich oder (un)gesund eine Person lebt.[4] Oder eben, ob sie bei einer Hotline für Suizidgefährdete anruft.

Daneben sind auch Banken sehr an unseren digitalen Spiegelbildern interessiert. Ihnen geht es in dem Fall oft um die Kreditwürdigkeit von Menschen. Obendrein kommen Kreditauskunfteien, die ein sehr großes Interesse an unseren Lebensumständen haben. Und wenn die Schufa demnächst verkauft wird[5], wird dieses Thema hoffentlich auch endlich breiter diskutiert werden.

Viele »Startups« sind aus verschiedenen Gründen regelrechte Datenlöcher. Manche achten bei ihrer Zieleverfolgung einfach nicht darauf, datensparsam vorzugehen und benutzen alles, was der Werbewerkzeugkasten so hergibt. Nicht nur für Werbung, sondern schon vorher, wenn es darum geht, ihre Apps, Services oder Webseiten mit den Softwarelösungen zu bauen, die große Anbieter wie Google oder Facebook gratis zur Verfügung stellen. Manche wollen auch bewusst vom großen Datenkuchen naschen und als ein Rädchen von tausenden in der Datenhandelsmaschinerie mitspielen.

Danach kommen Konzerne, Firmen, staatliche Stellen, Leute, die Geld machen wollen und last but not least: Menschen, die den Brexit und die Wahl Trumps zum US-Präsidenten, aber noch weitaus mehr konzertierte politische Einflussnahmen weltweit zu verantworten haben. Und zwischen all denen machen tausende Datenhändler eine Menge Geld damit, Datenmengen anzukaufen, abzugleichen, zusammenzuführen und weiterzuverkaufen.

Wenn Du mehr über staatliche Überwachung und die Maschinerie dahinter erfahren möchtest, kann ich Euch die Biographie von Edward Snowden »Permanent Record« sehr ans Herz legen. Und die Maschinerie hinter Instagram, Facebook, Google, Twitter etc. erklärt die Dokumentation »The Social Dilemma« sehr eindrucksvoll und ich spreche auch für sie eine große Empfehlung aus.

Dass auch die staatliche Nutzung unserer privaten Daten ein Thema ist, zeigte im Januar 2020 der Clearview-Skandal.[67] Da wurde bekannt, dass eine Firma namens Clearview Fotos aus Facebook, Twitter, Youtube und anderen sozialen Netzwerken einsammelte und zu einer riesigen Datenbank mit Gesichtsbildern von Menschen zusammenführte. »Scrapen« nennt man das, also »zusammenkratzen«. Die Rede war von drei Milliarden Bildern. Und diese Datenbank samt ihren Diensten dazu, bietet Clearview über 600 Behörden, aber auch privaten Unternehmen an. In einem Artikel der Zeit steht: »Clearview überwacht, nach welchen Personen die Polizei sucht«. Der ganz besonders beunruhigende Teil ist, dass Behörden Daten von Startups und Marketingunternehmen einkaufen, auf deren Basis sie Ermittlungen führen. Wie es aussieht auch von Foto- und Beauty-App-Anbietern.[8] Es gibt die Petition »Reclam Your Face«[9], »Fordert Euer Gesicht zurück«. Auf der Webseite der zivilgesellschaftlichen Initiative für ein Verbot biometrischer Massenüberwachung gibt es weitere Informationen dazu, wie unsere Bilder gegen uns verwendet werden.

Klick und weg: DSGVO

Nee, bleib weg! Alles nur schwachsinniges Gelaber und alles ist viel komplizierter geworden! Mein Arzt will eine Einwilligung von mir, dass er mein Blut wie vorher auch immer ans externe Labor zur Untersuchung schicken darf! ...

JA, ich weiß. Es ist soviel Blödsinn passiert, dass die Wörter »DSGVO« genauso wie »Datenschutz« völlig *verbrannt* sind. Bei den Wörtern stellt es den meisten die Nackenhaare auf. Bis auf ein paar Leute, die freiwillig in dem Bereich arbeiten (ich zum Beispiel), hat kaum jemand positive Assoziationen dazu. Und zwar – leider – aus gutem Grund.

Versuchen wir es trotzdem, ja? Also: Was ist die DSGVO und warum wollen wir sie haben?

Die DSGVO, die europäische Datenschutz-Grundverordnung, ist tatsächlich ein großer Gewinn auf der Seite von Bürger:innen. Anfang 2022 kann ich sagen, dass die guten Seiten der DSGVO in meiner Wahrnehmung langsam auch in den Medien und im Bewusstsein der Menschen zu Tage kommen.

Leider versäumten es die Regierungen sowohl in Deutschland als auch in Österreich (sowie auch in den meisten anderen europäischen Ländern), innerhalb der zwei Jahre Vorlaufzeit zwischen Inkrafttreten der DSGVO im Mai 2016 und ihrer tatsächlichen Durchsetzung ab 25. Mai 2018, hilfreiche Informationen zu produzieren und flächendeckend auszugeben. Statt zwei Jahren, die eine relativ bequeme, tiefergehende Information und halbwegs entspannte Umsetzung ermöglicht hätten, blieben letztlich nur zwei Monate, um die Auflagen der DSGVO zu erfüllen.

Die zwei Monate vor dem Stichtag am 25. Mai 2018 waren überall hektisch. Zu Recht waren Websitebetreiber:innen, kleine und mittlere Unternehmen (KMU), Anwält:innen, Blogger:innen, Unternehmer:innen, Podcaster:innen, Vereine, Ärzt:innen ... eigentlich alle Menschen unglücklich darüber, die strengen Auflagen der DSGVO für ihr jeweiliges Angebot in viel zu kurzer Zeit und ohne hinreichende Informationen umzusetzen; schließlich saßen sie mit der Aufgabe im Dunkeln – allerdings allesamt in einem Boot und damit nicht alleine da. Immerhin. Eine Glanzleistung war die Kommunikation seitens Politik und Wirtschaftsvertretungen eindeutig nicht.

Seit 2018 hat sich durch die Aktivitäten der deutschen Datenschutzbehörden mit öffentlichen Bildungsangeboten, Broschüren auf den Webseiten etc. schon etwas getan. Die Datenschutzbehörden der Länder bieten häufig sehr gute Informationen und manche auch Beratung an und sind oft auch auf

Social Media unterwegs und ansprechbar (zumindest auf Twitter und Mastodon). Und so langsam kommt auch mehr Bewegung in die Sache, was die Ahndung von Datenschutzvergehen angeht.

Viele beklagten sich 2018 darüber, dass die DSGVO schwammig formuliert ist und viele Details unklar seien oder fehlen. Das stimmt. Es war aber auch geplant, die DSGVO gemeinsam mit der ePrivacy-Verordnung an den Start zu schicken. Die ePrivacy-Verordnung sollte all das beinhalten, was in der DSGVO an konkreter Umsetzung fehlt. Leider haben sich hier die Lobbyisten der Werbeindustrie durchgesetzt und die ePrivacy-Verordnung auf das Abstellgleis befördert.[10] Anfang 2021 hat Portugal die EU-Ratspräsidentschaft übernommen und nur wenige Tage danach einen neuen Entwurf der ePrivacy-VO vorgelegt.[11] Im Februar 2021 einigte sich der EU-Ministerrat auf eine gemeinsame Version, dann begann der sogenannte Trilog, also die Verhandlungen von EU-Kommission, Parlament und Ministerrat. Ein Ende scheint noch nicht in Sicht und wenn eine Entscheidung irgendwann kommt, folgen dann, wie auch bei der DSGVO, zwei Jahre Übergangszeit. Wir dürfen also gespannt sein, wie weit Frankreich 2022 mit seiner Ratspräsidentschaft in diesem Thema kommt.

2016 BLIEB dank Werbe-Lobbying vom geplanten Zweiergespann nur noch die DSGVO übrig mit all ihren Höhen und Tiefen. Im Übrigen ist es ein himmelweiter Unterschied, zwischen dem Stempel »DSGVO-konform« auf einem Angebot, einer App, Webseite, ... und tatsächlicher Datensparsamkeit. Die DSGVO verlangt nämlich lediglich, dass die Betreiber angeben müssen, was mit den Daten passiert. Es sagt absolut nichts darüber aus, wie datensparsam ein Unternehmen, eine App etc. tatsächlich ist. Dies macht allerdings einen wichtigen Unterschied.

Der Großteil der Menschen, die Websites oder Onlineshops anbieten, Kundenverkehr etc. haben, haben es mittlerweile geschafft, die Auflagen umzusetzen. Für uns Bürger:innen und Konsument:innen das Sichtbarste sind dabei die Informationspflichten; also Aushänge mit Hinweisen auf Kameraüberwachung und die mittlerweile allgegenwärtigen Datenschutzerklärungen. Manche haben ihre Datenschutzerklärungen, sei es aus Angst, etwas falsch zu machen (und mit drakonischen Geldstrafen bedroht zu werden), sei es aus der Annahme, einen juristisch bindenden Text verfassen (und dafür einen teuren Anwalt engagieren) zu müssen, mit Hilfe von Datenschutzerklärungs-Generatoren verfasst, die zwar teils fehlerhafte Texte ausgeben, aber besser als nichts. Selber schreiben hätte in den meisten Fällen nicht viel länger gedauert und dann wüsste man wenigstens selbst, was drin steht. Aber das will auch vier Jahre nach DSGVO noch immer niemand wissen. Mittlerweile sind vier Jahre vergangen und es wird wirklich Zeit, die Datenschutzerklärungen mal durchzuschauen, ob denn alles darin noch so stimmt, oder ob sich in den vergangenen Jahren vielleicht etwas geändert hat: neuer Hostingservice? Andere Vertragspartner? Neue Software im Einsatz? Alle, die Datenschutzerklärungen schreiben mussten, haben jederzeit die Chance, selbst etwas über ihr Unternehmen und die Datenflüsse zu lernen. Und vielleicht auch etwas nachzujustieren, wo noch etwas besser geht.

SEI ES, wie es sei, für Bürger:innen, Konsument:innen, Websitebesucher:innen, Kund:innen bietet die DSGVO völlig neue Möglichkeiten. Wir haben mit dieser EU-Verordnung ein Werkzeug an die Hand bekommen, mit dem wir erstmals die Macht haben, unsere Privatsphäre einzufordern. Wir können (und sollten) lernen, diese Macht auch zu nutzen. Ganz langsam trauen sich immer mehr Menschen, Anfragen zu stellen, was mit den gesammelten Daten über sie und ihr Verhalten passiert. Mehr Menschen beschweren sich, wenn ihnen ein Datenverkauf nicht passt. Wie die Daten »verwurstet« und an wen sie weiterverkauft werden. Die Datenschutzbehörden haben dazu passende Formulare und Textvorschläge auf ihren Webseiten gesammelt. Wir haben die Möglichkeit, selbst der Sand im Getriebe einer ganzen Datenindustrie zu sein und den Verantwortlichen auf die Finger zu klopfen. Und das ist gut so, schließlich geht es um unsere digitalen Spiegelbilder und die Auswirkungen, die der Datenhandel direkt auf unser Leben, unsere Selbstbestimmung, unsere Grundrechte, die Demokratie und nicht zuletzt auf unsere Geldbeutel hat.

Nerv nicht! Sch* Banner und Pop-ups überall.

Alles DSGVO, oder was? Was sollen diese ganzen Popups und Warnmeldungen, die ich nicht verstehe und die immer nur im Weg sind?

Kommen wir dazu, dass viele, insbesondere große Websites wie Newsportale, große Webshops etc., die DSGVO, sagen wir mal, *halb* umgesetzt haben. Die DSGVO fordert nämlich leicht zu findende, für jede:n verständliche Informationen, welche Daten gesammelt werden, wozu und was genau (!) mit den Daten passiert. Ja, die meisten Seiten zeigen einen Hinweis, dass personenbezogene Daten verarbeitet werden. Aber schon alleine das Wozu und der Detailgrad, was damit dann passiert, an wen sie weitergegeben oder verkauft werden, da hapert es gewaltig. Außerdem ist der Hinweis meistens so verschwurbelt, dass keine:r versteht, was eigentlich mit den Daten wirklich passiert. Die Cookie-Banner nerven, die Popups auch, von den doppelten und dreifachen Newsletter-eMails müssen wir jetzt gar nicht anfangen und überhaupt ist Surfen im Netz anstrengend geworden. Aber:

Der Sinn der Sache ist, dass Nutzer:innen eine *informierte Entscheidung* treffen können, ob sie ein bestimmtes Angebot nutzen möchten – lies: ob ihnen das die Bezahlung wert ist; Mit Bezahlung ist gemeint, was auf der Plattform und darüber hinaus mit den Informationen über die Nutzer:innen und ihr Verhalten auf der Plattform geschieht. Marketing sei Dank sind die Erklärungstexte extra lang und so mühsam geschrieben, dass niemand Bock hat, sie zu lesen und alle den Hinweis nur wegklicken, womit sie bei den meisten Seiten automatisch in alles einwilligen, inklusive Datenhandel, Verfolgung und Profilerstellung über alle Geräte und das gesamte Internet hinweg.

Ja, da ist System dahinter. Anbieter von großen Onlineshops ebenso wie Hardwarehersteller usw. haben absolut kein Interesse an mündigen und aufgeklärten Bürger:innen. Sie machen es uns absichtlich schwer und umständlich, die Infos, die sie rechtlich geben *müssen*, zu finden, zu lesen und zu verstehen.

WICHTIG: **Ihr seid nicht zu doof, es wird uns absichtlich schwer gemacht.**

SO SCHWER, wie möglich. Ich weiß es, ich habe versucht, in einem Unternehmen verständliche Datenschutzerklärungen einzuführen und mir wurde gesagt, es sei nicht im Interesse des Unternehmens, dass die Kund:innen lesen und verstehen können, in was sie mit Unterzeichnung des Vertrags einwilligen. Denken wir an das Beispiel der österreichischen Post: Ihr zentrales Geschäftsmodell ist laut ihren eigenen Aussagen der Datenhandel.[12] Pakete austragen? Höchstens noch ein Seitenzweig.

APROPOS SCHWERMACHEN UND NERVENDE COOKIE-BANNER. Ja, auch die sind absichtlich missverständlich gestaltet. Drauf verlassen, dass der gut sichtbare bunte Knopf die datensparsame Variante bestätigt, wäre vermessen. Da muss man aufpassen wie ein Schießhund, wirklich das Richtige zu klicken. Und ja, das geht allen so, selbst Menschen, die im Bereich Datenschutz arbeiten fallen oft genug auf die verwirrend gestalteten Cookie-Banner rein. Der Journalist Richard Gutjahr hat im Dezember 2020 ein Video veröffentlicht[13], wo er sich genau mit dem Thema auseinandersetzt. Angefangen damit, dass die alle so aussehen, weil das *iab*, das Interactive Advertising Bureau, also die Lobbyvereinigung der Online Werbeindustrie, sich diesen sogenannten Standard für das Design von Cookiebannern ausgedacht hat. Im Video sieht man, wie der Bayrische Datenschutzpräsident, Michael Will, im festen Glauben, alle Cookies deaktiviert zu haben, voll auf das verschachtelte Design reinfällt. Auch er ist in die Falle getappt, die uns von der Werbeindustrie täglich millionenfach gestellt wird. Zum Glück wurde diese Form von Cookiebannern im Februar 2022 für rechtswidrig erklärt.[14]

HINWEIS: Auch hinter dem unscheinbar grauen Link »berechtigtes Interesse« stecken noch vorausgewählt angeschaltete Tracker!

BIS DIE GANZEN von Werbeagenturen mühsam eingebauten iab-Cookie-Banner wieder aus dem Netz verschwunden sind, denkt dran, auch die Häkchen bei berechtigten Interessen wegzuklicken. Und falls Euch dabei langweilig wird, das ganze eben genannte Video ist eine große Empfehlung. Richard Gutjahr unterhält sich mit Tiemo Wölken, der als Abgeordneter in Brüssel arbeitet und sich sehr für Datenschutz stark macht.

ZITRONENFALTER FALTEN KEINE ZITRONEN

WICHTIG: DU BIST NICHT ZU DOOF, ES WIRD DIR ABSICHTLICH SCHWER GEMACHT.

Notiere, was Du in diesem Kapitel gelernt hast.

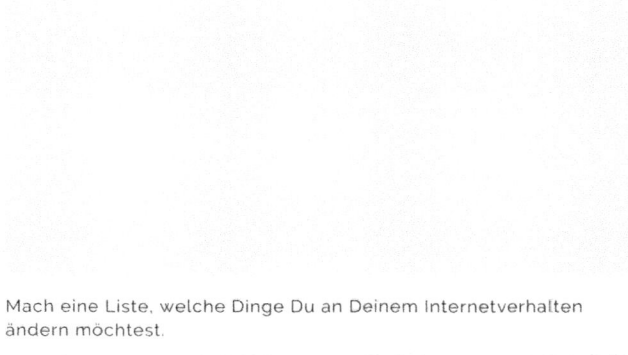

Mach eine Liste, welche Dinge Du an Deinem Internetverhalten ändern möchtest.

NOTIZEN UND WAS DU WEITER RECHERCHIEREN MÖCHTEST:

1. https://de.wikipedia.org/wiki/Menschenrechte
2. https://de.wikipedia.org/wiki/Pers%C3%B6nlichkeitsrecht_(Deutschland)
3. https://www.politico.com/news/2022/01/28/suicide-hotline-silicon-valley-privacy-deba tes-00002617

4. https://www.mckinsey.com/industries/financial-services/our-insights/harnessing-the-potential-of-data-in-insurance
5. https://www.sueddeutsche.de/wirtschaft/schufa-verkauf-datenschutz-eqt-1.5515737
6. https://www.zeit.de/digital/datenschutz/2020-01/clearview-gesichtserkennung-daten schutz-privatsphaere
7. https://www.nytimes.com/interactive/2021/03/18/magazine/facial-recognition-clear view-ai.html
8. https://netzpolitik.org/2022/perfect365-datenhoelle-beauty-app/
9. https://reclaimyourface.eu/de/
10. https://netzpolitik.org/2019/eu-staaten-koennten-eprivacy-verordnung-abwracken/
11. https://fm4.orf.at/stories/3011067/
12. https://kurier.at/chronik/oesterreich/post-in-der-causa-datenskandal-verurteilt/ 400660373
13. https://www.youtube.com/watch?v=uE9RjfBmo6k (Um das und alle weiteren im Buch genannten YT-Videos ohne Google-Tracking zu schauen, könnt Ihr den Dienst Invidio.us nutzen oder Apps wie Freetube oder Newpipe.)
14. https://www.iccl.ie/news/gdpr-enforcer-rules-that-iab-europes-consent-popups-are-unlawful/

2

AUF DER DATENAUTOBAHN

Auf der Datenautobahn sich selbst und andere nicht umbringen

Im Straßenverkehr haben wir eingesehen, dass wir Regeln brauchen. Und Verkehrserziehung für die nachwachsenden Generationen. Der Straßenverkehr zeichnet unser Stadtbild und auch auf dem Land geht nichts ohne. Wir lernen, uns zu Fuß, mit dem Fahrrad, einem eRoller, mit dem Auto, Motorrad oder LKW durch den Verkehr zu navigieren und vor allem, auf andere zu achten.

An dieser Stelle hängt das vielstrapazierte Bild der Datenautobahn schief. Wir kaufen ein vernetztes Gerät – sei es ein Smartphone, ein Kühlschrank, ein Tablet, eine Glühbirne, eine sprechende Puppe oder ein smartes Plüschtier –, schalten es ein und preschen, wie vom Hersteller gewollt, mit Vollgas auf die vorgegebene Straße, ohne nach rechts und links zu blicken. Uns selbst oder andere vor einem Fron- talaufprall schützen? Aber wozu das denn? Es ist doch alles so schön bunt und blinkt und ist leicht zu benutzen. Dank »Gamifi-cation«, also spielerischen Komponenten wie kleinen Belohnungen, »X Tage am Stück unsere App benutzt – Gratuliere!!!«, werden wir mit voller Absicht in eine Spielwelt geführt und dort gehalten. Die Apps, Webseiten und Geräte sind absichtlich gestaltet wie ein buntes, lustiges Kinderkarussell: Es macht Spaß und bewegt sich langsam und spielerisch in vorgegebenen Bahnen.

Tatsächlich nehmen wir das Gerät aus der Schachtel, schalten es ein und rasen ab Sekunde 1 mit 260 Stundenkilometern in den Gegenverkehr, ohne es zu merken – weil die Anbieter nicht wollen, dass wir es merken. Am Ende kommen wir noch drauf, dass sie bei so manchem Gerät einfach keine Lust mehr auf das Modell haben, in dem wir uns befinden. Und während Euer Mobiltelefon vielleicht noch mitteilt, dass es ab Tag X keine Updates mehr bekommen wird, tut die Glühbirne das nicht. Wird sie weiter funktionieren? Vielleicht. Vielleicht auch nicht. Jüngstes Beispiel für eine solche Vernachlässigung ist ein bionische Auge, das jetzt keinen Support mehr bekommt und seine User:innen blind zurücklässt.[1] Vielleicht funktioniert Euer vermeintliches Kinderkarussell noch, aber es ist, als hätte der Hersteller Euch bei voller Fahrt den Airbag, das ABS und sonstige Schutzvorkehrungen abgeschaltet und Ihr seid schutzlos auf der Datenautobahn unterwegs. »Privatsphäre« und »Datenschutz« klingen aber auch so langweilig. Im Verkehrsalltag sind Begriffe wie »Gurtpflicht«, »Fahrradhelm« und »Fahrspurassistent« dabei vollkommen selbstverständlich. Verkehrserziehung und Führerscheine auch. Weil wir als Gesellschaft beschlossen haben, dass es uncool ist, wenn Teile der Gesellschaft andere Teile aus Unachtsamkeit umbringen.

Umbringen?! Jetzt übertreibt sie aber! Wirklich? Stimmt, im ersten Moment ist das Bild etwas drastisch. Aber kommen wir zurück dazu, dass Datenschutz ein Teamsport ist. Angenommen, ich habe Daten von Personen in meinem Telefon, die sich aktivistisch engagieren. Fridays for Future, beispielsweise. Angenommen, ich würde jetzt WhatsApp installieren, würden alle Daten, die in meinem Adressbuch liegen – inklusive Fotos, Adressen, eMail-Adressen, Social Media Accounts, Messengeraccounts, Telefonnummern und Tags (also »Etiketten«) wie »Mutter«, »Bruder«, »beste Freundin«, »Klientin«, »Patientin«, »FFF - Fridays for Future«, »Ortsgruppe XY«, »Oma« etc. direkt zu Facebook übertragen. Oder Meta, wie sich der Konzern hinter der Plattform Facebook seit Oktober 2021 nennt.[2] Vollkommen irrelevant, ob die Personen selbst ein WhatsApp- oder Facebook-Konto haben oder nicht. Sie bekommen Euer komplettes Adressbuch mit allem drin und natürlich ab dem Zeitpunkt alle Kommunikation, die über ihre Server läuft.

Wir sind immer noch beim FFF-Beispiel. Momentan ist Klimaschutz »en vogue«. Angenommen, das würde sich ändern – Trump, Brexit, … – wäre es ein Leichtes, als Regierung bei Facebook eine Werbekampagne zu buchen, die gezielt Klimaaktivist:innen anspricht. Zum Beispiel alle, die in Hamburg sind. Binnen Minuten hätte das Regierungsbüro für sehr wenig Geld eine komplette Liste aller Leute in Facebooks Datenbank, die das Etikett »FFF« tragen und ihren Lebensmittelpunkt in Hamburg haben. Und wie lange würde es wohl dauern, bis sie die realen Personen zu diesen Facebook-Profilen und Schattenprofilen herausgefunden hätten? Ein Anruf beim Einwohnermeldeamt und zwei Stunden Recherche, wäre meine Vermutung.

Wie? Alle FFF-Menschen aus Hamburg? Nun ja, ein Datum, das unsere Smartphones von sich geben, sind die GPS-Koordinaten. Auch die IP-Adresse des Internetanschlusses daheim kann – je nach Internetanbieter – grob einer Stadt und manchmal auch einem Bezirk zugeordnet werden. Wenn man jetzt um eine Koordinate, sagen wir mal, das Rathaus in Hamburg, einen Kreis mit 2.000 Metern Durchmesser legt, hat man eine ziemlich genaue Information, welche Geräte sich regelmäßig in diesem Kreis aufhalten. Das nennt sich dann »Geo-Targeting«. »Targeting« bedeutet soviel wie »anvisieren« oder »zielen«. Darüber hinaus ist es möglich, mehrere Kreise auf dieses Geodaten-Raster zu legen und diese Kreise können einander auch ausschließen. So ist es möglich, einen sehr kleinen Bereich zu targeten. Also beispielsweise nur den Rathausplatz. Oder auch »diese eine Kneipe da«. Technisch sind die Grenzen mittlerweile im Meterbereich. Und auch das ist keine Technologie, die nur Meta, also der Konzern hinter Facebook, hat. Geo-Targeting ist sehr weit verbreitet, nicht zuletzt in der Werbeindustrie, zum Beispiel um einzelne Geschäfte oder Filialen herum.

Dumme Speaker

Mit Amazon Alexa, Apple Siri, Google Assistant, Samsung Bixby und Microsoft Cortana haben alle großen Hardware-Hersteller einen »smarten« Assistenten am Start. All diese Assistenten sind nicht schlau. Unsere Geräte, auch unsere Smartphones, sind zwar um ein Vielfaches stärker als die Computer, mit denen die ersten Menschen zum Mond geflogen sind, aber sie reichen nicht aus, um menschliche Sprache in Echtzeit zu analysieren. Deswegen laufen die Algorithmen, die unsere Spracheingaben analysieren und eine passende Antwort raussuchen, auch nicht auf den winzigen Geräten, sondern in der Cloud, also auf Computern in großen Rechenzentren der jeweiligen Herstellerfirmen. Nur die Erkennung, ob jemand das »Zauberwort« sagt, um den Assistenten zu aktivieren, die läuft tatsächlich auf dem Gerät selbst. Sobald das Gerät meint, das passende Wort erkannt zu haben, reicht es alles, was es hört, an die Server weiter. Auch oft genug dann, wenn gar kein Aktivierungswort gesagt wurde, weil es vielleicht etwas falsch verstanden hat oder weil ein technischer Fehler vorliegt. Beim Hersteller werden viele dieser Sprachaufzeichnungen von Menschen angehört und zum Teil auch transkribiert und weitergegeben. Sie sagen, das sei *zur Verbesserung des Service*.

Alexa-Geräte stehen in vielen Küchen, Wohnzimmern und auch Schlafzimmern und Du kannst Dir jetzt ausmalen, was dort alles zu hören ist. In den Wohnzimmern haben sie Verstärkung von Amazon Fire-TV Geräten und

Alexa-fähigen TV-Fernbedienungen. Seit einer Weile bietet Amazon auch »smarte« Haustechnik wie Überwachungskameras und Türklingeln an.[3] Und all diese Informationen werden den Amazon-Accounts hinzugefügt, die bereits Daten über Vorlieben, Produktsuchen etc. bis zurück zur Erstellung des Accounts beinhalten. Alle davon, lückenlos.

Es gab 2017 Alexa-Geräte mit Kamera, angeblich für »Stilberatung« oder virtuelle Kleideranproben.[4] Tatsächlich sah Amazon dadurch natürlich auch, ob es einer Person gut geht, ggf. Haltungsschäden, Hautkrankheiten, Depressionen, Über- oder Untergewicht und so weiter. Das konkrete Gerät hat sich wohl nicht durchgesetzt, zumindest ist es nicht mehr erhältlich. Alexa-Geräte mit Kamera gibt es allerdings trotzdem, nur dass sie mittlerweile dazu verwendet werden, Video-Telefonie über die Amazon-Server anzubieten. [56] Und ab Februar 2022 gibt es weitere Alexa-Geräte mit Kamera für den Wohnraum. Das heißt, Amazon schaut und hört bei allen Gesprächen mit Familie und Freunden direkt zu.

Erkältungskrankheiten sollen die Stimm-Algorithmen erkennen können und beim nächsten Amazon-Besuch bekommt man passende Produkte zur schnelleren Besserung vorgeschlagen, wenn Amazon das 2018 eingereichte Patent in die Tat umsetzt.[789]

In diversen Arztzimmern sind ständig Siri oder Google-Assistent-Geräte anwesend – schließlich nimmt jede:r Telefon und Uhr mit hinein. So kamen auch Sprachaufzeichnungen aus Besprechungszimmern zu Apple und wurden dort transkribiert.[1011]

Alexa ist jetzt auch schon in Kopfhörern bzw. in deren dazugehörige App eingebaut und Brillen und Anhänger sind auf dem Vormarsch. Das heißt, Menschen »verwanzen« jetzt nicht mehr nur ihr eigenes Zuhause, sondern vielleicht sitzt gerade jemand mit einem Paar Alexa-fähigen Kopfhörern neben Euch und Alexa hört zu, wie Ihr Euch gerade mit der Sitznachbarin über deren kranken Ehemann unterhaltet, weil das Gerät dachte, sein Aktivierungswort gehört zu haben. Oder dem Geschäftsmann, der viel zu laut in der Straßenbahn seine Firmengeheimnisse rumschreit. Oder der Person, die gerade öffentlich ihre Kreditkartennummer zum Abgleich durchgibt. Wir kennen sie alle, diese Situationen, wo wir uns fragen: Aber wieso?

Microsoft sollte nochmal die Schulbank drücken

Microsoft saugt alles auf, was Menschen mit Windows10 oder Microsoft 365 (vorher »Office 365« genannt) so tun, wem sie schreiben und so weiter. Wer einen Serienbrief mit Microsoft 365 schreibt, schiebt seine gesamte Kundendatenbank (oder wer sonst die Empfänger:innen sind – Geschäftskontakte? Eltern? Anleger:innen? Private Investor:innen?) – auf die Microsoft-Server, wo sie für alle Behörden, die mit den USA kooperieren, offenstehen. Skype wird in Echtzeit mitgehört[12] und ggf. lauschen Mitarbeiter:innen direkt in die Gespräche rein. Es gibt mittlerweile zwei Gutachten von der niederländischen Datenschutzbehörde sowie vom BSI in Deutschland[13], dass Microsoft Windows10 sowie Microsoft 365 nicht datenschutzkonform einsetzbar sind. Im Juli 2019 wurde der Einsatz von Microsoft 365 in Schulen für unzulässig erklärt.[14] Nach Gesprächen mit Microsoft hat der entsprechende Datenschutzbeauftragte sein Urteil – sagen wir mal – abgemildert. An den Produkten selbst hat sich allerdings nichts geändert. Daher gab es im Herbst 2020 einen neuerlichen Beschluss der Datenschutzkonferenz des Bundes und der Länder (DSK), dass kein datenschutzgerechter Einsatz von Microsoft Office 365 möglich sei.[15][16][17] Die Gründe hierfür sind, dass Art und Verarbeitung der Daten unklar seien und zum Teil keine Rechtsgrundlagen für die Verarbeitung bestünden. In weniger »Rechtssprech« Soll heißen: Es ist aus den vorliegenden Informationen nicht oder nur unzulänglich ersichtlich, welche Daten überhaupt verarbeitet werden, was genau mit denen passiert und dass es keine rechtliche Grundlage dafür gibt, das überhaupt was mit den Daten gemacht wird. »Fehlende rechtliche Grundlage« kann man auch anders formulieren: widerrechtlich. Oder auch schlicht: illegal.

Apple, lasst unsere Daten in Ruhe!

Und Apple? Sie positionieren sich bewusst gegenüber Google, Facebook und Microsoft als datenschutzfreundliches Unternehmen, aber alles ist auch dort nicht so schön, wie es sein könnte. Der Vorfall mit den Siri-Aufnahmen aus Besprechungszimmern hat zumindest dazu geführt, dass die Aufnahmen umgehend abgeschaltet wurden.[18] Aber »Wichtige Orte« auf iPhones zeigen noch immer eine sehr genaue Aufzeichnung, wo Ihr Euch aufgehalten habt[19] und »Wo ist« zeigt Euch nicht nur verloren gegangene Geräte, sondern auch, wo sich Freunde und Familie gerade aufhalten – wir denken zurück an meinen Exmann, der wusste wo ich war, auch wenn ich es ihm nicht erzählt hatte. Und ich hatte es ihm noch (damals unwissentlich) durch die Familienfreigabe[20] selbst serviert.

Allerdings würde ich heute Apple-Hardware und ihre gesamte Infrastruktur nicht mehr uneingeschränkt empfehlen. Denn im August 2021 wurde geleakt, dass Apple plant, Inhalte auf iPhones nach illegalen Inhalten zu durchsuchen. Vollautomatisch. Der Vorwand war, wie so häufig, Kindesmissbrauch, wie Apple in ihrer eigenen Pressemeldung kurz nach dem Leak verlauten ließ.[21] Es haben viele Stellen gewarnt, dass das Einführen eines solchen Automatismus weitreichende Probleme mit sich bringt, von der Abschaffung der Privatsphäre bis zu fest in unseren Computersystemen und Mobiltelefonen eingebauten Sicherheitslücken auf Systemebene.[22] Gefolgt vom Problem, dass wenn ein Anbieter mit so etwas anfängt, die Begehrlichkeiten auf Seiten der Politik erfordern, dass alle anderen nachziehen. Daher gab es auch umgehend neben vieler Kritik Petitionen dagegen, unter anderem von der EFF, der Electronic Frottier Foundation.[23]

Seit einer Weile ist es recht still geworden. Falls die Pläne umgesetzt werden, wäre dies der Start einer neuen Ära für uns alle, wenn auf unseren Geräten gar nichts mehr privat sein kann.

AUF DER DATENAUTOBAHN

Notiere, was Du in diesem Kapitel gelernt hast.

To-Dos, die sich aus diesem Kapitel für Dich ergeben:

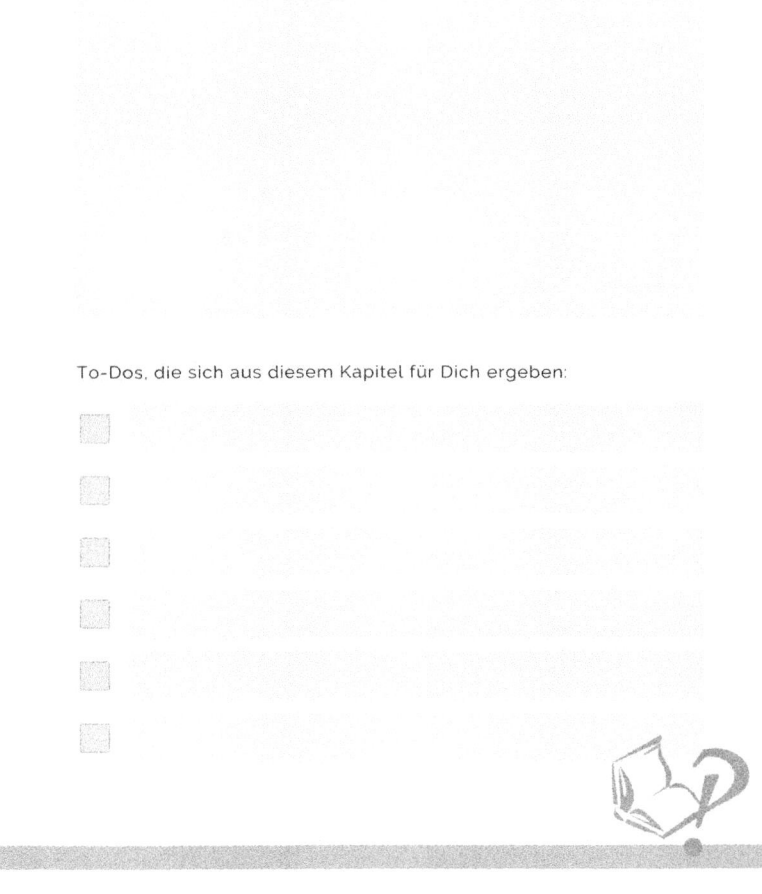

---

1. https://futurezone.at/digital-life/bionisches-auge-blind-second-sight/401907640
2. https://www.tagesschau.de/wirtschaft/unternehmen/facebock-umbennung-meta-101.html
3. https://www.golem.de/news/ueberwachung-amazon-mitarbeiter-sichten-bilder-von-cloud-kameras-1910-144371.html

4. https://www.mobilegeeks.de/artikel/amazon-echo-look/
5. https://futurezone.at/digital-life/amazon-mitarbeiter-beobachteten-kunden-beim-sex/ 400643825
6. https://www.golem.de/news/ueberwachung-amazon-mitarbeiter-sichten-bilder-von-cloud-kameras-1910-144371.html
7. https://www.deutschlandfunknova.de/nachrichten/amazon-patent-alexa-erkennt-gesundheitszustand
8. https://www.golem.de/news/amazon-patent-stimme-des-nutzers-verraet-alexa-dessen-gesundheitszustand-1810-137106.html
9. https://www.heise.de/newsticker/meldung/Alexa-hoert-dich-husten-Amazon-erhaelt-Patent-auf-Werbeangebote-fuer-Kranke-4190512.html
10. https://www.heise.de/newsticker/meldung/Verraeterische-Sprachassistentin-Auch-bei-Siri-hoeren-Menschen-zu-4480652.html
11. https://www.heise.de/mac-and-i/meldung/Siri-Apple-will-bald-wieder-mithoeren-4554045.html
12. https://netzpolitik.org/2021/microsoft-scannt-alles-skype-chats-auf-terrorverdacht-durchleuchtet/
13. https://www.datenschutzbeauftragter-info.de/datenschutz-office-365-dsgvo-konformer-einsatz-im-unternehmen/
14. https://heise.de/-4466156
15. https://www.zeit.de/digital/datenschutz/2020-09/microsoft-datenschutz-office-365-kritik-behoerden
16. https://www.heise.de/news/Microsoft-Office-365-Die-Gruende-fuer-das-Nein-der-Daten schuetzer-4919847.html
17. https://www.heise.de/news/Datenschutzbehoerden-erklaeren-den-Einsatz-von-Microsoft-365-fuer-rechtswidrig-4931745.html
18. https://www.theguardian.com/technology/2019/jul/26/apple-contractors-regularly-hear-confidential-details-on-siri-recordings
19. https://t3n.de/news/wichtige-orte-standortverlauf-ios-911475/
20. https://blog.avast.com/beware-of-unlikely-stalkerware-apps-avast
21. https://www.apple.com/child-safety/
22. https://www.datenschutz-podcast.net/podcast/apple-und-das-scannen-von-inhalten-auf-computern/
23. https://act.eff.org/action/tell-apple-don-t-scan-our-phones

3

DAS INTERNET HINTER DEN DISPLAYS

Das Internet »hinter den Displays«

Bevor Du weißt, was Du tun kannst, solltest Du wissen, wie (und wieso) das Internet funktioniert. Natürlich kannst Du auch zu Teil 2 und den Quickwins weiterblättern und das hier später lesen.

WAS ICH BEI vielen Workshops und Vorträgen, die ich gehalten habe, schon gehört habe ist: »Das Internet hat mit meiner Alltagswelt nichts zu tun. Ich mache nur abends zuhause ab und zu mal den Rechner / das Tablet auf dem Sofa an.« Zum Glück stirbt diese Ansicht zunehmend aus. Denn das Internet ist alles andere als »eine andere Welt«. Es ist eine zusätzliche Ebene, die zu unserer physischen Welt hinzugekommen ist und überall sind Wurmlöcher in diese Ebene der Kommunikation hinein; vermutlich auch in Euren Hosentaschen. Oder Eurer Kaffeemaschine (Stichwort »Internet of Things«). Das Internet ist mittlerweile vollständig in unsere Alltagswelt integriert. Nicht mehr nur Computer kommunizieren über das Internet. Wir Menschen reden miteinander durch das Netz. Und noch viele Milliarden mehr Geräte kommunizieren darüber; vollkommen automatisiert.

Ein bisschen Internet-Geschichte

Es fing alles ganz harmlos an und ich vereinfache die Geschichte hier. In den 1960er Jahren beschlossen Menschen, dass es total super wäre, wenn man nicht immer das Rad neu erfinden oder langsame Postsendungen verwenden müsste, um auf denselben Informationsstand zu kommen. Dahinter steckte im ersten Anlauf das Militär, danach kamen sofort Universitäten dazu. Damals war Zusammenarbeit das Schlagwort. Gemeinsames Arbeiten an Dokumenten, Informationsaustausch und Wissensvermehrung standen im Vordergrund. Und Ausfallsicherheit. Es sollte über Telefonleitungen (»Klingeldraht«) ein dezentrales Netz geschaffen werden, das auch dann noch funktioniert, wenn ein Knotenpunkt beispielsweise durch einen Bombentreffer ausfallen würde. Niemand dachte daran, wie das Internet 60 Jahre später aussehen würde.

eMail war fast von Anfang an dabei. Oder zumindest die Vorläufer davon. Jemand dachte sich, es wäre doch ganz toll, noch eine persönliche Nachricht an ein geteiltes Dokument anhängen zu können. Diese Nachrichten verselbstständigten sich dann und seit 1989 sehen eMails grundsätzlich so aus wie heute, wenn man sich den bunten Werbekram mal wegdenkt.

In den 1980ern erfand Tim Berners Lee das »WWW«, das »World Wide Web«, mit dem »HTTP-Protokoll« (»Hyper Text Transfer Protocol«), um nicht nur Dokumente zu teilen, sondern Informationsseiten anzeigen und vor allem, Informationen mit anderen verlinken zu können (»Hyperlinks«). Dokumente konnten damit Verweise auf andere Dokumente enthalten und so konnte Wissen intelligent verknüpft werden. Tim Berners Lee ist einer derjenigen, der beim heutigen Internet in seiner kapitalisierten und datenschachernden Perversion die Hände über dem Kopf zusammenschlägt. Zu Recht.

WENN ALSO DAVON DIE Rede ist, das Internet sei für uns alle »Neuland«, kann man leider nur müde lächeln. 60 Jahre stecken bereits drin. Was tatsächlich neu ist, ist die Geschwindigkeit der Entwicklung und auch, dass wir alle mit Taschencomputern (Smartphones) und 24/7 Trackern (dieselben Smartphones plus Smartwatches, Fitnesstracker, Alexa-Kopfhörer, und sonstigen Voice Assistants, »Blackboxen« und versteckte SIM-Karten in Autos und Navigationsgeräten etc.) rumlaufen bzw. -fahren.

Die grundlegende Funktionsweise hat sich seit damals nicht geändert, es sind nur buntere Komponenten hinzugekommen.

Wie funktioniert eine Webseite?

Webseiten gehören zum WWW und werden mit Browsern aufgerufen und angezeigt. Ein Browser ist ein Anzeigeprogramm (also Software) für »HTML« (»Hyper Text Markup Language«, das Datenformat von Webseiten) das über »HTTP« (»Hyper Text Transfer Protocol«) übertragen wird. Das »S«, das heute bei nahezu allen Webseiten am HTTP angehängt ist, steht für »Secure«. »HTTPS« bedeutet also, dass eine verschlüsselte Verbindung , quasi ein »Tunnel«, zwischen Eurem Browser und dem Server der Website hergestellt wird. Das heißt, dass Ihr wirklich das angezeigt bekommt, was vom Server dieser Webseite ausgespielt wird, weil der Weg zwischen Eurem und ihrem Rechner »abgeschlossen« ist wie ein Tunnel und niemand auf dem Weg etwas einschleusen, rausnehmen oder verfälschen kann. Es bedeutet allerdings nicht, dass alles, was von der Webseite ausgesendet ist, auch *sicher* ist. Nur, dass alles, was von der Webseite kommt auch von deren Server kommt. Das können aber auch Tracker und Schadsoftware sein.

Das Netz-Adressbuch

Die Grundfunktion des WWW ist relativ einfach mit einem kleinen Umweg am Anfang. Wenn Ihr eine Webseite aufruft und eine Adresse in Euer Browserfenster eingebt (oder auf ein Lesezeichen klickt), dann schickt der Browser zuerst eine Anfrage an einen Server, ob der diesen Namen kennt. Das ist der DNS-Server (»Domain Name System«) und zwar meistens der Eures Internetproviders. Sollte der DNS-Server Eures Providers die Adresse nicht kennen, reicht er Eure Anfrage weiter an einen anderen DNS-Server und danach ggf. noch einen weiteren. Es gibt DNS-Server für .de-Adressen, für .at-Adressen, für .com-Adressen, für .black-Adressen etc. Wenn die Domain irgendwo registriert ist, kennt spätestens einer der nächsten DNS-Server den Domain Namen, also das, was Du gerade eingegeben hast. Für uns Menschen ist es einfacher, nach Namen zu suchen, Computer kennen nur Zahlen.

Der DNS-Server antwortet Eurem Browser, wenn er den Namen findet, mit der Adresse des Servers, der mit diesem Namen registriert ist. In etwa wie in einem Telefonbuch: Name rein, Nummer raus. Die Zahlenkombination, die der DNS-Server ausgibt, ist die IP-Adresse des Computers, auf dem die Website mit dem angefragten Namen liegt. IP steht für »Internet Protocol«. Jedes Gerät, das mit dem Internet verbunden ist, hat eine IP-Adresse. Auch die Kaffeemaschine, das Plüschtier, die Zahnbürste und Euer Smartphone.

Was ist eigentlich ein Server?

Ein Server ist ein Computer, der meistens irgendwo in einem Rechenzentrum steht. Fast so wie Eurer, nur ein bisschen leistungsstärker mit mehr Arbeitsspeicher und mehr Festplattenkapazität. Auf dem läuft ein Betriebssystem, beispielsweise ein Linux und darauf dann Programme. »Webserver« ist ein Programm, das auf diesem Computer läuft. Damit wird dieser Rechner zu einem, der Anfragen aus dem Netz entsprechend behandeln kann. »eMailserver« wäre ein anderes Programm, das darauf laufen kann und dann würde der Rechner zu einem, der eMails versenden und empfangen kann. Tatsächlich sind es eine ganze Reihe an Programmen, die zusammenspielen, um die jeweiligen Funktionen zu bilden, aber das Prinzip ist, denke ich, klargeworden. Ein Server ist quasi ein Computer wie Eurer.

Zurück zum Internet

Wenn Ihr zum Beispiel taz.de aufrufen möchtet, gebt Ihr im Browser »taz.de« ein und Euer Browser fragt einen DNS-Server, unter welcher IP-Adresse »taz.de« zu finden ist. Der antwortet dann »193.104.220.23«. IP-Adressen wechseln immer wieder mal. Im Februar 2022 war taz.de unter der genannten Adresse erreichbar. Euer Browser läuft nun los zu dieser IP-Adresse. Ihr könntet selbst auch diese IP-Adresse in die Adresszeile eingeben und kämt zur selben Seite. (Probiert es gerne gleich aus!) Aber wir Menschen haben es meistens nicht so mit Zahlen, deswegen sehen wir von diesem ersten Weg zum Telefonbuch, den der Browser nimmt, gar nichts.

Dann redet Euer Browser mit dem Server der Webseite, die Ihr ansehen möchtet. Der Server, auf dem die Seite liegt, sieht: »Oh, es kommt eine Anfrage!« Damit er weiß, wo er die Infos, die für Besucher angezeigt werden sollen, hinschicken soll, braucht er die IP-Adresse Eures Gerätes; wie bei der Post: ohne Adresse keine Zustellung. Die liefert Euer Browser immer gleich mit. Zu der IP-Adresse Eure Gerätes werden auf dem Server auch immer Datum und Zeit des Aufrufs notiert (»geloggt«, wie in »Logbuch«). Auf Anfrage (zum Beispiel durch Tracking-Software, die auf dem Server der Webseite läuft) gibt Euer Browser auch mehr Informationen her, wie seine Browserkennung, die Bildschirmauflösung und bei Smartphones auch die Orientierung (Hoch- oder Querformat), sowie das Betriebssystem. Manche geben auch noch mehr Informationen preis wie GPS-Koordinaten oder was sonst so aus den verschiedenen Sensoren des Gerätes herausfällt.

. . .

WENN DER SERVER NUN WEISS, wo die Informationen hin sollen, schickt er die passenden Infos an Euer Gerät und Ihr könnt die Seite – meist durch vorherige Abfrage der Browserkennung und Eurer Geräteeinstellungen für Euer jeweiliges Gerät optimiert – ansehen.

Das Internet, das WWW und der ganze Rest

Das WWW, also alles, was Webseiten sind, ist *nicht* das Internet. Es ist nur ein sehr kleiner Teil des Internets. Es ist eine von vielen Anwendungen, die über das Internet funktionieren. Voice over IP ist eine weitere Anwendung, also Telefonieren über das Internet. eMail ist eine eigene Abteilung und so weiter. Das Internet ist also viel größer als nur Webseiten, Onlineshops, Videoplattformen und Social Media. Der Bereich IoT, also Internet of Things (vernetzte Glühbirnen, Kühlschränke, mit einer App verstellbare Thermostate und Lichtsteuerungen etc.), ist ein ganz eigener Moloch und sicherheitstechnisch eine Datenautobahn direkt in die Hölle. Aber dazu später mehr.

Um zu funktionieren und über das Netz kommunizieren zu können, brauchen alle Geräte eine IP-Adresse. Ohne Adresse keine Zustellung der Information. Die IPv4-Adressen wie im Beispiel oben »193.104.220.23« gehen langsam zur Neige und IPv6 ist der Nachfolger, der langsam ausgerollt wird. v4 und v6 sind Versionsnummern. Ja, ich hab mich auch gefragt, was mit v5 passiert ist. Das Projekt, das zwischen v4 und v6 lag wurde eingestellt, um v6 weiter voranzutreiben. Die v6-Adressen sind länger und sollten dann wieder eine Weile reichen – abhängig davon, wie viele Milliarden Geräte auf das Netz losgelassen werden, sogar noch ziemlich lange. Aber Bill Gates wird eine Aussage aus dem 1980ern zugeschrieben, dass niemals jemand mehr als 640 Kilobyte Arbeitsspeicher brauchen wird. Arbeitsspeicher ist übrigens nochmal was anderes als Festplattenplatz, das ist der Zwischenspeicher eines Computers. Und Bill Gates hat auch dementiert, diese Aussage getan zu haben.[1] Der Laptop, auf dem ich dieses Buch hier gerade schreibe, hat 16 Gigabyte Arbeitsspeicher, das sind 25.000 Mal mehr als 640kB, mein altes Smartphone hat auch schon 2 Gigabyte Arbeitsspeicher und in so einem handelsüblichen Webserver, auf dem Webseiten oder eMail-Server laufen, stecken mindestens 32 Gigabyte Arbeitsspeicher drin. Aber über Irrtümer der Menschheit kann man ganze Bände oder Bühnenstücke schreiben. Aber wie Andreas Eschbach es so schön formulierte: »Sich mordsmäßig zu irren ist allerdings auch kein Privileg vergangener Generationen.« (Das Buch der Zukunft)

Maßeinheit für Daten

Ein Byte ist eine Maßeinheit für Speicherplatz.

Ein einfaches Textdokument als PDF abgespeichert hat etwa 50 kB, eine MP3-Datei ca. 5 MB, eine Podcastepisode von einer Stunde Länge hat etwa 30 MB, eine Blu-Ray ca. 40 GB und handelsübliche externe Festplatten bekommt man momentan mit 3 bis 12 TB, je nachdem, wieviel man ausgeben möchte. Speicherplatz ist in den letzten Jahren enorm im Preis gefallen. Petabyte waren um 2014 bereits eine gängige Größe bei mittelgroßen Serverfarmen, beispielsweise solchen, wo 24 Stunden am Tag Telemetriedaten von Autos reinkommen. Nicht die selbstfahrenden, sondern Standardautos, wie man sie seit ca. 2010 kaufen kann. Die haben eingebaute SIM-Karten und senden fleißig Daten über ihre Verwendung an die Hersteller.

1 Kilobyte (kB) = 1.000 Byte
1 Megabyte (MB) = 1.000.000 Byte
1 Gigabyte (GB) = 1.000.000.000 Byte
1 Terabyte (TB) = 1.000.000.000.000 Byte
1 Petabyte (PB) = 1.000.000.000.000.000 Byte
1 Exabyte (EB) = 1.000.000.000.000.000.000 Byte
1 Zettabyte (ZB) = 1.000.000.000.000.000.000.000 Byte

Wenn Ihr gerade an die 1.024-Zählweise denkt: Stimmt, die gibt es auch. Dann heißt es allerdings mittlerweile etwas anders: Kibibyte, Mebibyte, Gibibyte etc. Diese sprachliche Unterscheidung ist allerdings neueren Datums, früher waren alles Kilobyte, Megabyte, usw.[2]

Rechner anderer Leute. Was ist eigentlich diese »Cloud«?

Die Free Software Foundation Europe (FSFE) hat es sehr treffend ausgedrückt: »*There is no cloud, just other people's computers.*« Es gibt keine Cloud (»Wolke«), nur die Rechner anderer Leute. Das können Cloudspeicher sein oder »Software as a Service« (»SaaS«) Angebote. Natürlich läuft alles auf irgendwelchen Rechnern, nur nicht auf Eurem sondern auf dem von irgendwem sonst. Und wenn Ihr nicht wisst, wo Eure Daten liegen, gehören sie auch nicht Euch.

· · ·

CLOUD BEDEUTET, dass Daten mehr oder weniger automatisch auf Rechner geschoben werden, die über das Internet erreichbar sind. Das sind üblicherweise z. B. automatisierte Backups von Smartphones auf den Server der Herstellerfirmen (Google, Apple, Microsoft, Samsung etc.). Meistens wissen wir nicht mal, dass das passiert. Ein anderer Klassiker wäre »Cloud-Storage« wie Dropbox, die sich in das System integriert und bestimmte Ordner oder Dateien automatisiert auf Großrechner von US-Firmen hochlädt.

Ohne Euch mit Rechtslagen langweilen zu wollen, kann es tatsächlich rechtlich problematisch sein, Daten auf Server in Drittstaaten wie den USA zu laden, wenn Ihr beispielsweise selbständig seid und Euer Telefon beruflich und privat zusammen benutzt. Bei Apple ist die Nutzung der iCloud beispielsweise ausschließlich für Privatkunden zugelassen und es ist zum aktuellen Zeitpunkt noch immer nicht möglich, einen Auftragsverarbeitungsvertrag nach DSGVO von Apple zu bekommen.

ZURÜCK ZUR CLOUD AN SICH: Es gibt gute Gründe, automatische Backups zu machen, aber überlegt Euch gut, ob das unbedingt auf den Rechnern anderer Leute sein muss oder ob Ihr nicht ein paar Euro im Monat investieren möchtet, um zumindest selbst Herr:in über Eure Daten zu sein. Immerhin ist gerade bei US-Diensten immer das Problem, dass sie für sämtliche Behörden einsehbar sind. Und dass: »Ich habe ja nichts zu verbergen«, keine valide Aussage ist, hatten wir schon. Die Urlaubsfotos von den Kindern am Strand, das Backup aus Eurer Zyklus-App oder Euren Steuerunterlagen gehen einfach grundsätzlich niemanden etwas an. Punkt. Und wenn die Firmen, denen Ihr Eure vielleicht sogar hochsensible Daten anvertraut, kein Geld für ihre Dienste haben möchten, fragt Euch, wovon sie ihre hunderte oder tausende Mitarbeiter:innen bezahlen, wovon deren Kinder in die Schule gehen, auf Klassenfahrt fahren und Geburtstagsgeschenke bekommen. Üblicherweise durch die Auswertung Eurer Daten auf ihren Computern und dem Verkauf Eures Profils.

Von digitalen Postkarten, Rohrpost und Briefumschlägen. Wie funktionieren eMails?

eMails sind seit jeher üblicherweise Postkarten im Netz. Alles, was man per eMail verschickt – von Manuskripten über Verträge, Einkaufslisten, Urlaubsfotos, lustige Sprüche, Geschäftskommunikation, Baupläne ... – alles ist Klartext, der an verschiedenen Stellen mitgelesen werden kann. Meistens fängt das Mitlesen direkt beim eMail-Betreiber an. Gmail, GMX, web.de, Microsoft, wie auch immer die »Gratis«-Anbieter für eMail-Accounts alle heißen, lesen mit, was Ihr schreibt oder bekommt. Sie werten die Informationen aus und verkaufen Euer Personenprofil weiter. Beispielsweise an Werbetreibende. Wenn Ihr eine Rechnung vom einen Stromanbieter bekommt, kriegt Ihr Werbung für einen anderen in Eurem Postfach am Rand angezeigt. Oder sie blenden Werbung in eMails ein, die Ihr geschrieben habt. Dann sehen Eure Freunde in der eMail von Euch Werbung für beispielsweise rote Schuhe. Das heißt, sie verändern (manipulieren) absichtlich Eure Inhalte. Deswegen zahlt Ihr kein Geld für das eMail-Konto, weil sie das Geld für Eure Informationen an anderer Stelle kriegen. Überlegt mal, wie viele Mitarbeiter:innen diese Firmen haben und womit die bezahlt werden. Von den riesigen Serverfarmen und deren Stromverbrauch mal ganz zu schweigen.

Klartext

Was heißt hier eigentlich Klartext? Nun, eMails sind von sich aus nicht verschlüsselt, sondern können einfach mitgelesen werden. Eine eMail ist eine Postkarte. Jede:r auf dem Weg kann lesen, was draufsteht, wo sie herkommt, wo sie hingeht und natürlich den Inhalt der eMail.

JA, aber viele Anbieter werben groß mit »TLS-Verschlüsselung« der eMails! Das ist schön und ein guter Anfang. Es heißt allerdings nur, dass die Verbindung von Eurem Gerät bzw. Eurer eMail-App (im Zweifelsfall ist das Euer Browser) bis zum eMailserver beim Anbieter verschlüsselt ist. Aber da hört der Zustellungsweg ja nicht auf.

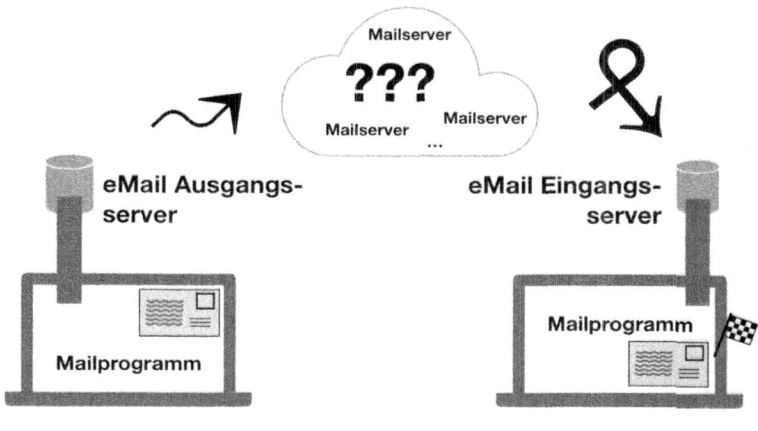

Der übliche Weg einer eMail

Von Eurem Gerät entweder über ein eMail-Programm oder Eurem Browser, wo Ihr die eMail schreibt, wird sie losgeschickt. Die nächste Station ist der Postausgangsserver bei Eurem Anbieter. Der schickt die eMail dann weiter über eine vorher nicht festlegbare Route zum Posteingangsserver beim Anbieter des oder der Empfänger:innen und von da geht es dann wieder auf das Gerät der Empfänger:innen weiter. Die TLS-Verschlüsselung greift nur auf der »ersten und letzten Meile«, also dem Weg zwischen dem Gerät der Absenderin und dem Postausgangsserver und dann wieder zwischen dem Posteingangsserver der Empfängerin und deren Gerät. Hier wird die Postkarte quasi getunnelt wie eine Rohrpost, wo niemand von außen drauf zugreifen kann. Alles zwischen den Postausgangs- und -eingangsservern ist El Dorado, wo so viele »Men in the Middle« oder »Machines in the Middle« hängen können, wie sie wollen. Und sie können alles lesen, was Ihr schickt oder bekommt. Wer das ist, kann sich auch ändern, je nachdem, welchen Weg die eMail nimmt. Das kann zum Beispiel daran liegen, wo der Internetverkehr gerade günstiger ist; manche kennen das noch von Nachtstrom.

Wenn man also möchte, dass eMails nicht mitgelesen werden können, sollte man sich mit eMail-Verschlüsselung beschäftigen. Die Infos dazu findet Ihr im zweiten Teil bei den fortgeschrittenen Maßnahmen. Lasst Euch von der Einteilung »fortgeschritten« nicht abschrecken, eMail-Verschlüsselung ist an sich recht einfach, es gibt nur Dinge, die noch schneller gehen und mit zwei Klicks erledigt sind.

· · ·

FALLS IHR EUCH noch nicht bereit fühlt, Euch mit dem Thema auseinander zu setzen: Man kann eMails durch sichere Messenger wie z. B. Signal ersetzen und auch Dateiübertragung z. B. von Manuskripten, Hausarbeiten, Verträgen etc. besser gestalten, als sie im Klartext durch's Netz zu schieben. Eine eigene NextCloud beispielsweise löst viele Probleme.

Von trojanischen Pferden und Lösegeld

Eine Bedrohung, der jede:r im Netz ausgesetzt ist, ist »Malware«. Das hat nichts mit Buntstiften zu tun, sondern steht für »malicious Software« oder einfach »Schadsoftware«. Es gibt ganz verschiedene Malwares, die man sich so einfangen kann.

Häufig wird von ›Trojanern‹ geredet. Das ist eine Anspielung auf das »Trojanische Pferd« der griechischen Mythologie. Jahrelang hatten es die Griechen nicht geschafft, die gut gesicherte Stadt Troja einzunehmen. Also probierten sie es mit einer List: Sie bauten ein hübsches Holzpferd und versteckten darin ihre besten Krieger. Die Einwohner von Troja holten das hübsche Pferd in die Stadt und in der Nacht kamen die Krieger daraus hervor und öffneten von innen die Stadttore für ihr Heer, das dann die Stadt einnahm. Übertragen ist ein »Trojaner« also etwas, das Ihr Euch gern oder zumindest freiwillig auf Euren Rechner holt (ob als Download, eMail-Anhang, von fremden USB-Sticks oder Speicherkarten etc.), wo allerdings noch etwas anderes drin steckt (oder dranhängt, bzw. aus dem Internet nachgeladen wird), das dann Teile Eures Computers (oder auch den ganzen) nach außen öffnen und übernehmen kann.

»RANSOMWARE« bedeutet »Lösegeldsoftware«.[3] Bekannte Ransomwares sind Locky, WannaCry, Ryuk oder aktuell Ragnar Locker[4]. Dies sind Verschlüsselungstrojaner; also Schadsoftware, die bei Ausführung sämtliche Dateien auf Eurem Computer verschlüsselt. Nach dem Verschlüsseln aller Dateien wird Euch eine Nachricht angezeigt, dass gegen Zahlung einer bestimmten Summe die Dateien wieder freigegeben werden. Diesen Aufforderungen sollte man niemals nachkommen. Besser ist es, vorbeugend die hauptsächlichen Einfallstore wie Links in eMails, eMail-Anhänge mit (vielleicht versteckten) .exe Endungen und Office-Macros niemals anzuklicken bzw. zu erlauben. Makros am besten deaktivieren und dabei belassen. Wenn eine

Nachricht aufpoppt: »Wollen Sie Makros wirklich aktivieren?« immer »Nein« klicken. Macht außerdem regelmäßige Backups Eurer Daten, falls Euer Rechner doch einmal infiziert wird oder sonstwie kaputtgeht. Den Computer komplett neu installieren und die Daten aus dem Backup einspielen ist die beste Option, die Ihr habt. Ein Backup ist garantiert kostengünstiger und weniger stressig als jede Lösegeldforderung für Eure Daten.

Für Firmen ist momentan ein sehr unschönes Geschäftsmodell »in«, nämlich dass Kriminelle einen Verschlüsselungstrojaner einschleusen, alle Daten zu sich selbst rüberkopieren, die Daten in der Firma verschlüsseln, Lösegeld fordern und bei Nichtbezahlung die Daten im Netz veröffentlichen. Das können Kundendaten sein oder auch Zahlungsdaten etc. Dennoch sollte man auch als Firma nicht zahlen. Denn erstens befeuert man damit nur diese Geschäftsmodelle, zweitens gibt es keine Garantie, dass die Kriminellen die Daten nach Zahlungseingang auch wirklich wieder entschlüsseln. Und drittens gibt es auch für abgeflossene und ggf. veröffentlichte Daten keine Garantie, dass diese auch wirklich auf den Rechnern der Kriminellen und den Servern im Internet gelöscht werden. Abgesehen davon sind die veröffentlichten Daten in der Zwischenzeit von einer unbekannten Anzahl anderer Leute bereits heruntergeladen und anderen Datensammlungen einverleibt und wahrscheinlich schon weiterverkauft worden.

Das Einschleusen von Ransomware wird in Firmen oder Organisationen (aber auch bei Privatleuten) häufig durch eine Malware namens »Emotet« gemacht, vielleicht habt Ihr davon schon etwas gelesen. Emotet selbst verschlüsselt noch nichts, aber es lädt weitere Schadsoftware nach, die das im Anschluss übernimmt. Emotet startete seine »Karriere« als Banking-Trojaner und ist bis heute der Doktrin des Dingestehlens treu geblieben. Allerdings stiehlt es mittlerweile mehr eMail-Verläufe als Bankdaten. Emotet fängt man sich genauso ein wie andere Malware auch – durch einen falschen Klick. Wenn sich die Schadsoftware auf Eurem Rechner befindet, leitet sie Euren eMail-Verlauf der letzten X Tage an die Kriminellen weiter, die hinter diesem Angriff stecken. Daraufhin werden eMails erstellt, die inhaltlich genau in Eure bisherigen eMail-Verläufe reinpassen. Zu unterscheiden sind sie nur durch die genauen eMail-Adressen. Die könnt Ihr sehen, wenn Ihr Euch die eMail-Header im Klartext anschaut. Das geht, je nach Betriebssystem und eMail-Programm, das Ihr verwendet, im Mailprogramm bei Darstellung oder Ansicht und dann »Alle Header«. Lasst Euch von den Informationen, die dann angezeigt werden, nicht verwirren. Der interessante Teil ist »Sender« und diese Information steht meistens ganz weit oben.

· · ·

ES IST LEIDER SEHR EINFACH, eMails zu fälschen, bzw. unter falschem Namen abzuschicken. Beispielsweise mit einem ganz schnöden Mailprogramm, wo man zur Mailadresse einen Namen eingeben kann. PR- oder Marketing-Agenturen benutzen sogenannte Massenmailer-Programme (»Bulk Mailer«), um im Auftrag ihrer Kunden, deren eigene Kunden oder Medienhäuser mit Informationen zu versorgen. Kriminelle fälschen mit so etwas eMails. Zigtausendfach auch einmal. So kann es auch passieren, dass man eMails »von sich selbst« erhält.

HINWEIS: Das geht auch mit SMS.
Wenn Ihr eine eMail bekommt, die inhaltlich genau in die bisherigen eMail-Verläufe reinpasst, ist die Wahrscheinlichkeit, dass Ihr auch in Eurem Job-Umfeld kontrolliert, ob die eMail wirklich von Eurer Chefin oder vom Bekannten kommt, sehr gering. Und die Wahrscheinlichkeit, dass Ihr arglos einen Link klickt, sehr hoch. So wird nach einer anfänglichen Emotet-Infektion weitere Schadsoftware nachgeladen. Das können sehr unterschiedliche Szenarien sein. Trickbot beispielsweise, das wäre ein Banking-Trojaner, oder auch die genannte Ransomware Ryuk, also ein Verschlüsselungstrojaner. Hinter all dem stecken hochprofessionell arbeitende Kriminelle.

Wenn Ihr eine Demonstration sehen möchtet, wie es aussieht, wenn eine Ransomware zuschlägt und wie flink das geht, schaut Euch den Vortrag von Petar Kosic bei der PrivacyWeek 2017 an.[5] Bei der PrivacyWeek 2020 hat er eine aktualisierte Version des Vortrags gehalten.[6]

Keylogger

Weit verbreitet sind auch Keylogger, also Programme, die alles protokollieren, was über die Tastatur eingegeben wird. So kommen nicht nur Texte wie Social-Media-Nachrichten oder eMails in fremde Hände, sondern auch Passwörter und Zugangsdaten, die über die Tastatur eingegeben werden. Auch hier gilt: Keine eMail-Anhänge und schon gar keine .exe Dateien anklicken, keine Office-Makros ausführen lassen.

»Ich wurde gehackt!!!«

Die Wahrscheinlichkeit, dass jemand es gezielt auf Euch abgesehen hat, ist sehr gering. Natürlich gibt es Fälle von Stalking, Mobbing, »Spearfishing« (»Speerfischen«, gezielte Angriffe, beispielsweise durch extra für eine Person verfasste eMails mit Malware-Links) und mehr, die tatsächlich Einzelpersonen zum Ziel haben. Meist zielen diese auf Politiker:innen, Menschen mit Finanzverantwortung in Führungsetagen, politische Aktivist:innen und so weiter. Den Großteil aller Leser:innen dieses Buches wird dies vermutlich (und hoffentlich!) nicht betreffen.

INFO: Solltet Ihr das Gefühl haben, dass Euch jemand stalkt, sucht Euch frühzeitig Hilfe. Beispielsweise die lokalen *Frauenhäuser* oder spezialisierte Einrichtungen wie *SOS-Stalking* sind für so etwas ausgebildet und können Euch beraten und Euch aus dieser Situation wieder hinaus helfen.

DIE ALLERMEISTEN ANGRIFFE, die aus dem Internet kommen, sind Massenware. Zu Millionen ausgesendete »Phishing-eMails« beispielsweise. »Phishing« (»Fishing«, also Fischen, Netz auswerfen) bedeutet, dass jemand eine Nachricht aussendet und darauf hofft, dass jemand anderer anbeißt. Das sind diese üblichen »Spam-eMails«, dass die Empfänger:in etwas gewonnen hätte, ein reicher Prinz nur auf sie wartet, »Wir haben Dich beim Masturbieren gefilmt« etc. Solche eMails enthalten üblicherweise Links, die zu einer Malware führen, die durch den Klick auf den Link auf den Rechner der klickenden Person heruntergeladen wird. Je nach Art der Malware bekommen die Angreifer:innen damit Zugriff auf Euren Rechner, können selbst Programme auf diesem installieren und ausführen und dergleichen.

Manche dieser Massenmails enthalten Bitcoin-Adressen, auf die man einen bestimmten Betrag einzahlen soll und traurigerweise fallen immer wieder Menschen darauf rein. Aber wenn nur 10 Menschen pro zigtausendfach verschickter eMail darauf hereinfallen, läppert es sich über die Zeit eben auch.

ÜBRIGENS: DAS WORT »SPAM« ist eigentlich ein Markenname für Dosenfleisch und ist zusammengesetzt aus »spiced« und »ham«, also »gewürzter Schinken«. Das tatsächliche Produkt ist wohl so ähnlich wie

»Corned Beef«, nur eben aus Schweinefleisch. Diese Dosen waren trotz Nahrungs-Rationierung im zweiten Weltkrieg immer und überall erhältlich. Diese Omnipräsenz wurde später mit unerwünschten eMails verglichen und der Begriff verselbständigte sich.

EIN WEITERES SZENARIO SIND »ÜBERNOMMENE SOCIAL-MEDIA-ACCOUNTS«: Jemand anderes hat Zugriff auf das Konto, postet oder löscht dort Daten. Auch hier ist die Wahrscheinlichkeit, dass jemand konkret diesen einen Account haben wollte, eher gering – Mobbing und Stalking ausgenommen. Viel wahrscheinlicher ist, dass dieser oder ein anderer Dienst, bei dem man einen Login hat, seine Kundendaten »verloren« hat. »Verloren« heißt in dem Zusammenhang, dass ein Datenleck besteht oder bestanden hat, also ein Datenschutzvorfall passiert ist. Die Daten sind natürlich nicht weg, außer es gab tatsächlich einen heftigen Crash im Rechenzentrum, sondern eine unbekannte Anzahl anderer hat diese Kundendatenbank bereits gefunden und zu sich kopiert; häufig deshalb, weil Firmen noch immer zu sorglos mit den Daten ihrer Kund:innen umgehen. Nicht selten liegen diese auf nur ungenügend gesicherten oder auch ganz ungesicherten Servern frei im Netz. Im allerschlimmsten Fall sind die Daten nicht verschlüsselt, also Plaintext. Dann haben die Angreifer:innen (eine unbekannte Anzahl Fremder) Euer Login, also Benutzer:innen-Name, vielleicht eMail und das Passwort im Klartext und können damit machen, was sie wollen.

Eine andere Möglichkeit ist, dass Ihr mit einem Klick auf einen solchen Link in einer eMail einer App oder auch einem Browserplugin Vollzugriff auf Euer Konto gewährt habt. In dem Fall können Angreifer:innen durch das Plugin oder die App alles mit Eurem Konto tun, ohne tatsächlich das Passwort zu wissen. In dem Fall hilft es auch nichts, wenn Du das Passwort änderst. Hier müssen alle Apps und was sonst so Zugriff auf die jeweiligen Konten hat, aktiv davon getrennt werden. Das geht meist in den Kontoeinstellungen auf der Webseite des Dienstes.

WENN JEMAND EINE KUNDENDATENBANK MIT, sagen wir, 50.000 Accounts samt Zugangsdaten im Klartext gefunden hat, kann er oder sie ausprobieren, wo diese eMail-Passwort-Kombinationen noch »aufschließen«. Das tut natürlich niemand per Hand, das würde ja ewig dauern. Dafür kann man in kurzer Zeit ein kleines Programm schreiben, das nichts anderes tut, als bei allen möglichen Diensten, Social-Media-Plattformen, Mail-Anbietern,

Onlineshops, Telefonieanbietern, Zahlungsdiensten, Versandhauskatalogen etc. zu probieren, ob dieser Benutzer:innen-Name und dieses Passwort da auch funktioniert. Und falls ja, können mit Hilfe weiterer kleiner Programme diese Accounts ausgenutzt, Geld überwiesen, Guthaben umgebucht etc. werden.

WER ALSO ÜBERALL DASSELBE Passwort und dazu auch dieselbe eMail-Adresse hat, wird früher oder später Opfer einer solchen Accountübernahme werden. Mit sehr hoher Wahrscheinlichkeit ist das bereits geschehen, auch wenn Ihr es vielleicht noch nicht bemerkt habt. Aber es kann gut sein, dass bereits Kriminelle Zugang zu all Euren Accounts haben.

NATÜRLICH KLINGT es viel martialischer zu sagen: »Ich wurde gehackt!« als: »Der Einbrecher hat meinen Türschlüssel unter der Fußmatte gefunden«. Vor allem sind so alle anderen Schuld. Tatsächlich ist es so, dass wir all die Probleme viel weniger hätten, würden Plattformen sauber mit Daten umgehen. Man kann solche Fälle selbst vermeiden, indem man für jeden Dienst ein eigenes Passwort verwendet, 2-Faktor-Authentifizierung nutzt und niemals auf Links oder Anhänge in eMails klickt.

TIPP: Spam-eMails grundsätzlich nie öffnen. Diese haben meist Tracking eingebaut, das an die Absender meldet, wenn die eMail geöffnet wurde. Damit wird bestätigt, dass die eMail-Adresse echt ist und abgerufen wird. Dank dieser Bestätigung kann die eMail-Adresse wieder weiterverkauft werden und es kommt noch mehr Spam. Üblicherweise kann man das eMail-Programm so einstellen, dass es gar keine externen Inhalte nachlädt, dann kann auch so ein Trackingpixel (ein kleines, oft nichtmal sichtbares Bildchen, das aus dem Internet nachgeladen wird,) nicht aufgerufen werden. Sollte das aus irgendwelchen Gründen bei Euch nicht möglich oder Ihr auf bunte HTML-Mails angewiesen sein, also gestylte eMails, die durch HTML wie Webseiten aussehen und nicht nur Text sind, dann stellt das eMail-Programm so ein, dass außer der Überschrift keine Inhalte der eMails in der Übersicht angezeigt werden. So könnt Ihr die eMail schon vor dem Öffnen löschen und die Tracker innerhalb der eMails werden nicht ausgelöst und können damit auch nicht nach Hause telefonieren.

~

Das Internet der Dinge

»IoT«, also »Internet of Things« oder auch »Internet der Dinge« bedeutet, dass man alles, was bisher ein analoges Ding war, seit einer Weile auch als vernetzte Dinge findet. Das können Glühbirnen (ja, ich weiß: Leuchtmittel) sein, Kühlschränke, Personenwaagen, Kaffeemaschinen, Fernseher, eReader, Plüschtiere, Rasenmäher, Vibratoren, Puppen, Heizungsthermostate, Kameras, Türschlösser, Rollos ... Egal, was Euch jetzt einfällt, die Wahrscheinlichkeit, dass es bereits netzwerkfähige Versionen gibt, ist sehr hoch. Ein etwas flapsiger Spruch bringt die Sache gut auf den Punkt: »Das S in IoT steht für Sicherheit.« Aber da ist kein »S« in »IoT«. Sehr gut beobachtet. Es ist auch nahezu keine Sicherheit in IoT.

Viele dieser Dinge des Internets sind »Gadgets«, Spielzeug für Technikbegeisterte. Diese Dinge werden meist sehr schnell und billig (oft in China) produziert und dann hier, ebenfalls billig, auf den Markt geworfen. Menschen kaufen die Dinge, packen sie aus, hängen sie daheim (oder in der Arztpraxis, im Firmennetzwerk, in der Kanzlei) ins Internet und freuen sich dran, dass die Kaffeemaschine jetzt auch über das Netz oder eine App aus zu bedienen ist. Ob es sich dabei um eine sinnvolle Funktion handelt, ist häufig zweitrangig. Es macht schließlich Spaß.

Allerdings gab es Firmen, deren Produktion mehrere Tage stillstand, weil die neue IoT-Kaffeemaschine im internen Netz eine schwere Sicherheitslücke mit sich brachte.[7]

Unmengen an Kameras aus Arztpraxen, Krankenhäusern, privaten Wohnzimmern und mehr sind öffentlich im Netz auffindbar und liefern teilweise einen Livestream ins Netz für völlig fremde Menschen.[8]

»Mein Kühlschrank wurde gehackt!«

Genau wie bei Euren Onlinekonten habt Ihr es auch bei Euren computerisierten Geräten fast immer in der Hand, diese sicherer zu machen. Es ist die Frage, ob Ihr wirklich einen Fernseher braucht, der am Netz hängt, oder einen Kühlschrank, eine Zahnbürste oder eine Personenwaage mit Internetanschluss. Jede Schnittstelle, sei es WLAN, Bluetooth oder auch ein Netzwerkkabel-Anschluss, beeinträchtigt die Sicherheit der Geräte. Oder, wie es so schön heißt, das »S« in »IoT« steht für Sicherheit.

Das »Internet of Things«, also das »Internet der Dinge«, lebt davon, dass nach Möglichkeit alles mit einem Internetanschluss versehen wird. Ob das sinnvoll ist oder nicht, wird hierbei selten berücksichtigt. Vielmehr zählt, dass die Geräte schnell auf den Markt kommen und Käufer:innen finden. Sicherheitstests oder die Möglichkeit, überhaupt Updates einspielen zu können, bleiben dabei meist auf der Strecke. Wenn Ihr IoT-»Gadgets« (also »Geräte« oder auch »technische Spielereien«) nutzen möchtet, liegt das natürlich ganz bei Euch. Es kann auch durchaus sinnvolle Anwendungsfälle geben. Der Verein »IoT Austria« beispielsweise versucht, IoT sicher, sinnvoll und verantwortungsbewusst umzusetzen. Ralf Schlatterbeck hat auf vergangenen PrivacyWeeks auch immer wieder Vorträge zum Thema Sicherheit von IoT Geräten gehalten. Ich lege sie Dir wärmstens ans Herz. [9]

ES IST KLUG, sich vor dem Kauf genau zu informieren. Beispielsweise, wo das angestrebte IoT-Gerät seine Daten speichert – in der Cloud beim Hersteller in irgendeinem Land, das ein sehr niedriges (oder auch gar kein) Datenschutzniveau hat? Gibt es Erfahrungsberichte? Welche Suchergebnisse bekommt Ihr, wenn Du zur Produktkennung noch das Wort »Sicherheit« mit eingibst? Hinweis: Im Englischen gibt es »security« und »safety«, was tatsächlich zwei unterschiedliche Dinge sind. Beim Auto würde man den Anschnallgurt und Airbag zu Safety zählen, den Schlüssel zu Security. In der deutschen Sprache gibt es leider keine Begriffe, die diese beiden Bereiche trennscharf voneinander abgrenzen.

WENN IHR SCHON EIN Gerät kauft, das ans Internet angeschlossen werden soll, achtet vor allem darauf, dass der Hersteller für einen möglichst langen Zeitraum Sicherheits-Updates zusichert. Kauft keinen Billigschrott. Billig meine ich nur bedingt im Sinne des Kaufpreises, es gibt auch sehr teure Geräte, die trotzdem nichts taugen. Die ganz kostengünstigen taugen allerdings in nahezu 100 % der Fälle nichts. Billig soll heißen: ohne Garantie, dass das Ding nicht spätestens drei Tage nach Inbetriebnahme mit Malware verseucht ist.

WENN ES SICH UM »SMARTES« Spielzeug für Kinder handelt, solltet Ihr besser vor der Anschaffung nachlesen, ob bereits Sicherheitslücken für dieses Gerät bekannt sind. Und ja, auch ein Teddybär ist ein Gerät, wenn er einen eingebauten Computer hat und mit dem Internet kommuniziert. Sicherheitslücke kann hier bedeuten, dass im Zweifelsfall Stimmaufzeichnungen aus Millionen Kinderzimmern auf ungesicherten Servern im Netz öffentlich zugänglich sein könnten. Die Puppe »My Friend Cayla« beispielsweise hatte eine offene Bluetooth-Schnittstelle ohne Zugangscodeabfrage, über die sich jede:r, der:die die zugehörige App auf dem Telefon hatte und sich in Reichweite befand, mit dem Gerät verbinden und alles mithören konnte, was in der Umgebung der Puppe vor sich ging. Obendrein waren die Stimmaufzeichnungen auf externen Servern gespeichert und zu Werbezwecken genutzt worden. 2017 wurde Cayla von der Bundesnetzagentur als »versteckte, sendefähige Anlage« klassifiziert und es gab den öffentlichen Aufruf, die Puppe zu vernichten.[10] Vernetzte sprechende Puppen gibt es auch von Mattel. Schon 2015 hatten sie Programmierfehler (»Bugs«) in »Hello Barbie«, wobei nicht klar war, ob und falls ja wie viele Zugriff auf die Stimmaufzeichnungen letztendlich hatten. Immerhin führte Mattel daraufhin ein sogenanntes »Bug-Bounty-Program« ein; das bedeutet, dass Menschen, die Sicherheitslücken und Programmierfehler finden und melden, dafür entlohnt werden.[11][12] Was nicht automatisch bedeutet, dass seitdem alles fehlerfrei und hochsicher läuft.

TIPP: Wenn Ihr Euch vorab über die Produkte informiert, könnt Ihr größere Hoppalas in vielen Fällen vermeiden.

DIE FAUSTFORMEL BEI JEDEM GERÄT, das ans Netz soll, lautet: _Immer sofort nach dem Auspacken und bevor das Gerät ans Netz kommt, das Standardpasswort ändern._ Damit vermeidet Ihr, dass ein automatisiertes Skript mit einer Tabelle an Standardzugängen gleich in den ersten zehn Minuten Euer neues Gerät infiziert. Nutzt einen Password-Safe und legt für jedes Gerät ein eigenes Passwort an. So etwas wie Nutzername »admin« mit Passwort »admin« oder »1234« oder sonst etwas in der Art sind dafür prädestiniert, dass diese Geräte – ebenso wie eMail- oder Social-Media-Konten – automatisiert im Netz nicht nur gesucht und gefunden, sondern auch direkt von Angreifer:innen übernommen werden. Und wenn jemand anderes bestimmt, was Eure Geräte tun, ist »Feuer am Dach«. So ein »Thing of Internet« sagt Euch nämlich nicht, dass es gerade als Teil eines Botnetzwerks einen Angriff auf einen Krankenhausserver fährt, während es Euch einen Kaffee kocht.

· · ·

WAS IST EIN BOTNETZ?

Ein Botnetz ist ein Netzwerk aus »Bots«, kurz für »Roboter«. Ferngesteuerte Geräte, die selbständig Dinge tun. Bedenke, dass in Teddybären, Puppen, Glühbirnen etc. mittlerweile Computer stecken, die mehr können als die zimmergroßen Rechner, mit denen Menschen das erste Mal zum Mond geflogen sind. Die Computer können zuviel für das, wozu sie eingebaut wurden und langweilen sich die meiste Zeit. Viel Rechenleistung also, die anderweitig verwendet werden kann.[13]

Für ein Botnetz werden meist gleiche Geräte gesucht die bestimmte Schwachstellen haben. Das läuft vollautomatisch, wenn einmal jemand ein Programm geschrieben und das auf das Internet losgelassen hat. Soll heißen: Da sitzt keine Person, die darauf wartet, dass genau Eure Kamera an die Haustür oder ins Wartezimmer geschraubt und ins Netz gehängt wird. Ein automatisiertes Programm sucht und findet Geräte einer bestimmten Art. Und wenn das Programm mit »admin«/»admin« oder »1234« auf das Gerät zugreifen kann, wird Eure Kamera in Sekundenschnelle Teil des Botnetzes und sucht dann selbst wieder nach weiteren Geräten, infiziert diese und so geht das immer weiter. Allein, dass diese Botnetze existieren, macht die Welt für alle Menschen (und Webseiten, Maschinen, Krankenhäuser, Schiffssteuerungen, Kraftwerke etc.) unsicherer.

Botnetze werden von Angreifer:innen dazu verwendet, bestimmte Rechner gezielt anzugreifen. Wer ein Botnetz steuert, kann die geballte Leistung aller im Botnetz befindlichen Rechner, Kühlschränke, Glühbirnen, Teddybären und Kaffeemaschinen beispielsweise als »DDoS-Attacken« gegen Computernetzwerke lenken. Dann ist Euer Wasserkocher vielleicht an einem Angriff auf die Rechner einer Botschaft oder eine große Fluglinie beteiligt, ohne dass Ihr es überhaupt wisst. »DDoS« bedeutet »Distributed Denial of Service«, also ein Angriff, bei dem möglichst viele Anfragen in kürzester Zeit an beispielsweise ein und denselben Server gerichtet werden, so dass dieser irgendwann nicht mehr antworten kann und in die Knie geht. Ihr könnt Euch das so vorstellen, wie wenn Ihr auf Eurem Computer hunderte Programme gleichzeitig startet; irgendwann hängt er dann einfach.

IHR KÖNNT ETWAS DAGEGEN TUN, dass Eure Geräte von Fremden übernommen und dann ohne Euer Wissen für Angriffe auf anderer Leute oder Länder Infrastruktur missbraucht werden, indem Ihr die Zugangsdaten zum Gerät ändert, noch ehe Ihr die Geräte ins Internet lasst.

IoT Suchmaschine

Für das Internet of Things gibt es auch eine Suchmaschine: Shodan. Hier findet man Millionen Geräte, die im Netz hängen und was sie der Welt an Informationen über sich und um sie herum preisgeben. Shodan wird vornehmlich von Sicherheitsforscher:innen verwendet, aber jede:r kann sich dort um wenig Geld einen Account anlegen. Eine grobe Suche geht auch ohne Account direkt auf der Startseite. Schau es Dir gerne einmal an und suche nach »Waschmaschine« oder »camera«.

    -> https://www.shodan.io

~

»Psssssst!« – Nachts im Bett

eReader

Wenn Du dieses Buch hier gerade nachts im Bett liest, freue ich mich sehr. Ich habe einmal bei einem Autor:innentreffen gesagt, dass wir, die Autor:innen, großes Vertrauen genießen, wenn Menschen mit unseren Werken nachts ins Bett gehen. Viel näher kommt niemand an Menschen heran, als unsere Geschichten. Ich hatte leider nicht ganz Recht damit.

Mit den eReadern kam die Möglichkeit für Amazon, Kobo, Tolino und all die anderen, das Leseverhalten von uns Menschen sekundengenau zu analysieren. Was Ihr lest, wie lange, auf welcher Seite Ihr stehengeblieben seid und Pause gemacht hast, wo Ihr vor- oder zurückgeblättert habt, welche Bücher oder welche Stellen in Büchern Ihr mehrfach gelesen habt, wie schnell Ihr lest, welche Genres, Ratgeber oder Kochbücher Ihr lest. Im Zweifelsfall liegt Eure gesamte Büchersammlung und die Auswertung Eurer Lesegewohnheit bei einem Konzern.

Was man bei eBooks ebenfalls bedenken muss ist, dass Ihr nicht das Buch kauft, sondern nur die Lizenz, es zu lesen. Das Buch kann jederzeit geändert, upgedatet (was bei Sachbüchern wie diesem hier durchaus ein Vorteil sein kann), oder auch vom Konzern gelöscht werden, wie es passierte, als Amazon seine Kindle-Ausgabe von George Orwells »1984« aus dem Programm nahm. Das Buch verschwand manchen Lesenden direkt vor den Augen vom Gerät.[1415] Kurz: Das Buch gehört nicht Euch. Mehr dazu auch in dem Vortrag »Ich weiß, was Du letzten Sommer gelesen hast« auf der PrivacyWeek 2017.[16]

. . .

WENN IHR EUREN eReader nur aus der Schachtel genommen habt, wird er »per default« (also in der Standardeinstellung) automatisch vermutlich immer das WLAN aktiviert haben, eventuell sogar Bluetooth, wenn er das kann. Er wird vermutlich automatische Updates erhalten und Eure Bibliothek immer mit dem Server beim Hersteller oder der Handelskette, über die Ihr das Gerät erworben habt, synchronisieren. Solange Euer Gerät am Netz hängt, hat der Hersteller oder die Handelskette ein »Ohr« live an Eurem Gerät. Wenn Euer Gerät eine eingebaute SIM-Karte hat, also auch ohne WLAN auf den Shop zugreifen kann, kann es auch außer Haus bei Netzempfang jederzeit senden, was Ihr gerade mit dem Gerät tut.

Grundsätzlich ist es möglich, sogar einen Amazon Kindle »offline« zu betreiben. Dazu deaktiviert Ihr WLAN und Bluetooth und ladet neue Bücher nur per Kabel auf das Gerät. Das geht beispielsweise über die freie eBook-Verwaltungssoftware Calibre[17]. Dasselbe gilt auch für alle anderen Hersteller. Es ist kaum weniger komfortabel und man hat ein Backup der heruntergeladenen eBook-Datei nochmal auf dem Computer gespeichert. Und solange der eReader offline ist, kann einem auch niemand ein Buch vor der Nase weglöschen.

Smartes Sexspielzeug

Ja, es gibt »smartes« Sexspielzeug. Beispielsweise einen Vibrator mit Kamera am vorderen Ende und zugehöriger App. Wir diskutieren jetzt nicht über die Idee an sich; es gibt sicher Menschen, die das spannend finden. Traurig ist eher, dass Hersteller von Geräten, die Zugang zu unseren nun wirklich *höchst*persönlichen Lebensbereichen haben, leider wenig Wert auf Sicherheit oder Privatsphäre legen. Das konkrete Modell eröffnet einen eigenen ungesicherten WLAN-Hotspot, den man noch von der anderen Straßenseite aus ausspionieren kann. Nachdem dieser Hotspot nach dem Gerät benannt ist, kann man im Internet leicht Anleitungen finden, wie man die Geräte in der Nachbarschaft findet. Eine Skype-Anbindung hat das Gerät obendrein. Dass also das Geschehen auch nur in irgendeiner Weise »intim« bleibt, ist auszuschließen.[18]

DAS INTERNET HINTER DEN DISPLAYS

Notiere, was Du in diesem Kapitel gelernt hast.

To-Dos, die sich aus diesem Kapitel für Dich ergeben:

1. https://www.internetworld.de/sonstiges/internet/groessten-fehlprognosen-technikge
   schichte-1665083.html
2. https://de.wikipedia.org/wiki/Byte
3. https://www.swr.de/swr2/wissen/cyber-erpressungen-hacker-angriffe-auf-unternehmen-
   100.html

4. https://www.heise.de/news/Ransomware-Attacke-auf-Capcom-Bis-zu-350-000-Nutzer-betroffen-4962681.html
5. https://media.ccc.de/v/pw17-98-ransomware
6. https://media.ccc.de/v/pw20-368-security-fuckups-version-2020
7. https://www.reddit.com/r/talesfromtechsupport/comments/6ovy0h/how_the_coffeemachine_took_down_a_factories/
8. https://www.insecam.org/
9. https://media.ccc.de/v/pw18-67-internet-of-things-iot-privacy-security
10. https://www.zeit.de/digital/datenschutz/2017-02/my-friend-cayla-puppe-spion-bundesnetzagentur
11. https://www.somersetrecon.com/blog/2015/11/20/hello-barbie-security-part-1-teardown
12. https://www.vice.com/en_us/article/qkj4n7/bugs-in-hello-barbie-could-have-let-hackers-spy-on-kids-chats
13. https://www.heise.de/brandworlds/security-hub/praxis/iot-botnetze-datacenter-auf-den-knien/
14. https://www.theregister.co.uk/2009/07/18/amazon_removes_1984_from_kindle/
15. https://www.golem.de/0907/68459.html
16. https://media.ccc.de/v/pw17-99-ich_weiss_was_du_letzten_sommer_gelesen_hast
17. https://calibre-ebook.com/
18. https://www.heise.de/newsticker/meldung/Svakom-Siime-Eye-Vernetzter-Kamera-Vibrator-ist-ein-Sicherheitsalptraum-3674827.html

4

TRACKING – DIE TÄGLICHE VERFOLGUNGSJAGD

RTFAGB. Inhaltliche Probleme bei Plattformangeboten

Ich hatte es ja schon gesagt: Irgendwann kommt man an den Punkt, wo man sich wirklich einmal durch die meistens verschwurbelten und absichtlich auf Unlesbarkeit getrimmten AGB kämpfen muss. Read the f* AGB: Lest die verdammten Allgemeinen Geschäftsbedingungen. Wenn Ihr wirklich wissen wollt, was Ihr eigentlich verwendet und was da mit Euren Daten und auch mit denen anderer Leute, die beispielsweise bei Euch im Adressbuch oder Fotoalbum sind, passiert. Mir ist dabei an mehreren Stellen schlecht geworden, obwohl ich zu dem Zeitpunkt bereits drei Jahre Beschäftigung mit dem Thema hinter mir hatte und wird es regelmäßig wieder. Jedes Jahr, wenn ich dieses Buch hier aktualisiere zum Beispiel.

In Europa haben wir zwar andere Voraussetzungen und überraschende Klauseln sowie versteckte Einwilligungen – beispielsweise zum Newsletter – sind in Deutschland und Österreich verboten. Die Verbraucherzentralen klagen auch immer wieder sehr erfolgreich. Allerdings hilft es uns nichts, wenn sich Firmen aus Drittstaaten wie den USA nicht daran halten. »Drittland« bedeutet, dass das Land, in das Daten übertragen werden, außerhalb der EU liegt. Und Verbraucherschutz gilt nur für Verbraucher:innen, also Privatpersonen. Fungiert jemand in seiner:ihrer Rolle als Selbständige:r, ist diese Person ebenso ein Unternehmen, ein:e Einzelunternehmer:in eben. Und von Unternehmen wird erwartet, dass sie AGB anderer Unternehmen sinnerfassend lesen und verstehen können. Ohne Rechtsabteilung ist das ab und an allerdings echt schwer.

Das Kleingedruckte

Noch vor den datenschutzrelevanten Dingen gibt es bei so manchem Angebot ganz andere Probleme. Bei US-Diensten wie zum Beispiel Dropbox, Slack, Google oder auch Instagram und Facebook, aber auch beim chinesischen TikTok hat man beispielsweise das Problem, dass wir es mit ganz anderen Rechtslagen zu tun haben, denen die jeweiligen Unternehmen unterliegen. Während die Daten hier in Europa den Betroffenen gehören, gehören die Daten nach US-Recht den Unternehmen. Und bei chinesischen Unternehmen, wozu TikTok zählt, gehören die Daten dem chinesischen Staat. Und auch Urheberrecht wird in den unterschiedlichen Staaten sehr unterschiedlich gehandhabt, und üblicherweise sehr anders als bei uns in Europa. Durch Akzeptieren der AGB, also meistens mit dem Start der Benutzung von US-Diensten beispielsweise, stimmt man diesen AGB nach US-Recht zu. Man geht also einen Vertrag mit dem anbietenden Unternehmen ein. Shoshana Zuboff schreibt in »Das Zeitalter des Überwachungskapitalismus« von »Click-Wrap-Verträgen«, da wir uns durch den Klick auf »Ich stimme zu« einwickeln lassen. Und üblicherweise reicht es aus, Dienste oder Webseiten zu nutzen (darauf zu surfen), um sich an diese Verträge zu binden. Vielen ist das gar nicht bewusst.

Mit dem Klick auf »Ich stimme zu« übertragt Ihr automatisch die Rechte für die kommerzielle Nutzung, Veröffentlichung, Abdruck, Vervielfältigung, Aufführung etc. an den Diensteanbieter und meist auch, dass sie die Rechte nochmal an Dritte weitergeben oder verkaufen (»Unterlizensierung«). Beispielsweise gehen Texte oder Bilder, die man bei Instagram oder Facebook postet, in den Besitz des Unternehmens über.

Gleiches gilt für Google Docs (und alle anderen Google Dienste), zumindest für die kostenlosen Endkund:innen-Dienste.

GOOGLE HAT seine AGB[1] seit der ersten Ausgabe dieses Buchs vom November 2019 mehrfach umgestaltet und damit viel umständlicher lesbar gemacht, weil die Informationen jetzt über mehrere Stellen verteilt sind man hin und her springt, um herauszufinden, welche Inhalte wie verarbeitet werden. Ich habe Euch die Unterstreichungen gelassen, wo im Text Links zu weiteren Informationen sind, um sichtbar zu machen, wie verteilt das alles mittlerweile ist.

Der Abschnitt mit den tatsächlichen Rechteeinräumungen heißt aktuell »Inhalte in Google-Diensten«. Aber nehmen wir uns den Teil einmal gemeinsam vor. Die folgenden Zitate stammen aus den Google AGB für Deutschland vom 13. Februar 2022.

Das ist der Abschnitt »Inhalte in Google-Diensten«. Also:

»Einige unserer Dienste bieten Ihnen die Möglichkeit, Ihre Inhalte öffentlich zugänglich zu machen – beispielsweise können Sie eine von Ihnen verfasste Produkt – oder Restaurantbewertungen veröffentlichen oder einen von Ihnen erstellten Blogpost hochladen.«

Welche Dienste das sind, ist hinter einem Link versteckt:

»Dienste

Google-Dienste, die diesen Nutzungsbedingungen unterliegen, sind die unter https://policies.google.com/terms/service-specific aufgelisteten Produkte und Dienste, einschließlich:

- *Apps und Websites (wie die Google Suche und Google Maps)*
- *Plattformen (wie Google Shopping)*
- *integrierte Dienste (wie Karten aus Google Maps, die in Apps oder Websites anderer Unternehmen eingebettet sind)*
- *Geräte und andere Waren (wie Google Nest)*

Viele dieser Dienste umfassen auch Inhalte, die Sie streamen oder mit denen Sie interagieren können.«

Hinter dem angegebenen Link https://policies.google.com/terms/service-specific versteckt sich dann die lange Liste an Google Services, für die diese AGB zutreffen. Ich nehme es Euch nicht übel, wenn Ihr den folgenden Absatz nur überfliegt.

»Android Auto, Android Enterprise Essentials, Android-Betriebssystem, Android TV, Authenticator, Assistant, Blogger, Google Books, Google Kalender, Cardboard, Chatfunktionen, Chrome und Chrome OS, Connected Home, Kontakte, Contributor, Course Builder, Data Studio Galleries, Daydream View, Google Docs, Zeichnungen, Google Drive, Files by Google, Google Finanzen, Google Formulare, Gallery Go, Board, Gmail, Google Konto, Google Alerts, Google Arts & Culture, Google Chat, Google Classroom, Google Cloud Print, Google Zukunftswerkstatt, Google Duo, Google Earth, Google Expeditionen, Google Fit, Google Flüge, Google Fonts, Google for Nonprofits, Google Glass Explorer, Google Go, Google Groups, Google Input Tools, Google Lens, Google Lokale Dienstleistungen, Google Manufacturer Center, Google Meet, Google Merchant

Center, Google My Business, Google One, Google Pay, Google Fotos, Google Pixel, Google Play, Google Play Bücher, Google Play Spiele, Google Play Filme & Serien, Google Play Musik, Google Play Protect, Google Shopping, Google Store, Google Street View, Google Tag Manager, Google Trends, Google TV, Google Web Designer, Google Workspace Individual, Hangouts, Google Bildersuche, Dolmetschermodus für Unternehmen, Google Notizen, Local Guides, Google Maps, Messages, Nest Renew Premium, Google News, Google Optimize, Google Patentsuche, Notfallinformationen, Pinpoint, Telefon, Fotoscanner, Point from Google. Rekorder, Question Hub, Mit Google reservieren, Google Scholar, Google Suche, Search Console, Google Tabellen, Shopping Actions, Google Sites, Google Präsentationen, Snapseed, Google Stadia, Google Tasks, Tenor, Tilt Brush, Google Übersetzer, Google Trips, Google Voice.«

Falls Ihr jetzt denkt, das sind aber verdammt viele Services, die bei Google liegen, habt Ihr Recht. Das ist auch eines unserer Hauptprobleme mit Google, dass dieser Konzern und seine Services, Geräte und Plattformen so omnipräsent sind und an so unglaublich vielen Stellen Daten von und über uns bekommen. Und jetzt will Google auch noch ihr Laptop-Betriebssystem Chrome OS für Mac und PCs auf den Markt bringen und auch von Menschen, die nicht einmal Google Desktoprechner verwenden, Daten bekommen.[2]

- *»Im Abschnitt Erlaubnis zur Nutzung Ihrer Inhalte finden Sie weitere Informationen über Ihre Rechte in Bezug auf Ihre Inhalte und die Nutzung Ihrer Inhalte in unseren Diensten.*
- *Im Abschnitt Ihre Inhalte entfernen erfahren Sie, wie und warum wir von Nutzern erstellte Inhalte aus unseren Diensten entfernen.*
- *Wenn Sie der Meinung sind, dass andere gegen Ihre geistigen Eigentumsrechte verstoßen, können Sie uns den Verstoß melden und wir werden geeignete Maßnahmen ergreifen. Beispielsweise sperren oder schließen wir Google-Konten nach wiederholten Verstößen gegen Urheberrechte, wie unter Hilfe zum Urheberrecht beschrieben.«*

Danach gibt es noch zwei Absätze auf dieser Seite: *Google-Inhalte* und *Andere Inhalte*. Aber schauen wir uns zuerst einmal an, was Google denn unter »Ihre Inhalte«, also unseren Daten versteht. Also, Klick auf den Link hinter *»Ihre Inhalte«* im ersten Absatz:

»Ihre Inhalte
Inhalte, die Sie über unsere Dienste erstellen, hochladen, übertragen, speichern, senden, empfangen oder teilen, zum Beispiel

- *Dokumente, Tabellen und Folien, die sie erstellen*

- *Blogbeiträge, die Sie über Blogger hochladen*
- *Bewertungen, die Sie über Google Maps abgeben*
- *Videos, die Sie in Drive speichern*
- *E-Mails, die Sie über Gmail senden und empfangen*
- *Fotos, die Sie mit Freunden über Google Fotos teilen*
- *Reisepläne, die Sie mit Google teilen«*

Mehr gibt uns Google an der Stelle nicht an die Hand, außer diesen paar sehr plakativen und wenig detaillierten Beispielen.

Also zurück und Klick auf *»Erlaubnis zur Nutzung Ihrer Inhalte«:*

»Einige unserer Dienste sind so gestaltet, dass Sie eigene Inhalte hochladen, übermitteln, speichern, senden, empfangen oder teilen können. Sie sind nicht verpflichtet, Inhalte für unsere Dienste zur Verfügung zu stellen, und Sie können die Inhalte, die Sie zur Verfügung stellen möchten, frei wählen. Wenn Sie Inhalte hochladen oder teilen, vergewissern Sie sich bitte, dass Sie die hierfür erforderlichen Rechte haben und die Inhalte rechtmäßig sind.«

Der Link zu *»eigene Inhalte«* führt übrigens wieder zu *»Ihre Inhalte«*, das kennen wir schon. Also schauen wir auf den Rest vom Text. Google holt sich hier von Euch die Versicherung ein, dass Ihr für alle Inhalte, die Ihr bei Google hochladet, postest ... die Rechte habt. Dass Ihr also nichts illegal teilt oder der Welt via Google öffentlich verfügbar machst. Das ist okay, das müssen sie tun. Vielleicht ein kurzes Beispiel: Dieses Foto vom letzten Grillabend draußen mit Freunden: Hier wird erwartet, dass alle auf dem Foto abgebildeten Personen der Veröffentlichung zugestimmt haben. Juristisch sind hier die Urheberschaft am Foto, also der:die Fotograf:in, sowie auch die Persönlichkeitsrechte der abgebildeten Personen im Spiel.

Also weiter:

»Lizenz

Ihre Inhalte gehören weiterhin Ihnen. Das bedeutet, dass Sie alle geistigen Eigentumsrechte behalten, die Sie an Ihren Inhalten haben. Beispielsweise haben Sie geistige Eigentumsrechte an kreativen Inhalten, die Sie erstellen, etwa an von Ihnen verfassten Rezensionen. Oder Sie haben möglicherweise das Recht, die kreativen Inhalte einer anderen Person zu teilen, wenn diese Ihnen ihre Zustimmung gegeben hat.

Wir benötigen Ihre Erlaubnis, wenn Ihre geistigen Eigentumsrechte unsere Nutzung Ihrer Inhalte beschränken. Sie erteilen Google diese Erlaubnis über die nachfolgende Lizenz.

W<small>AS DIE</small> L<small>IZENZ</small> umfasst
Diese Lizenz umfasst <u>Ihre Inhalte</u>, sofern diese durch geistige Eigentumsrechte geschützt sind.«

Google lässt sich hier von Euch die Lizenz für die Nutzung all dessen, was Ihr hochladet, teilt, in Google Docs schreibt etc. geben, falls Ihr geistige Eigentumsrechte an den Inhalten habt. Also zum Beispiel wenn Ihr ein Manuskript in Google Docs schreiben solltet. Oder ein kleines (oder großes) Gedicht für Opas Siebzigsten per Google Mail schickt, bzw. eine:r der Empfänger:innen eine Google-Mailadresse hat.

L<small>ESEN WIR WEITER</small>, jetzt kommen noch ne Menge Ausnahmen:
»Was die Lizenz <u>nicht</u> umfasst

- *Diese Lizenz berührt nicht Ihre Datenschutzrechte - sie betrifft ausschließlich Ihre geistigen Eigentumsrechte.*
- *Diese Lizenz bezieht sich nicht auf folgende Arten von Inhalten:*
- *öffentlich zugängliche Sachinformationen, die Sie zur Verfügung stellen, wie z. B. Korrekturen an der Adresse eines örtlichen Unternehmens. Diese Informationen erfordern keine Lizenz, da sie als allgemein bekanntes Wissen gelten, das jeder frei verwenden kann.*
- *Feedback, das Sie uns geben, z. B. Vorschläge zur Verbesserung unserer Dienste. Mehr zum Thema Feedback finden Sie weiter unten im Abschnitt <u>Dienstbezogene Kommunikation</u>.«*

Dass sie öffentlich zugängliche Informationen und Feedback ausnehmen, ist nachvollziehbar und okay so. Aber was bedeutet es, wenn sie Datenschutzrechte da ausnehmen? Ich musste auch erst meine Ex-Kollegin und Datenschutzjuristin Natascha Windholz fragen. Der sachdienliche Hinweis kam prompt: Datenschutz ist ein Grundrecht und nicht übertragbar. Auf Grundrechte kann man nicht verzichten, wohingegen man Urheberrechte auch übertragen und in den USA auch darauf verzichten kann. Aber hier schrammen wir an der ganzen Frage des Eigentums von Daten entlang. Google sagt in diesem kurzen Satz also, dass meine datenschutzrelevanten Daten mir gehören und ich die nicht an sie lizensieren kann. Was allerdings nicht bedeutet, dass sie sie nicht auswerten und in den großen Big-Data-Topf werfen dürfen.

· · ·

»Umfang
Diese Lizenz ist:

- *weltweit gültig – sie gilt also auf der ganzen Welt*
- *nicht ausschließlich – Sie können Ihre Inhalte also an Dritte lizenzieren*
- *unentgeltlich – es fallen also keine monetären Gebühren für diese Lizenz an«*

Dass die Lizenz nicht-ausschließlich ist, ist ein sehr wichtiger Punkt, sonst könnten Autor:innen, die Google Docs für ihre Manuskripte verwenden, diese nicht mehr an einen Verlag verkaufen. Hoffen wir, dass dieser Punkt nie geändert wird.

Und Geld gibt's für die Menschen, die ihre Inhalte zur Verfügung stellen, auch keins.

Und weiter:
»Rechteeinräumung
Diese Lizenz erlaubt Google:

- *Ihre Inhalte zu hosten, zu reproduzieren, zu verbreiten, zu kommunizieren und zu verwenden — beispielsweise, um Ihre Inhalte in unseren Systemen zu speichern, damit Sie unterwegs darauf zugreifen können*
- *Inhalte, die Sie für andere sichtbar gemacht haben, zu veröffentlichen, öffentlich aufzuführen und öffentlich anzuzeigen*
- *Ihre Inhalte zu verändern und diese beispielsweise neu zu formatieren oder zu übersetzen*
- *diese Rechte unterzulizenzieren an:*
- *○ andere Nutzer, damit die Dienste wie vorgesehen funktionieren, z. B. damit Sie Fotos mit Personen Ihrer Wahl teilen können*
- *○ unsere Auftragnehmer, die mit uns Verträge in Übereinstimmung mit diesen Nutzungsbedingungen abgeschlossen haben, ausschließlich für die im Abschnitt Zweck beschriebenen begrenzten Zwecke«*

Inhalte verändern mit den Beispielen Neuformatierung und Übersetzung. Da stellt sich mir die Frage: Und was noch? Gefolgt von Unterlizensierung an andere Nutzer:innen, damit die z. B. Fotos angezeigt bekommen. Klingt noch schlüssig. Und dann kommen die Auftragnehmer von Google, die die Inhalte gemäß der gleich folgenden Zwecke weiterverarbeiten dürfen. Also gleich weiterlesen:

*»Z*WECK

Diese Lizenz ist beschränkt auf den ausschließlichen Zweck:

- *dem **Betrieb und Verbesserung der Dienste**, was bedeutet, dass wir neue Funktionen entwickeln und dafür sorgen werden, dass die Dienste wie geplant funktionieren. Dazu gehört auch der Einsatz automatisierter Systeme und Algorithmen zur Analyse Ihrer Inhalte:*
- *um Spam, Schadsoftware (Malware) oder illegale Inhalte zu erkennen«*

Moment, gleich mal Stopp. Diese »Verbesserung der Dienste« findet man ganz häufig als Begründung dafür, warum Nutzer:innenverhalten ausgewertet wird. Das macht Google also auch nicht anders als andere. Algorithmen und automatisierte Systeme analysieren also unsere Inhalte in allen Google Services. Also auch z. B. eMails, YouTube, Docs etc.

Diese automatische Erkennung von Spam, Malware und illegalen Inhalten könnte man auch mit »Uploadfilter« übersetzen. Ein Programm, das im Hintergrund eine Datenbank hat mit allem, was schon einmal als Schadsoftware erkannt wurde, wäre beispielsweise eine Firewall. Schon beim Upload, also noch bevor irgendein:e User:in das Hochgeladene jemals sieht oder anklicken kann, wird geprüft, ob es mit etwas übereinstimmt, das in dieser Datenbank liegt. Dasselbe wird bei u. a. YouTube, das ja auch Google gehört, mit Videos und Musik gemacht und geprüft, ob in einer Datenbank für urheberrechtlich geschützte Inhalte schonmal das Gleiche drinliegt. Gibt es eine Übereinstimmung, wird das Hochgeladene nicht mehr angezeigt, sondern sofort rausgefiltert. Daher »Uploadfilter«. Und die gibt es auch für illegale Inhalte. Was darunter fällt, unterscheidet sich nach Land und Rechtsprechung.

OKAY, weiter:

- *»um Muster in Daten zu erkennen, beispielsweise um ein neues Album in Google Fotos vorzuschlagen und zusammengehörende Fotos gemeinsam zu gruppieren*

- *um unsere Dienste für Sie anzupassen, etwa über Empfehlungen und personalisierte Suchergebnisse, Inhalte und Werbeanzeigen (diese können Sie in den Einstellungen für Werbung ändern oder deaktivieren)*

Diese Analyse findet beim Senden, Empfangen und Speichern der Inhalte statt.
dem Verwenden von Inhalten, die Sie öffentlich geteilt haben, um für die Dienste zu werben. *Beispielsweise könnten wir eine von Ihnen verfasste Rezension zitieren, um eine unserer Apps zu bewerben. Oder wir könnten den Screenshot einer App verwenden, die Sie im Google Play Store anbieten, um für Google Play zu werben.*
Zur Entwicklung neuer Technologien und Dienste *für Google in Übereinstimmung mit diesen Nutzungsbedingungen.«*

Also noch eine Reihe weiterer, nachvollziehbarer Zwecke, die allerdings auch von Googles Auftragnehmern angeführt werden können, um unsere Inhalte zu verwenden.

LAST, not least:

»Dauer

Diese Lizenz gilt so lange, wie Ihre Inhalte durch geistige Eigentumsrechte geschützt sind.

Wenn Sie Inhalte, die von dieser Lizenz umfasst sind, aus unseren Diensten entfernen, dann werden unsere Systeme diese Inhalte nach Ablauf eines angemessenen Zeitraums nicht mehr öffentlich zugänglich machen. Hiervon gibt es zwei Ausnahmen:

- *Wenn Sie Ihre Inhalte vor dem Entfernen bereits mit anderen geteilt haben. Wenn Sie beispielsweise ein Foto mit einem Freund geteilt haben und dieser es danach kopiert oder erneut geteilt hat, kann das Fotos auch dann noch im Google-Konto dieses Freundes erscheinen, wenn Sie es aus Ihrem eigenen Google-Konto entfernt haben.*
- *Wenn Sie Ihre Inhalte über die Dienste anderer Unternehmen zur Verfügung stellen, ist es möglich, dass Suchmaschinen, einschließlich der Google Suche, Ihre Inhalte weiterhin finden und in ihren Suchergebnissen anzeigen.«*

In Deutschland ist die Dauer des gesetzlichen Urheberrechts übrigens 70 Jahre nach dem Tod des:der Urheber:in. Und was ein angemessenes Zeitfenster ist, hätte ich eigentlich auch gern erklärt. Interessant und technisch richtig ist, dass wenn die Daten einmal mit anderen geteilt wurden und andere diese vielleicht auch noch einmal irgendwo gepostet haben, dann kann man diese nicht mehr »zurücknehmen«. Was im Internet steht, steht dort für immer, oder zumindest so lange, bis das Internet abgeschaltet wurde, unsere Gesellschaft nicht mehr auf Strom und Computer fußt und wir wieder bei Höhlen und Keulen angekommen sind.

Es muss natürlich jede:r für sich selbst entscheiden, ob er:sie dem zustimmen möchte. Ich persönlich halte es für eine ganz schlechte Idee, Google Docs für Manuskripte oder wissenschaftliche Arbeiten zu verwenden; insbesondere, wenn man das Geschriebene selbst noch an einen Verlag verkaufen möchte. Immerhin kann Google diese AGB jederzeit ändern und »Verbesserung der Dienste« durch »kommerzielle Nutzung der Inhalte« austauschen. Außerdem ist, anders als in Europa, in den USA auch möglich und üblich, das Urheberrecht selbst abzugeben. Auch wenn wir bei einem Teil der US-Unternehmen als Verbraucher:innen unsere Nutzungsverträge mit einer irischen Niederlassung haben und der Vertrag nach irischem Recht geschlossen ist, gibt es auch genug US-Dienste, bei denen wir einen Nutzungsvertrag nach US-Gesetzgebung unterschreiben. All jene nämlich, die keinen Standort in der EU haben, wie beispielsweise Clubhouse. Oder TikTok. Und das kann irgendwann richtig problematisch werden. Bis jetzt wurde ein solcher Fall hier in Europa soweit ich weiß noch nicht ausjudiziert. Und wäre auch eine sehr komplexe Angelegenheit, denn das tatsächlich anwendbare Recht richtet sich nach einem ganzen Haufen verschiedener Rechtsgrundlagen: z. B. Verbraucherrecht, Internationales Privatrecht, Internationale Urheberrechtsabkommen etc. Hier müsste man erst mal streiten, welches Recht überhaupt anwendbar ist, bevor man sich inhaltlich damit auseinander setzt. Es bleibt die Frage: Wollt Ihr es drauf ankommen lassen, wenn es doch Alternativen gibt? (Ja, gibt es wirklich.)

Unbekannte »Dritte«

Nicht nur bei Google, sondern auch in vielen anderen AGB und Datenschutzerklärungen, gibt es häufig Formulierungen wie in etwa »die uns übertragenen oder von uns erhobenen Daten werden an Dritte weitergegeben«, was soviel heißt wie: alles, was Ihr auf unserer Plattform macht, hochladet oder was durch unsere Trackingpixel irgendwo im Netz aufgegabelt wird, wird an zahlende Firmen, Personen, Krankenkassen, Banken oder Regierungen weiterverkauft. Ohne Nennung, an wen genau, denn »Dritte« kann quasi jede:r und alles sein. Dieser winzige Satz bedeutet also, dass sich alle Nutzer:innen theoretisch auch die Datenschutzbestimmungen dieser Dritten durchlesen müssten, um wirklich eine informierte Entscheidung treffen zu können, ohne eben zu wissen, wer diese Dritten sind. Darüber hinaus steht in deren Datenschutzerklärungen meistens ebenfalls, dass sie Daten an Dritte weitergeben und so weiter und so fort, was einfach nur ins Absurde führt. Eine sehr plastische Ansicht über die Datenweitergaben bei PayPal auf Basis der Informationen, die PayPal auf ihrer eigenen Webseite zur Verfügung stellen, hat Rebecca Ricks zusammengestellt: https://rebecca-ricks.com/paypal-data/

Alles anonymisiert, ehrlich!

Sollte irgendwo in all dem Kleingedruckten tatsächlich von Anonymisierung der Daten die Rede sein, ist das ein netter Hinweis, heißt allerdings leider gar nichts. Im Sommer 2019 wurde in einer Studie bewiesen, dass nur durch die Angabe von Postleitzahl, Geschlecht und Geburtsdatum eine 81-prozentige Wahrscheinlichkeit gegeben ist, konkrete Personen aus einer anonymisierten Datenbank zu identifizieren. Liegen mehr Daten vor, wird auch die Wahrscheinlichkeit der Deanonymisierung größer. Anhand von 15 demographischen Merkmalen liegt die Wahrscheinlichkeit der Identifizierung bei 99,98 Prozent. [3]

Sich auf Anonymisierung von personenbezogenen Daten zu verlassen ist also ebenfalls eine schlechte Idee. Werden die Daten von vornherein anonym und komplett ohne Personenbezug (auch keine IP-Adressen etc.) erhoben, kann eine anonyme Datenverarbeitung gegeben sein, solange keine weiteren, identifizierenden Daten hinzugefügt werden. Aber auch nur dann.

In Stein gemeißelt. (Nicht.)

Ein anderes Problem, das wir mit den AGB von Firmen haben ist, dass diese jederzeit geändert werden können – und es auch werden. Die Google AGB haben jetzt im dritten Jahr, die dieses Buch existiert und ich sie für Euch durchgehe, auch zum dritten Mal eine andere Aufteilung. Inhaltlich hat sich zumindest in dem Abschnitt, den ich für Euch durchgehe, nicht so viel getan, aber das kann jederzeit auch der Fall sein. Oft informieren die Anbieter die Nutzer:innen nicht einmal darüber. Das heißt, im Laufe der Zeit ändern sich vielleicht die vertraglichen Rahmenbedingungen, unter denen Ihr einen Dienst nutzt und Ihr bekommt es gar nicht mit. Oder, falls der Diensteanbieter es doch mitteilt, sind die neuen AGB vielleicht noch länger und unleserlicher geworden als zuvor, wie beispielsweise bei Google, die nicht einmal mehr alles in einem Text anzeigen, sondern man zum Teil mehr als drei Klicks weiter erst zu den relevanten Informationen kommt.

AUCH HIER GILT: Die Anbieter haben kein Interesse an informierten Nutzer:innen. Die Texte sind mit Absicht so geschrieben, dass niemand Lust hat, sie zu lesen und wenn es jemand tut, hat die Person Schwierigkeiten, den Inhalt vollständig zu verstehen. Das soll so sein. *Es wird uns absichtlich schwer gemacht.*

Geht doch woanders spielen

Wer die AGB nicht akzeptieren möchte, muss – genauer gesagt, *darf* – den Dienst auch nicht nutzen. Bei manchen Apps oder Diensten mag das noch angehen. Mein erster Reflex, wenn ich für irgendetwas eine App oder Software suche, ist, dass ich mir anschaue, wo der Hersteller seinen Firmensitz hat. In sehr vielen Fällen gibt es europäische Alternativen zu den US-Platzhirschen; beispielsweise eine Notizen-App fürs Tablet oder verschiedene Podcast-Apps. Erst wenn ich eine oder mehrere Apps europäischer Anbieter gefunden habe, schaue ich mir an, was diese so können und welche davon an das rankommt, was ich suche. Dabei schaue ich mir auch die Datenschutzerklärungen an – sind die ordentlich gemacht? So geschrieben, dass auch Laien sie verstehen etc. Für mich gehört das mittlerweile zum Auswahlprozess dazu.

An der Realität der meisten Menschen geht dies allerdings vollkommen vorbei. Entweder die Auswahl fällt auf das hübschere Design oder man nutzt eine App, Webseite oder ein Programm auf Empfehlung von Freunden oder Familie. Die dritte Möglichkeit ist, dass einem ein Service von außen angetragen wird, ohne dass man selbst etwas dafür kann. Beispielsweise wenn jemand Euch einlädt irgendetwas mit zu organisieren oder Ihr einen Onlinekurs besucht. Vielleicht benutzt die Gruppe Zoom oder Doodle. Oder Slack. Und Ihr bekommt nur eine entsprechende Einladung zugeschickt. Wenn Ihr in einer Einladungs-eMail von Slack auf den mitgelieferten Link klickt, kommt Ihr zu einer Webseite. In dem Moment, wo Ihr dort unten auf »Ich stimme zu« klickt, war's das. Ihr habt den AGB von Slack zugestimmt. Alles, was Ihr jemals innerhalb des Dienstes postet, wird an Dritte weitergegeben. Vielleicht wolltet Ihr das nichtmal, aber wie kriegt man eine Orga- oder Kurs-

Gruppe mit 15 Personen von einem Dienst weg? Eine brilliante Frage und zugleich ein Problem, auf das auch ich – ebenso wie alle anderen Menschen immer wieder stoßen, die versuchen, datenbewusst (lies: menschenrechtsbewusst und mit den Mitmenschen im Blick) zu leben. Aber wenn nicht eine Person anfängt, ihr Unwohlsein zu äußern, wird sich nie etwas ändern. Bei der nächsten Gelegenheit sind es vielleicht schon mehr Menschen, die ein Problem mit der Datensaugerei der Anbieter haben und beim dritten Mal ist vielleicht die kritische Masse erreicht, dass die Gruppe woanders hinzieht.

Was ist dieses Tracking eigentlich?

Tracking bedeutet »Spur«, »Verfolgen« oder »Verfolgung«. Das heißt, es geht in unserem Kontext darum, Menschen auf ihrem Weg durch das Netz nachzugehen. Manche Technologien erlauben, dies in Echtzeit zu tun und Menschen dabei zu beobachten, wie sie sich gerade zur Sekunde im Netz verhalten. Dieses Verhalten wird zusätzlich auch aufgezeichnet. Solche Technologien werden unter anderem von großen Onlineshops verwendet, um zu sehen, wo Menschen den Kaufvorgang abbrechen, wo sie hin und her springen etc. Verkauft wird es mit dem Argument, den Shop verkaufsfördernd zu gestalten, um alles zu eliminieren, was Menschen davon abhalten könnte, es sich nochmal anders zu überlegen. Tatsächlich lernen Unternehmen damit aber auch sehr viel über die menschliche Psyche im Allgemeinen und über die Vorlieben und Interessen des und der Einzelnen und schaffen so die Grundlage, jede:n einzelne:n von uns so zu manipulieren, dass sie uns letztlich nahezu alles verkaufen können. Aber eins nach dem anderen.

Was der Baukasten hergibt

Es gibt viele Möglichkeiten, Menschen durch das Netz zu verfolgen und das auch über mehrere Geräte hinweg. Die viel beschworenen Cookies sind nur ein Teil dessen, was mittlerweile technisch möglich und flächendeckend im Einsatz ist. Cookies sind Dateien, die von Webseiten im Verzeichnis Eures Browsers angelegt und mit Textinhalt gefüllt werden. Anhand dieser Dateien können Webseiten vorige Besucher:innen wiedererkennen und in vielen Fällen werden dort auch Informationen wie Sprachpräferenzen, irgendeine einzigartige Identifikation (»unique identifyer« oder »ID«) und z. B. Euer Loginstatus hinterlegt.

IN DEN DATENSCHUTZERKLÄRUNGEN steht häufig »Cookies & ähnliche Technologien«. Denn über Cookies hinaus gibt es eine ganze Reihe von Möglichkeiten der Browsererkennung, Geräteerkennung, Canvasfingerprinting (quasi Grafikchiperkennung), Erkennung über Webfonts (Google Fonts und ähnliche), eTag Erkennung, ... Lest Ihr noch mit?

Etwas einfacher gesagt gibt es neben den Cookies noch weitere Möglichkeiten des Trackings. Beispielsweise durch Informationen, die der Browser dem Server bei Anfragen verrät (also Metadaten). Eine andere Möglichkeit sind aktive Inhalte der Webseite (JavaScript), die im Browser ausgeführt werden und mehr über den Browser und Euer Gerät erfahren können, wie Bildschirmauflösung etc. Für letzteres gibt es bereits gute Möglichkeiten, das Werbetracking zu blockieren. Auch Favicons, die kleinen bunten Symbolbilder oben in den Tabs, können zum Tracken verwendet werden. Von daher stimmt es mich wenig optimistisch, dass Google im Januar 2021 verlautbaren ließ, dass sie Cookie-basierte Werbung nun ersetzen wollen.[4] Die Idee ist im vergangenen Jahr auch weiter gediehen, die Werbeindustrie lief Sturm dagegen und der Zeitplan wurde auf 2023 verschoben. Das Ganze nennt sich mittlerweile »Privacy Sandbox«.[5] Klingt privat, ist es aber nicht wirklich. Ich zitiere den Artikel aus dem Standard vom 22. Februar 2022:

»Eine Einschränkung von klassischen Trackern könnte für Googles Geschäft sogar von Vorteil sein. Das mag zunächst paradox klingen, betreibt doch Google selbst einige der größten Services zum webseitenübergreifenden Tracking. Wie so oft geht es aber um die Relationen zu anderen Anbietern, und hier zeigt sich, dass Google von solchen anderen Datenquellen erheblich weniger abhängig ist als etwa Facebook oder vor allem auch kleinere Anbieter.

Immerhin bekommt der Softwarehersteller dank der großen Popularität der eigenen Dienste direkt jede Menge Informationen über die Nutzerinteressen – und das wird durch solche Tracking-Beschränkungen auch in keiner Weise berührt.

[...] Die Dominanz von Firmen wie Google selbst wird mit schärferen Privacy-Regeln nicht in den Griff zu bekommen sein, ganz im Gegenteil profitieren diese von dem aktuellen Trend bisher.«

Soll heißen: Google dreht allen anderen Werbetreibenden den Hahn weiter zu, bekommt aber selbst noch immer alles in das eigene Silo gespült und verdient selbst am meisten daran. Gleichzeitig wird den Nutzer:innen durch Wortwahl »Privatsphäre« ein falsches Gefühl von Privatheit und Sicherheit vermittelt.

Nicht, dass Googles Omnipräsenz und massenhafte Datensammlung nicht schon seit Jahren bekannt wäre. 2018 gab es eine Studie der Vanderbilt University[6], die untersuchte, welche Daten bei Google zusammenlaufen.[7]

Da ist es eigentlich ein Wunder, dass es bis Dezember 2021 dauerte, bis die österreichische Datenschutzbehörde Google Analytics für nicht rechtskonform einsetzbar erklärte.[8] Im Februar 2022 bestätigte die französische Datenschutzbehörde diese Entscheidung bereits.[9] Hier erwarte ich über das laufende Jahr einige Entwicklungen zugunsten von uns normalen Nutzer:innen im Netz.

Ebenfalls eine hochinteressante Entscheidung fiel im Januar 2022 beim Landgericht München, das den Einsatz von Google Fonts für illegal erklärte[10] und einen Webseitenbetreiber dazu verurteile, der klagenden Person €100,- Entschädigung für die Weitergabe von deren personenbezogenen Daten an den US-Konzern zu zahlen. Auch hier bin ich sehr gespannt, welche europäischen Länder nachziehen werden, zumal die Lösung für Webseitenbetreiber:innen leicht umzusetzen ist dadurch, dass sie die Datei mit der Schriftart auf ihren eigenen Server legen. Mehr ist es tatsächlich nicht.

ALL DIESE TECHNOLOGIEN, die fürs Tracking eingesetzt werden, waren ursprünglich nie dafür gedacht, Menschen zu verfolgen und ihr Verhalten auszuwerten. Alle Technologien wurden entwickelt, um ganz andere Probleme zu lösen bzw. Funktionen zu erfüllen. Cookies beispielsweise beheben Sicherheitsprobleme beim Login in Onlineshops. Bevor es Cookies gab, wurde fast alles in der URL weitergegeben – das Login, was im Warenkorb lag etc. URL steht für »Uniform Resource Locator«, auch als »Webadresse« bekannt, also das, was im Browser oben in der Adresszeile steht. Die URLs wurden ziemlich lang und vor allem stand alles im Klartext, also unverschlüsselt drin. Wenn jemand jetzt dieser langen URL habhaft wurde, konnte die Person die Sitzung übernehmen und beispielsweise einen Kaufvorgang weiterführen, weitere Produkte hinzufügen etc. Durch die Einführung von Cookies wurden all diese Daten aus der URL wieder rausgenommen und lokal in einer Datei (dem Cookie) nur auf dem Gerät gespeichert. Also das Login, was im Warenkorb liegt etc. Dadurch kann jetzt nicht mehr jede:r einfach so beispielsweise einen Kaufvorgang oder das Login in ein Benutzer:innen-Konto irgendwo übernehmen. Leider sind Anbieter von Werbetechnologien gewieft und nutzen alles aus, was sie finden können. So auch viele Dinge, die in ihrer eigentlichen Funktion nützlich und sinnvoll sind.

~

Fürs Verfolgen gebaut

Und dann gibt es noch das Tracking, das von den Herstellern in die Software selbst eingebaut ist. Das ist tatsächlich genau dafür entwickelt und direkt in unsere Browser eingebaut worden.

INSGESAMT HABEN wir ein ziemliches Problem mit Browsern. Sie sind unsere Tür ins Internet und weite Teile unserer Online-Interaktionen passieren mit Browsern: Recherchieren, Musik- und Videostreaming, Shopping, Social Media, Onlinebanking, Nachrichten lesen oder schauen ... Die Möglichkeiten, uns dabei zu beobachten und unser Onlineverhalten auszuwerten laufen an genau dieser Stelle, dem Browser, zusammen – was nicht bedeutet, dass wir in Apps oder auf vernetzten Fernsehern sicherer wären. Allerdings gibt es mittlerweile keinen einzigen Browser mehr, den ich uneingeschränkt und voller Überzeugung empfehlen würde.

Es gibt allerdings einige, die ich direkt ausschließen würde, beispielsweise Microsoft Edge (früher: Internet Explorer), der ständig Daten an Microsoft sendet darüber, wie Ihr diesen Browser verwendet. Dasselbe tut Chrome für Google.

Leider ist die Entwicklung eines Browsers nicht einfach und viele Hersteller nehmen bestehende Komponenten und bauen ihren eigenen Browser drum herum. So kommt es, dass der Kern des Google Chrome Browsers, »Chromium«, mittlerweile in nahezu allen auf dem Markt erhältlichen Browsern eingebaut ist[11]: in Chrome selbst, in Edge, in Opera, Vivaldi, Brave, ... Und auch in einem »ungoogled Chromium« steckt noch immer Googles Browserkern. Und so hängen alle Browser, die uns zur Verfügung stehen – abgesehen von den beiden Ausnahmen Firefox und Safari – vom Gutwillen Googles ab. Dieser Konzern hat mittlerweile fast alle verfügbaren Browser dadurch »in der Hand« und alle Browser-Hersteller verlassen sich darauf, dass Google ja nichts Böses tut, Nutzungsbedingungen ihres Browser-Kern-Projekts oder Funktionen ändert etc.

. . .

CHROMIUM IST der OpenSource Browser und zugleich auch der Name des Browser-Kerns von Google Chrome. Von Haus aus sind auch dort die Googledienste eingebaut. Wenn man es drauf anlegen möchte, kann man einen »ungoogled Chromium« installieren[12], aber das ist leider schon für technisch Fortgeschrittene. Kurz gesagt senden mit ziemlicher Sicherheit beinahe alle Chromium-basierten Browser Daten an Google.

Firefox und Safari kann man durch Ändern der Standardsuchmaschine und ein paar weiterer Einstellungen auch so einrichten, dass sie möglichst googlefrei und trackingresistent agieren. Safari sendet allerdings Telemetriedaten an Apple. Das sind Informationen darüber, wie der Browser verwendet wird, ggf. mit welchen Einstellungen, Add-ons, wann, wie oft und so weiter. Safari hat zumindest gegenüber Tracking der Werbeindustrie schon aufgerüstet. Da ist aber – wie bei allen anderen auch! – noch deutlich Platz nach oben.

Brave ist gar nicht so gut, wie er sich gerne darstellt und wie einige ihn mit Zähnen und Klauen gegen Kritik verteidigen. Zum einen hat der in Brave eingebaute Adblocker wohl fest verbaute Whitelists[13], also Listen von Trackern, die grundsätzlich immer zugelassen werden: Facebook- und Twitter-Tracker beispielsweise. Abgesehen davon steckt Brave auch tief in der Glücks-ritter-Szene drin[14], die mit Blockchain, Kryptowährungen und NFTs Geld machen (mehr zu NFTs im Kapitel zu NFT & Blockchain). BAT, Basic Attention Token[15], nennt sich die Funktion, die man bei Brave tunlichst ausschalten sollte, wenn man sich schon auf das Experiment mit diesem Browser einlassen will. Einige behaupten, Brave wäre der heilige Browser-Gral, ich persönlich traue dem keinen Millimeter. Dazu ist auch das Marketing schon viel zu bunt und blinkend.

FIREFOX IST DER LETZTE »FREIE« Browser auf dem Markt, aber auch bei Mozilla, dem Hersteller des Firefox Browsers und auch des Thunderbirds Mailprogramms, ist nicht nicht alles so schön, wie es sein könnte. Im Februar 2022 schrieb Mozilla selbst in einem Blogpost, dass sie seit Monaten mit Meta, vormals Facebook, gemeinsam daran arbeiten, ein privatsphäreschonendes Tracking namens »privacy-preserving attribution«, also »Privatsphäre erhaltende Zuordnung« zu entwickeln[16] – ein Widerspruch in sich. Und nicht genug damit, dass Mozilla Geld von Google nimmt und dafür Google als Standardsuchmaschine einbaut, jetzt arbeiten sie auch noch mit Meta zusammen. Welche Auswirkungen diese Entwicklungen für den Firefox Browser und auch alle auf Firefox aufbauenden Projekte wie den Tor Browser[17] und Community-Projekte wie LibreWolf[18] haben, müssen wir sehen.

Der Tor Browser ist eine gute Sache, insbesondere für Menschen, die wirklich privat kommunizieren müssen. Aber bei kleinen Projekten wie LibreWolf und anderen Firefox-Derivaten können wir nur hoffen, dass die kleinen Communities dahinter das jeweilige Projekt auch über längere Zeit gut pflegen. Denn was nützt uns ein Browser auf unserem Rechner, der keine Sicherheitsupdates mehr bekommt?

DIE BESTE OPTION, die wir meines Erachtens aktuell haben ist, den Firefox Browser zu verwenden und ihn mit Ada-ons wie starke Adblocker und Nachziehen der Privatsphäre-Einstellungen so gut wie möglich anzupassen. Das ist ein paar Minuten Aufwand, die man aber für die eigene Onlinesicherheit investieren sollte.

Aber es ist doch nur ein Cookie ... Werbenetzwerke und die Maschinerie dahinter

Wozu wird dieses Tracking jetzt verwendet? Ich gebe zu, es klingt etwas abstrakt, wenn Firmen exakt nachverfolgen, was Menschen im Netz tun. Sie schauen uns bei jedem Klick, schon bei jedem Bewegen der Maus über die Schulter. Wie lange habt Ihr Euch ein Bild angesehen? Wie oft habt Ihr die roten Schuhe aufgerufen? Vielleicht in mehr als einem Shop? Habt Ihr runtergescrollt zu den Bewertungen? Wieder hoch zu den Produktbildern? Habt Ihr Preisvergleichsseiten aufgerufen? In welchem Zeitraum? Vielleicht vor Weihnachten? Oder vor Eurem Geburtstag? Oder dem eines Angehörigen oder einer Freundin? Diese Informationen stehen nicht in einem Cookie. Aber sie, die Firmen, haben sie aus anderen Quellen wie vielleicht Eurem Instagram-Profil oder wenn Ihr diese Information irgendwo anders einmal, vielleicht bei einem Kaufvorgang, angeben musstest.

Und dann weiß es die ganze Welt

Ja, aber ich finde okay, wenn ein Schuhhersteller weiß, dass ich dessen rote Schuhe mag! Ja klar, ist es auch. Das Problem ist, dass nicht nur der eine Hersteller das weiß, sondern die ganze Welt, wenn er auf seiner Webseite beispielsweise Google Analytics eingebaut hat. Google Analytics ist genau das, wonach es klingt, das Webseitenbesucher-Analyse-Werkzeug von Google.

Sprich: Google schaut jedem Webseitenbesucher auf die Finger. Und zwar unabhängig davon, ob Ihr mit dem Browser auf Eurem Computer darauf zugreift oder über Euer Telefon. Die Analysesoftware läuft zusammen mit der Webseite auf dem Webserver und kriegt jede Anfrage auf diese Webseite mit.

Die Betreiber:in der Webseite hat davon, dass er:sie dadurch eine Zugriffsstatistik bekommt über u. a.: in welcher Gegend sind die Leute, die auf ihre Webseite kommen (also wo halten sie sich physisch auf, in welcher Stadt bzw. in welchem Gebiet), von welcher anderen Seite kommen sie (wo haben sie vorher gesurft), was schauen sie sich besonders häufig an, mit welchem Browser greifen sie auf die Webseite zu, mit welchem Gerät, welches Betriebssystem, welche Bildschirmauflösung und so weiter. Mit diesen Daten kann der:die Webseitebetreiber:in ihr Angebot »verbessern«. Erfahrungsgemäß bauen viele Google Analytics vor allem deshalb ein, weil es für Privatanwender:innen gratis ist und schauen dann nie wieder in diese Analysedaten rein.

MOMENT MAL, das ist gratis? Für Endkund:innen ja. Für Firmenkunden gibt es andere Verträge und die geschäftliche Nutzung ihrer Dienste lässt sich Google auch gut bezahlen. Das heißt, sie bekommen Daten sowohl von Firmen als auch von Privatleuten. Dass es einen Teil der auf Webseiten gesammelten Daten auch den jeweiligen Webseitenbetreiber:innen anzeigt, ist nett. Was im Großen passiert ist, dass sie massenhaft Daten bis hin zur IP-Adresse und Gerätekennung gratis auf dem Silbertablett serviert bekommen. Und zwar nicht nur von einer Webseite, sondern von sehr, sehr vielen. Von privaten Blogger:innen bis zu Großkonzernen haben nahezu alle Google Analytics in ihre Webseiten integriert. Google bekommt also eine ganze Menge Daten. Jede Sekunde. Von Menschen weltweit. Und dadurch weiß Google, auf welchen Seiten Ihr unterwegs wart, auch wenn Ihr keinen Google Browser verwendet oder in Euer Google Konto eingeloggt wart, weil es von möglicherweise 95 % der Webseiten, auf denen Ihr unterwegs wart, Eure Kennung sieht, wann Ihr da wart, welche Links Ihr geklickt habt und so weiter. Es gibt also gute Gründe für die Entscheidung der österreichischen Datenschutzbehörde, Google Analytics für rechtswidrig zu erklären, denn der Eingriff ist vielleicht für jede:n Einzelne:n unsichtbar, aber hoch problematisch, einfach weil so viele Daten zusammenlaufen.

. . .

Während viele Blogger:innen sich mit Google Analytics zufrieden geben (oder eben ohnehin nie wieder in die gesammelten Daten reinschauen), sind die meisten Firmen nicht so genügsam. Viele wollen noch zusätzliches Tracking haben, weil das vielleicht noch andere Daten anzeigt. Es gibt große Anbieter wie Adobe, IBM oder Oracle, die ganze »Tracking-Suiten« anbieten. Die haben Funktionen von Webseitenbesucher:innen-Analyse à la Google Analytics bis hin zu Wiedererkennung von Personen über das Netz hinweg – was Google auch macht, aber zumindest Endkund:innen nicht rausrückt. Aber bleiben wir noch einen Moment bei der einfachen Analyse. Eine Firma hat nun also sowohl Google Analytics als auch, sagen wir, Adobe Tracking auf der Webseite eingebaut. Jetzt bekommt also nicht nur Google, sondern auch Adobe die Analysedaten. Adobe lässt sich allerdings dafür bezahlen, dass es Daten kriegt und hortet. Trotzdem ist auch das Tracking von Adobe sehr verbreitet – ebenso wie das von IBM und Oracle. Adobe hat in seinem Tracking-Universum vorgesehen, dass Firmen etwas Geld wieder zurückgewinnen können, wenn sie die auf ihren Webseiten gesammelten Daten an einen zentralen »Marktplatz« weitergeben. Alle Firmen, die Adobe Tracking nutzen und am Marktplatz teilnehmen, haben Zugriff auf diese gesammelten Daten. Und es ist vorgesehen, dass Firmen, die Adobe Tracking verwenden, ihre Kundendatenbank daran anschließen, um Kund:innen auf den Webseiten, im eigenen Shop beispielsweise, konkret ansprechen zu können. Wenn man weiß, welche Produkte eine Person gekauft hat, kann man dadurch »Up-Selling« oder »Cross-Selling« betreiben, also passende Produkte anbieten. Und natürlich weiß nicht nur die Firma, die das Tracking einsetzt, welcher Kunde welches Produkt hat, sondern jetzt auch Adobe. Auf den Marktplatz kommen natürlich nur die anonymisierten Bewegungsdaten.

Wenn Ihr rausfinden möchtet, welche Seiten Adobe Tracking einsetzen, braucht Ihr nur auf die Webseite der Adobe Tracking Suite gehen und in die Referenzen schauen. Sie sagen ja voller Stolz, wie viele und welche zufriedenen Kunden sie haben. Und in Wahrheit sind es sicher noch viele mehr.

Google wird mit sehr hoher Wahrscheinlichkeit dieselben Erkenntnisse haben, ebenso wie IBM und Oracle und wie all die anderen Anbieter von Tracking-Software noch so heißen.

Dann gibt es nicht nur diese Marktplätze, wo alle teilnehmenden Adobe-Tracking-Kunden aus dem Datenpool aller teilnehmenden Adobe-Tracking-Kunden schöpfen können, sondern es gibt auch noch sogenannte »Match-Tables«. Das sind Abgleich-Tabellen, die es an vielen Stellen im Netz gibt, wo Informationen zur Verbindung dieser IDs hinterlegt sind. Das bedeutet, diese Google-Analytics-Tracking-ID gehört zum selben Browser wie diese Adobe-

Tracking-ID, diese Oracle-Tracking-ID, diese sonstige ID und so weiter. »ID-Matching« nennt sich das auch. Oracle bietet so etwas beispielsweise als Teil seiner marketing-Cloud an.[19] Andere Marketing-Fachleute nenne es auch »Identity-Graph«.[20] Das Interactive Advertising Buseau, die Lobby-Organisation der Werbeindustrie, hat zu Cross-Device-Tracking, also der Verfolgung von Einzelpersonen über mehrere Geräte hinweg, auch noch eine sehr aufschlussreiche Zusammenstellung auf ihrer Webseite.[21]

Einige Anbieter wie beispielsweise IBM, bieten auch Trackingmechanismen an, die in Realtime, also live, den Mitarbeiter:innen anzeigen, was Menschen gerade auf den Webseiten der Unternehmen machen. Auch dies wird unter anderem in großen Webshops eingesetzt. Für die Mitarbeiter:innen läuft quasi ein Film ab, in dem sie genau sehen, wo jemand mit der Maus gerade ist, ob die Person hektisch hin und her klickt oder ähnliches. Üblicherweise wird so etwas im Telefonsupport eingesetzt. Natürlich dürfen die Mitarbeiter:innen nicht sagen: »Ich sehe ja, wo sie gerade mit der Maus sind, probieren Sie es mal zwei Zentimeter weiter links«, sondern müssen artig drum herum reden. Aber sehen tun sie es häufig schon, insbesondere bei sehr großen oder umsatzstarken Onlineshops. Aufzeichnungen solcher »Screen-Sessions«, also wo man im Film sieht, wie Menschen über Webseiten und durch Onlineshops navigieren, sind dann im Einsatz, wenn die Shops verbessert werden sollen. »Verbessern« heißt, alles aus dem Weg zu räumen, was Menschen davon abhält, etwas zu kaufen.

Und selbst wenn Webseiten gar kein Tracking eingebaut haben, nichtmal Google Analytics, haben sie häufig die erwähnten »Google Fonts« eingebaut; »zur einheitlichen Darstellung der Webseite auf allen Geräten«. Das bedeutet, dass die Webseite die im Design verwendeten Schriftarten nicht auf dem eigenen Server hinterlegt hat, sondern die Schriften von Google lädt. Wenn Ihr also auf so einer Webseite surft, wird eine Anfrage an einen Google-Server geschickt, der Google Eure IP-Adresse sagt (Wo soll die Schrift hingeschickt werden?) und von welcher Seite der Aufruf kommt. Google bekommt also noch eine ganze Menge mehr Informationen, wer auf welcher Webseite unterwegs ist, wann und wie lange, als nur durch das Tracking. Es gibt auch noch andere Webfont-Anbieter, bei denen dasselbe Problem besteht, die aber alle kleiner sind als Google mit seinen weitreichenden Fühlern. Wenn Webseitenbetreiber:innen diese nutzen, bekommen all diese Anbieter die genannten Informationen. Die Webseitenbetreiber:innen könnten auch einfach die paar Kilobyte Speicherplatz auf dem eigenen Webserver opfern und die Schriftart selbst hinterlegen oder Systemschriftarten verwenden. Aber das war die letzten zehn bis 15 Jahre einfach nicht üblich und wird einem teilweise unerfreulich schwer gemacht, wenn man selbst eine Webseite betreiben will und dafür beispielsweise Wordpress einsetzt. Wordpress ist eine sehr weit verbreitete, kostenlose Software, mit der auch Personen ohne Programmierkenntnisse eine Webseite erstellen können. Die Schriftarten manuell umzubauen ist mühsam und mit dem nächsten Update des Themes sind die Google Fonts wieder da.

DASSELBE GILT FÜR JEDEN ANDEREN »THIRD-PARTY-CONTENT«, also alle Inhalte, die von anderen Seiten geladen werden. Von kleinen Grafiken bis zu iFrames, also in die eigene Webseite eingebetteten Inhalten. In dem Fall werden die Server, auf denen die zu ladenden Inhalte liegen, mit Eurer IP-Adresse und der Seite, auf der der externe Inhalt angezeigt werden soll, versorgt und kriegen so mit, wann Ihr, bzw. Euer Browser, auf welcher Webseite unterwegs ist und welche Inhalte angesehen werden.

DESWEGEN WEISS NICHT NUR der eine Hersteller, dass Ihr auf rote Schuhe steht, sondern auch der Rest der Werbetreibenden des Internets.

Ein alter Keks

Im Übrigen ist das Thema nicht neu. Shoshana Zuboff schreibt in »Das Zeitalter des Überwachungskapitalismus«:

»So hatte man Cookies, Softwaremechanismen, bei denen Informationen zwischen einem Server und einem Client Computer ausgetauscht werden, bereits 1994 bei Netscape Communications entwickelt. Auch Web Bugs, winzige, oft unsichtbar in Webseiten und eMails eingebettete Grafiken, die Nutzeraktivitäten überwachen und persönliche Informationen sammeln sollten, waren bereits Ende der 1990er-Jahre bekannt. IT-Spezialisten waren zutiefst besorgt ob der Implikationen solcher Überwachungsmechanismen für die Privatsphäre. Und zumindest im Falle der Cookies gab es institutionelle Bemühungen, Richtlinien für das Internet zu entwickeln, die deren

Möglichkeiten, Nutzer zu überwachen und auszuspionieren, verboten. 1996 war die
Funktion der Cookies bereits zum Politikum geworden und wurde heiß diskutiert. Auf
Workshops der US-Bundeshandelskommission diskutierte man 1996 und 1997
Vorschläge, die Kontrolle über jegliche persönliche Information mittels eines simplen
automatischen Protokolls von Haus aus dem Nutzer zu übertragen. Werbetreibende
machten erbittert dagegen Front und versuchten, gemeinsam eine staatliche Regulie-
rung durch eine Art freiwilliger Selbstkontrolle zu umgehen.«

Es folgte ein kurzes Intermezzo, in dem die Regierung Clinton Cookies
auf allen Webseiten des Bundes verbot und bis April 2001 drei Gesetzesent-
würfe hervorbrachte, in denen eine Regulierung von Cookies vorgesehen war.

»Google hauchte diesen Praktiken neues Leben ein. Seine Softwareentwickler und
Wissenschaftler dirigierten nun als erste die gesamte kommerzielle Überwachungssinfo-
nie. Sie integrierten dabei eine ganze Bandbreite von Mechanismen: Cookies, proprie-
täre Analytik, Algorithmen – zu einer umfassenden neuen Logik, die Überwachung und
einseitige Enteignung von Verhaltensdaten als Basis einer neuen Marktform
verankerten.«

Noch während der Testphase von Googles System im Jahr 2001 stiegen die
Nettoeinkünfte bei Google um 400 Prozent auf 86 Millionen Dollar an. 2002
weiter auf 347 Millionen Dollar, 2003 auf 1.5 Milliarden und 2004 weiter auf
3.5 Milliarden.

DER GRUND, warum ich Euch dieses lange Zitat anführe, ist, weil Zuboff
sehr gut illustriert, was hinter Eurem Browserfenster passiert. Und vor allem,
wie lange schon. Ich empfehle die Lektüre des Buches »Das Zeitalter des
Überwachungskapitalismus« sehr.

IM FALLE von Google haben sie natürlich nicht nur die Daten, die Ihr im
Netz unwissentlich von Euch preisgebt, sondern auch alles, was Ihr als
Endanwender:in über beispielsweise Google Docs an den Konzern übermit-
telt. Und Eure sowie die Informationen anderer Menschen via Google Mail
und Google Kalender. Hierzu der Absatz aus den Google AGB:

> *»Unsere automatisierten Systeme analysieren Ihre Inhalte (einschließlich E-Mails), um Ihnen für Sie relevante Produktfunktionen wie personalisierte Suchergebnisse, personalisierte Werbung und Spam- und Malwareerkennung bereitzustellen. Diese Analyse findet beim Senden, Empfangen und Speichern der Inhalte statt.«* [22]

Das Zitat stammt noch vom 25. November 2019, Absatz »Ihre Inhalte in unseren Diensten«. Mittlerweile hat Google diese Information gut über den ganzen Abschnitt verteilt, wie Ihr weiter oben gesehen habt.

IHR SOLLTET Euch dessen bewusst sein, welchen Rattenschwanz Eure Nutzung von Diensten der verschiedenen Anbieter hat.

~

Facebook-Pixel und Social Media

Was Webseitenbetreiber:innen und Blogger:innen außerdem häufig einbauen, sind »Facebook-Pixel« und Facebook-Like-Buttons oder auch sogenannte Widgets von Instagram. Das sind ebenfalls jeweils Drittseiten-Inhalte und darin eingebaut ist das Tracking von Meta. Abgesehen von Informationen, die Meta aus den Adressbüchern aller WhatsApp-Nutzer:innen bekommt, sammelt es auch auf Webseiten fleißig Daten, welcher Browser mit welcher Browserkennung und welcher IP-Adresse welche Seiten angeschaut hat, wie lange, was genau, was häufiger … Und Facebook ist sehr raffiniert darin, mögliche Werbeblocker zu umgehen. Seit Oktober 2018 wird das Facebook-Pixel nicht mehr als »Third-Party-Cookie« ausgegeben, die man leicht im Browser blockieren kann (mehr dazu bei den Quickwins), sondern als »First-Party-Cookie«, also als Cookie, das direkt von der Domain der Webseite selbst kommt. Es ist also nicht mehr als Facebook-Cookies zu erkennen. So stellt Meta sicher, dass der Datenstrom nicht so schnell versiegt.

Mit dieser Praxis ist Meta nicht mehr alleine. Auch andere Werbenetzwerke verwenden diese Technik bereits. Der Werbeblocker uBlock Origin kann die »verkleideten« Tracker erkennen und Euch vom Hals halten, ist damit aber momentan noch immer recht allein auf weiter Flur. [23][24][25] Dabei wird die Praxis immer häufiger. Ein Twitter-Thread von Wolfie Christl nennt seit September 2020 unter anderem auch Adobe, Oracle, LiveRamp, Zeta

Global, LiveIntent, Tealium und The Trade Desk als Werbenetzwerkanbieter, die Linkverschleierung als First Party Cookie anwenden. Hier ist auf jeden Fall ein Trend zu erkennen. Im Januar 2021 hat Firefox eine neue Version herausgebracht, die den Cookie-Speicher pro Domain anlegt. Das löst zwar nicht alle Probleme, macht aber »Supercookies«, wie sie zwischendrin genannt wurden, weniger effektiv.[26]

AUCH ANDERE SOZIALE Netzwerke schneiden gerne vom Datenkuchen mit und bis zum Stichtag der DSGVO flossen fleißig quasi dieselben Daten, die Google, IBM, Facebook etc. einsammelten, auch an die Netzwerke, von denen ein Like- oder Teilen-Button auf der Webseite eingebaut war. Schon seit 2016 ist das nicht mehr erlaubt und es muss immer mindestens ein Aktivierungs-Klick dazwischen sein. Heise ist ein großer IT-Verlag und hat eine pfiffige IT-Abteilung, die an dieser Front erfreulicherweise Abhilfe geschaffen hat. So können Webseitenbetreiber den freundlichen Heise-Helfer namens »Shariff« einbauen, der die Like- & Share-Buttons deaktiviert, aber sichtbar auf der Seite lässt. Wenn ein:e Webseitenbesucher:in sich entscheidet, einen Artikel, Blogpost ... auf einem sozialen Netzwerk, auf dem er oder sie einen Account hat, teilen zu wollen, kann die Person den Button anklicken, erst dann wird er aktiviert und erst dann fließen Daten an das jeweilige Netzwerk. Und auch nur an dieses. Leider scheint das Team bei Heise das Shariff-Projekt nicht mehr sehr gut zu pflegen, was wirklich eine Schande ist. Für Wordpress gibt es aber noch ein funktionierendes Shariff-Plugin, mit dem man die Social-Media-Netzwerke auf der eigenen Wordpress-Seite im Zaum halten kann. (Mehr dazu im zweiten Teil bei den Quickwins für Webseitenbetreiber:innen.)

∿

Über alle Grenzen hinweg

Alle Anbieter sind mittlerweile sehr gut darin, Personen auch über mehrere Geräte hinweg zu identifizieren. Spätestens, wenn Ihr Euch auf Eurem Mobilgerät irgendwo einloggt, wo Google Analytics (oder Adobe Tracking, IBM, Oracle etc.) eingebaut ist, ist die Verbindung hergestellt und die jeweiligen Trackinganbieter wissen: Dieser mobile Browser, diese App, dieses Gerät mit der Kennung X gehört zur selben Person wie der Browser Y von vorher. Auch diese Informationen fließen an die oben erwähnten Match-Tables, also

Abgleich-Tabellen und damit wieder an die ganze Welt. Wenn Ihr ein Android-Gerät verwendet, weiß Google das auch schon vorher, außer Ihr verwendet bereits an alternatives Betriebssystem anstelle des Google-Android-Betriebssystems.

APROPOS APP: Natürlich lässt sich Tracking-Software auch in Apps einbauen. Viele haben tatsächlich Google Analytics integriert und die App sendet fleißig Eure Nutzungsdaten nicht nur an den Apphersteller sondern auch an Google. Oder Meta, falls deren Tracking integriert ist. Außerdem gibt es für Apps sogenannte »Software Development Kits« (SDKs), die u. a. von Google und Meta zur Verfügung gestellt werden. Wenn die Programmierer da – aus Unvorsichtigkeit oder auf Wunsch der Kunden – die Übertragung an den SDK-Hersteller nicht ausschalten, können selbst dann App-Nutzungs-daten an Google, Meta etc. fließen, wenn keine spezifische Tracking-Software eingebaut wurde. Die großen Datenkraken stellen es schon sehr perfide an, wie und wo sie überall »unbemerkt« an Daten kommen.

SEIT DEZEMBER 2020 verlangt Apple von App-Herstellern, dass sie ausweisen, welche Tracker in den Apps zum Einsatz kommen und diese Infor-mationen werden auch im Appstore angezeigt.[27] In der App-Übersicht findet man jetzt drei Kästchen: »Daten, die zum Tracking Deiner Person verwendet werden«, »Mit Dir verknüpfte Daten« und »Nicht mit Dir verknüpfte Daten«. In dem letzten Kästchen stehen üblicherweise nur Diagnose-Daten, also Informationen zu App-Crashs und so. Es ist bei manchen Apps schon etwas beängstigend zu sehen, was dort alles erfasst wird. Das ist offenbar auch den Menschen bei Apple aufgefallen, denn pünktlich zum internationalen Daten-schutztag am 28. Januar 2021 ließen sie verlautbaren, dass sie jetzt die Funk-tion »Do not track Apps« einführen.[28] Das bedeutet, dass Nutzer:innen von iPhones und iPads Apps einzeln erlauben oder verbieten können, ihr Verhalten zu tracken. Das ist eine ziemlich große Entwicklung in die daten-schutzmäßig richtige Richtung.

ABER WIR SIND NOCH NICHT GANZ am Ende mit der Reichweite von Googles Augen und Armen, denn Apps laufen auch auf vernetzten Geräten wie beispielsweise Fernsehern. Von Googles hauseigenen Chromecast-Geräten ganz zu schweigen.

»Jetzt lass mich doch in Ruhe Serien gucken!«

Wozu sollen wir noch CDs oder DVDs/BluRays zu Hause rumstehen haben? Sie nehmen nur Platz weg, verstauben und wenn Besuch kommt, muss man die erotische Sammlung von gestern Abend noch schnell wieder in der Schublade verschwinden lassen. Immerhin gibt es das TV-Angebot Eures Internetproviders, Netflix, Amazon Prime, Spotify, Apple-TV+ und wie sie alle heißen. Da braucht man keine DVDs mehr kaufen und nix steht im Weg und verstaubt.

Allerdings haben auch Streamingdienste eine zweite Seite der Medaille: Sie wissen ganz genau, was Ihr Euch anschaut und wann, wann Ihr Pause macht, welche Stelle des Films Ihr Euch mehrfach angesehen habt, mehrfach mit kurzer Pause dazwischen, … Sie kennen Eure gesamte Filmsammlung oder alle Musik in Euren Playlisten. Dadurch lässt sich recht viel ableiten. Eure politische Einstellung beispielsweise, Eure sexuelle Orientierung, Eure allgemeine Gemütslage und eine sehr hohe Wahrscheinlichkeit von sozialer Stellung, Finanzkraft und Bildungsniveau. [29] Und Patente wie das von Spotify, Stimmen in Gesprächen auf Emotionen hin zu analysieren und dies für Musik und passende Werbung zu nutzen, machen es auch nicht vertrauenswürdiger. [30][31]

Eure Adresse und Zahlungsdaten haben sie durch das Abo ohnehin. Wie viele dieser Daten sie für sich behalten oder in die Werbenetzwerke einspeisen, ist ungewiss. In den AGB steht üblicherweise sowas wie »teilen die erhobenen Daten mit Dritten«.

Offline Tracking

Tracking passiert nicht nur online oder in Apps oder Streamingangeboten. Auch das Offline, die physische Welt, bietet vielfältige Möglichkeiten der Datenerhebung.

Kundenkarten sind eine Möglichkeit, ein sehr detailliertes Bild darüber zu bekommen, was eine Person – oder ein Haushalt – einkauft, in welcher Lebenssituation die Person ist, in welcher Lebensphase, ob Krankheiten vorliegen oder Verletzungen, eine Krebserkrankung, Allergien etc. Target, eine Supermarktkette in den USA hat einer minderjährigen Kundin mit einer überschwenglichen Post-Werbesendung und einem Haufen Gutscheine für Schwangerschaftsprodukte gratuliert, was zu einem Eklat bei der jungen Frau zu Hause führte. Ihre Eltern wussten nämlich noch nichts davon. Der Vater machte dann auch einen ziemlichen Aufstand bei der Supermarktkette, ob sie seine Tochter damit animieren wollten, schwanger zu werden; wofür es natürlich bereits zu spät war. [32] Die Supermarktkette wusste es, weil sich das Einkaufsverhalten der jungen Frau geändert hatte und diese Verhaltensänderung statistisch genau ins Bild werdender Mütter gehörte.

Kundenbindung, nur anders

Übergreifende Einkaufskarten wie Payback oder die Deutschlandcard erfassen die Daten nicht nur auf eine Ladenkette beschränkt, sondern gleich über eine ganze Reihe an Ketten, Tankstellen etc. hinweg. Hier werden ganze Abbilder unseres Lebens erstellt, um uns mit zielgerichteter Werbung »targeten« zu können. »Targeting« bedeutet, ins Visier nehmen, anvisieren – wenn wir der Werbeindustrie also vor die Flinte laufen. Wir verlieren vielleicht nicht so schnell unser Leben dabei. Aber unser Geld, weil sie durch immer mehr Daten sehr genau wissen, womit sie es uns aus der Tasche ziehen können und wann der beste Zeitpunkt dafür ist. Sie lassen es nur so aussehen, als würden wir eine eigene Entscheidung treffen.

Einfach Bargeldlos

Kartenzahlungen sind ebenfalls ein Daten-Loch. Selbst wenn ich meinem Freund nicht sage, dass ich mir ein Paar rote Schuhe gekauft habe, meine Bank weiß es. Entweder weil ich selten »mit soviel Geld« in der Stadt herumlaufe und stattdessen mit Karte bezahlt habe, oder weil ich sie gleich online bestellt habe, weil es genau diese roten Schuhe nicht hier in der Stadt gibt. So oder so, meine Bank weiß über so ziemlich alles Bescheid. Manche Ladenketten knüpfen auch die eigene Kundenkarte an eine Bankkarte dran. Wenn man Bonuspunkte einstreichen möchte, ist man dann gezwungen, mit der Karte zu zahlen. So sind gleich zwei Fliegen mit einer Klappe mit Daten versorgt.

»Feind hört mit«

Wenn Ihr in einem Café sitzt und gemütlich mit einer:einem Freund:in plaudert, werdet Ihr vermutlich nicht daran denken, dass es Menschen gibt, die böse Absichten haben.

Für Angreifer:innen ist es recht einfach, sich im selben Café oder auch nur um Umkreis aufzuhalten und sich anzusehen, was im WLAN, das vom Café für seine Gäste bereitgestellt wird, so vor sich geht. Es gibt Programme, die eigentlich für Programmierer:innen gebaut sind, die den »Network Traffic«, also den Datenverkehr in einem Computer-Netzwerk, untersuchen und aufzeichnen können. Solche Programme können auch von Angreifer:innen genutzt werden, die dann sehen, wer gerade Onlinebanking macht, einen Flug bucht oder eine Kreditkartenzahlung über das Internet tätigt. Die tatsächlichen Zahlungsdaten sollten an sich gut gesichert sein, aber allein die Tatsache, dass solche Transaktionen stattfinden, ist im Netzwerk sichtbar und auch, wohin.

Wenn es vielleicht ein:e Stalker:in genau auf Euch abgesehen haben sollte, verratet Ihr allein durch die Metadaten, also nicht den Inhalt der Datenverbindung, sondern allein die Adressen, zu denen Eure Geräte Verbindungen aufbauen, wann, wie oft und so weiter, sehr viel über Euer Leben. Und falls es noch niemand auf Euch abgesehen haben sollte, könnte Euer »digitaler Fußabdruck« vielleicht ausreichen, jemanden auf Euch aufmerksam zu machen.

Es ist grundsätzlich empfehlenswert, keine »wichtigen« Datenverbindungen über öffentliche Netzwerke zu machen. Weder im Café, noch auf dem Rathausplatz, noch im Zug.

Verräterische Gerätenamen

Ändert den Namen Eurer Geräte, sonst verratet Ihr allen, an denen Ihr vorbeikommt, dass Ihr vielleicht Peter oder Cornelia heißt. »Peters iPhone« oder »Cornelias Tablet« im Netzwerk zu finden, ist meist ein Kinderspiel. Spätestens wenn Ihr selbst einen WLAN-Hotspot mit Eurem Telefon aufmacht, können alle im Umkreis diesen Hotspot auf ihren Geräten sehen und wissen dann schon einmal Eure Namen, vielleicht ohne dass Ihr das überhaupt möchtet.

Das unsichtbare Netz

Überall in der Stadt und in Geschäften gibt es WLAN-Hotspots. WLAN steht für »Wireless Local Area Network« und ist dasselbe wie »WiFi«, das für »Wireless Fidelity« steht und eigentlich nur ein Marketingausdruck ist (so wie »HiFi«, »High Fidelity«, in den 1980ern). WiFi ist im Englischen der übliche Begriff.

An sich sind WLAN-Hotspots eine coole Sache, weil man ins Internet kann, ohne den eigenen Datentarif zu bemühen. Das schont den eigenen Geldbeutel. Allerdings sind WLAN-Hotspots ein vergiftetes Geschenk, denn was nicht dabei steht ist, dass die Anbieter dieser Hotspots natürlich alles mitkriegen, was in ihrem Netzwerk passiert und diese Informationen nutzen. Zum einen, um Produkte besser zu platzieren, zum anderen werden die durch das angebotene WLAN gesammelten Daten in die Werbemaschinerie eingespeist.

Moment, was wird denn da gesammelt? Was die Betreiber des WLANs immer mitbekommen, ist eine eindeutige Gerätekennung (MAC-Adresse) Eures Gerätes. Die hat tatsächlich nichts mit Apple Mac zu tun. Der Name kommt von »Media Access Control«; das ist ein Regelwerk, wie Computer in einem Netzwerk miteinander kommunizieren. Quasi eine Straßenverkehrsordnung für Computernetzwerke. Kurz gesagt ist die MAC-Adresse eine einmalige Kennnummer. Davon hat Euer Gerät mindestens eine, wenn es WLAN kann. Wenn es auch noch Bluetooth kann, hat es dafür eine weitere. Also eine MAC-Adresse pro Schnittstelle. Die Betreiber des WLANs haben die MAC-Adresse Eures Geräts und weil diese MAC-Adressen pro Hersteller zugeteilt werden, sehen sie dadurch auch, von welchem Hersteller Euer Gerät ist. Sie sehen auch immer, welche Seiten Ihr angesurft habt, bzw. wohin sich Apps auf Eurem Gerät verbunden haben.

Falls es ein Login-Portal für das WLAN gibt, erfassen sie außerdem die Sprache Eures Geräts, den verwendeten Browser, welches Gerätemodell Ihr habt ... Also alles, was wir vorher schon hatten, was die Betreiber von Webseiten so alles mitbekommen. Das Login-Portal ist nämlich auch nur eine Webseite, die im Falle von WLAN-Hotspots mit an Sicherheit grenzender Wahrscheinlichkeit mit Trackern voll ist.

Euer Standort, zentimetergenau

Unabhängig vom Loginportal und sogar unabhängig davon, ob Ihr Euch in ein WLAN einloggt, können die Betreiber des WLAN-Hotspots auch Euren

Standort erfassen. Das geht über »Metadaten«, also zusätzliche Daten, die neben der eigentlichen Information mit übertragen werden. Beispielsweise die Entfernung zum Hotspot. Wenn es nur einen »Accesspoint« (»Zugriffspunkt«, also das Gerät, das das WLAN ausstrahlt) gibt, ist die Aussage etwas ungenauer, nicht nur deswegen werden meist mehrere Accesspoints verbaut. Dadurch können die Betreiber des WLANs auf ein paar Zentimeter genau berechnen, wo sich Euer Gerät und damit auch Ihr aufhaltet.

Im Marketingsprech nennt sich das »Besucherstromanalyse«. Also wo gehen, stehen, bewegen sich Menschen? Innerhalb von Geschäften werden anhand dieser Auswertungen Produkte so platziert, dass sie besser verkauft werden – die teuren Sachen dort hin, wo die meisten Leute vorbei gehen. Allerdings werden solche Techniken auch außerhalb von Geschäften eingesetzt. So wird ermittelt, welches Gerät wie lange vor einem Schaufenster war und dann in den Laden getragen wurde. Sprich: welches Schaufenster Ihr Euch angesehen habt, bevor Ihr in den Laden gegangen seid. Falls Ihr eine App dieser Ladenkette auf Eurem Telefon habt, kann es sein, dass Euch genau beim Betreten des Ladens passende Werbung oder ein Gutschein angezeigt wird, um Euch zu einem Kauf zu animieren. Übrigens auch in anderen Städten. Anbieter wie Cisco werben sogar damit, dass sie Reisende an einem Flughafen beobachten und dann am Zwischenlandungs- oder Ankunftsflughafen auch wiedererkennen, wo sie sich da bewegen, vor welchen Läden sie stehen, ob sie in einen Laden derselben Kette gehen und dort etwas kaufen, vor dem sie am Abflughafen noch länger gestanden haben.

ABER DER LADEN hat gar kein gratis WLAN! Das kann es auch geben. Ein WLAN muss nicht sichtbar sein, um die Daten aller Geräte, die sich im Umkreis befinden, zu erfassen. Es gibt genug Läden, Ladenketten, Einkaufsstraßen, Kaufhäuser, Bushaltestellen und mehr ohne sichtbares WLAN, die dennoch Besucherstromanalyse – also WLAN-Tracking – machen. Auch auf Flughäfen und Bahnhöfen werden dieselben Technologien angewendet.

HINWEIS: Mit Bluetooth geht das übrigens auch.

AUSSTATTER FÜR WLAN-BETREIBER sind beispielsweise Oracle oder Cisco, die auf ihren Webseiten dafür werben, wie sie Personen über ihre Geräte identifizieren und mit den Informationen aus dem angeschlossenen

Werbenetzwerk zusammenführen. Durch das WLAN- oder Bluetooth-Tracking haben sie zusätzlich zu allen anderen Informationen auch Euer Bewegungsprofil. Denn es ist nicht nur ein einzelnes Geschäft in der Stadt, das solch ein Tracking eingebaut hat, sondern sehr viele. Und da Eure Geräte nicht nur dann erfasst werden, wenn Ihr Euch aktiv in ein WLAN einloggt, haben die Betreiber der WLANs sowie auch die Ausstatter einen guten Einblick darüber, wo Ihr Euch den ganzen Tag lang so aufgehalten habt. Denn ein Betreiber hat meistens viele Hotspots und auch unsichtbare Accesspoints über die ganze Stadt verteilt. Über die Häufigkeit Eurer Anwesenheit, ob tagsüber oder nachts, kann so auch mit sehr hoher Genauigkeit Euer Arbeitsort sowie Eure Wohnung bestimmt werden.

Die Empfangsreichweite von WLAN-Accesspoints ist überdies auch noch sehr hoch: Ein paar Hundert Meter auf freiem Feld. Das heißt, selbst wenn man Störungen durch Stahlbeton und Häuser berücksichtigt, werden Eure Standortdaten schon weit vor Betreten einer Fußgängerzone, einer Bahnstation oder eines Kaufhauses erfasst. Falls Ihr über oder in der Nähe einer Ladenkette oder einer Busstation wohnt, kann diese Erfassung auch in Eure eigenen vier Wände hineinreichen.

Es gibt natürlich öffentlich bereitgestellte Netzwerke von Cafés und auch Ausstatter für solche Netzwerke, die ordentlich arbeiten, so wenig wie möglich, zeitlich so kurz wie möglich loggen und alles so schnell wie möglich löschen. Die gibt es auch. Es sind allerdings im Vergleich zu den massenhaft datenschnorchelnden Netzwerken der großen Anbieter deutlich zu wenige.

Wenn Ihr mehr über Tracking mittels Bluetooth und WLAN erfahren möchtet, schaut Euch gerne den Vortrag »Track me, if you … oh.« an, den ich zusammen mit Clemens Hopfer auf dem Chaos Communication Congress 2018 gehalten habe.[33]

Wenn Ihr ein Gerät wie beispielsweise Euer Smartphone, Euer Tablet, Euren Laptop oder eine WLAN-fähige Spielekonsole bei Euch habt, Bluetooth-Kopfhörer, einen eRoller (die haben alle Bluetooth), einen Bluetooth-Schlüsselanhänger, eine Smartwatch oder was sonst noch alles über WLAN oder Bluetooth kommunizieren kann, schaltet an allen Geräten WLAN und Bluetooth aus, ehe Ihr die Wohnung verlasst. Nicht nur trennen, sondern in den Einstellungen ganz ausschalten. Unter Android gibt es auch eine App namens »Wi-Fi Privacy Police«, die verhindert, dass Euer Gerät mit anderen als den bekannten WLAN-Netzwerken zu Hause oder in der Arbeit spricht; was allerdings nur WLAN- und nicht Bluetooth-Tracking verhindert. WLAN-Tracking ist allerdings auch deutlich häufiger. Weil viele Geschäfte ohnehin ein WLAN für ihre eigenen Geräte haben und manchmal auch ein Netzwerk für ihre Kund:innen anbieten, sind die Geräte deswegen bereits vorhanden.

DURCH AUSSCHALTEN DER WLAN- & Bluetooth-Funktion an Euren Geräten, insbesondere Eurem Telefon, sobald Ihr die Wohnung verlasst, gebt Ihr Euren Standort und Eure Internetnutzungsdaten unterwegs nicht versehentlich an Menschen mit unlauteren Absichten und auch nicht gratis durch bloße Anwesenheit an die Werbeindustrie. Oder an Euren Arbeitgeber, falls Ihr im Büro das WLAN eingeschaltet habt.

An der Nasenspitze abgelesen

Natürlich haben quasi alle Läden bereits Videoüberwachung. »Zu Ihrer eigenen Sicherheit«. Gesichtserkennung ist technisch mittlerweile ein Kinderspiel und mit sehr günstiger Hardware unter €100,- umzusetzen. Es gibt Geschäfte, die setzen Gesichtserkennung ein, um Menschen zielgerichtete Werbung anzuzeigen. Wenn eine Frau Ende Vierzig an der Kasse steht und wartet, wird ihr auf dem Bildschirm vielleicht ein Vitaminpräparat angezeigt. Ein junger Mann bekommt vielleicht Werbung für ein Aftershave etc. [34]

Eine Weile wurde dies auch in Apotheken probiert, aber da rebellierten die Kund:innen dann doch. [35][36] Gut so. Auch hier müssen wir dringend darüber öffentlich diskutieren, wie wir als Gesellschaft mit solchen Technologien umgehen wollen.

Schaut Ihnen in die Augen – oder besser nicht.

Noch einen Schritt weiter geht die US-Plattform MoviePass, die gerade einen Relaunch plant, wie im Februar 2022 bekannt wurde. [37][38] Werbefinanziert, versteht sich. Die US-amerikanische Smartphone-App nutzt Gesichtserkennung sowie Eye-Tracking Technology«, also Augenverfolgung, um sicherzugehen, dass die Zuschauer:innen sich auch wirklich die angezeigte Werbung ansehen.

TRACKING – DIE TÄGLICHE JAGD

ALLGEMEINE GESCHÄFTSBEDINGUNGEN (AGB)

Lies die AGB einiger Deiner meistgenutzten Plattformen und Services. Markiere, was Dir auffällt und notiere, was Du vorhast, zu tun (z.B. Anfrage stellen, Service nicht mehr nutzen, Alternative suchen ...)

AGB, DIE DU LESEN WILLST:

Erledigt

To do

Erledigt

To do

Erledigt

To do

Erledigt

To do

TRACKING – DIE TÄGLICHE JAGD

Notiere, was Du in diesem Kapitel gelernt hast, insbesondere, warum Tracking ein Problem sein kann.

To-Dos, die sich aus diesem Kapitel für Dich ergeben:

1. https://policies.google.com/terms?hl=de
2. https://www.theverge.com/2022/2/15/22934810/google-chrome-os-chromebooks-flex-operating-system-enterprise-schools
3. https://www.heise.de/tr/artikel/Datenschutz-Trotz-Anonymisierung-leicht-zu-finden-4479957.html

4. https://www.inside-it.ch/de/post/schafft-google-nun-die-cookies-ab-20210126
5. https://www.derstandard.at/story/2000133536728/googles-seiltanz-mit-der-privatsphaere
6. https://phys.org/news/2018-11-google-scrutiny-digital-privacy.html
7. https://digitalcontentnext.org/blog/2018/08/21/google-data-collection-research/
8. https://noyb.eu/en/austrian-dsb-eu-us-data-transfers-google-analytics-illegal
9. https://www.cnil.fr/en/use-google-analytics-and-data-transfers-united-states-cnil-orders-website-manageroperator-comply
10. https://rewis.io/urteile/urteil/lhm-20-01-2022-3-o-1749320/
11. https://www.zdnet.com/pictures/all-the-chromium-based-browsers/
12. https://github.com/Eloston/ungoogled-chromium
13. https://ebin.city/%7Ewerwolf/posts/brave-is-shit/
14. https://basicattentiontoken.org/
15. https://basicattentiontoken.org/
16. https://blog.mozilla.org/en/mozilla/privacy-preserving-attribution-for-advertising/
17. https://www.torproject.org/
18. https://librewolf.net/
19. https://www.admonsters.com/probabilistic-identifiers-and-problem-id-matching/
20. https://richpanel.com/blog/what-is-an-identity-graph/
21. https://www.iab.com/wp-content/uploads/2017/06/Mobile-Identity-Guide-for-Marketers-Report.pdf
22. https://policies.google.com/terms?hl=de
23. https://www.theregister.co.uk/2019/11/21/ublock_origin_firefox_unblockable_tracker/
24. https://twitter.com/WolfieChristl/status/1198702205148258306
25. https://twitter.com/PrivacyMatters/status/1198892482437799937
26. https://t3n.de/news/supercookies-ade-firefox-85-1352462/
27. https://www.heise.de/news/Datenschutzlabels-fuer-iPhone-und-iPad-Google-laesst-sich-weiter-Zeit-5033833.html
28. https://futurezone.at/apps/apple-laesst-nutzern-bei-app-tracking-die-wahl/401170042
29. Vortrag »Sag mir, was du hörst - und ich sage dir, wer du bist!« von Christine Bauer bei der PrivacyWeek 2019: https://media.ccc.de/v/pw19-245-sag-mir-was-du-hrst-und-ich-sage-dir-wer-du-bist-
30. https://patents.justia.com/patent/10891948
31. https://www.stopspotifysurveillance.org/
32. https://www.forbes.com/sites/kashmirhill/2012/02/16/how-target-figured-out-a-teen-girl-was-pregnant-before-her-father-did/#2cc130db6668
33. https://media.ccc.de/v/35c3chaoswest-25-track-me-if-you-oh-
34. https://www.sueddeutsche.de/wirtschaft/ueberwachung-im-supermarkt-abgescannt-im-supermarkt-1.3529017
35. https://www.heise.de/newsticker/meldung/Medikamenten-Empfehlung-per-Gesichtserkennung-3901525.html
36. https://www.heise.de/tp/features/Bayer-beendet-Gesichtsscans-in-oesterreichischen-Apotheken-3904255.html
37. https://www.vice.com/en/article/akvnba/moviepass-20-wants-to-track-your-eyeballs-to-make-sure-you-watch-ads
38. https://www.independent.co.uk/tech/moviepass-track-eyes-phone-cameras-b2013273.html

5

ALGORITHMEN & »KI«

»KI« steht für »künstliche Intelligenz«. »AI«, »artificial intelligence« ist das englische Wort dafür. Momentan ist »KI« neben »NFT«, »Blockchain«, »Cloud« und »IoT« (Internet of Things, also Internet der Dinge) eines der Schlagwörter, mit denen Marketingabteilungen und Managementleute gerne um sich werfen. Das alles sind Begriffe, die auf Vortragsfolien stehen, während in der Realität ganz andere Dinge vor sich gehen.

Künstliche Intelligenz ist die Vorstellung davon, dass Computer selbst lernen und intelligente Entscheidungen treffen können. Wobei die erste Frage erst einmal ist, wie man »Intelligenz« überhaupt definiert. Was wir vorn einem Kasten voller Drähte, in dem Strom fließt, nicht erwarten können, sind ethisch begründete Entscheidungen. Und Intelligenz in dem Sinn, dass ein Mensch oder auch Tier Dinge lernt und die Fähigkeiten dann in einem ganz anderen Bereich einsetzt, sind im Bezug auf Computer auch schwer bis gar nicht realisierbar.

Algorithmen

Fangen wir ein bisschen weiter vorne an. Künstliche Intelligenz basiert auf Algorithmen. Momentan haben wir es vor allem mit durch Trainingsdaten angelernten Algorithmen zu tun. Mit all ihren Stärken und vor allem Schwächen. In den Medien hört es sich meist so an, als wäre der Algorithmus ein Ding, wo vorn jemand auf einen Knopf drückt und am Ende fällt ein eindeutiges Ergebnis raus: »ja« oder »nein«. Ganz so ist es nicht. Das Wort »Algorithmus« ist leider sehr unscharf und in der momentanen Verwendung durch Marketing und Medien wird es oft nur schwerer zu fassen, womit wir es eigentlich zu tun haben.

Ein Algorithmus ist erst einmal nur eine festgelegte Definition, wie etwas getan werden soll. Ein definierter Ablauf. Stellt es Euch vor wie ein Kochrezept. Im konkreten Zusammenhang ist ein Algorithmus ein Ablauf, eine Handlungsanleitung, wie und in welcher Reihenfolge von Schritten aus vorhandenen Daten ein Ergebnis errechnet werden soll. Und zwar wirklich Schritt für Schritt und ganz detailliert: *»Öffne den Schrank. Nimm den Topf heraus. Stell den Topf auf dem Tisch ab. Schließe die Schranktür. Öffne die Schublade. Nimm einen Löffel heraus. Schließe die Schublade. Lege den Löffel mit dem Stiel nach unten und der Löffelschale mit nach oben zeigendem Rand in einem Abstand von 8,5 Zentimetern vertikal mittig rechts neben den Topf. ...«*

JEDER ALGORITHMUS WIRD für einen bestimmten Zweck entwickelt, darauf mit Trainingsdaten trainiert und kann nur für diesen einen Zweck angewendet werden. Jeder angelernte Algorithmus ist direkt abhängig von seinen Trainingsdaten.

Mit einem Rezept für Suppe einen Kuchen zu backen, wird zu merkwürdigen Ergebnissen führen. Und genau das passiert momentan regelmäßig, da die auf ein Gebiet angelernten Algorithmen recht stupide die Daten verarbeiten, die man ihnen einfüttert. Euer Suppen-Algorithmus würde aus Zutaten für Kuchen trotzdem versuchen, eine Suppe zu kochen.

HÄUFIG SIND ALSO mehrere Algorithmen im Einsatz, wenn es um die Lösung einer Aufgabe geht und jeder davon arbeitet auf seinem Spezialgebiet (also seinem einzigen Gebiet).

Machine Learning

Der nächste Schritt zur KI ist das sogenannte »Machine Learning« oder »Deep Learning«. Das sind selbstlernende Algorithmen, bei denen am Ende praktisch nicht mehr nachvollzogen werden kann, wie der Algorithmus zu einer Entscheidung gekommen ist. Sowohl das Lernen als auch die Entscheidung findet unbeobachtet und undokumentiert in einer »Blackbox« statt, die aus Millionen Paramatern bestehen kann.

Angenommen, Ihr hättet einen neuen Suppen-Algorithmus, und gebt ihm das Ziel vor, sich aus allen Kochbüchern der Stadtbibliothek selbst beizubringen, wie man Suppe kocht. Am Ende sollte er beispielsweise selbst neue Suppenrezepte erstellen können. Dann würdet Ihr ihn mit all diesen Rezepten alleine lassen. Die Ergebnisse sind häufig eher experimentell, insbesondere, wenn die eingefütterten Daten für den Algorithmus Überraschungen beinhalten. Das Ergebnis ist meist ebenso überraschend. So etwas wie: »Wenden Sie den Topf um 180 Grad.«

Unter Laborbedingungen mag das interessant sein, aber im täglichen Business will man so etwas eigentlich maximal für Hilfszwecke im Einsatz haben. Denn man kann im Nachhinein nicht nachvollziehen, wie eine Entscheidung zustande kam, was ggf. rechtlich und in Haftungsfragen durchaus relevant sein kann.

»Echte KI«

Eine echte KI soll im Gegensatz zu einem angelernten Algorithmus selbständig »verstehen«, wenn beispielsweise eingefütterte Daten nicht zum Arbeitsmuster passen und nicht mit dem weiterarbeiten, was eingefüttert wurde. Eine »echte« Suppen-KI sollte sich melden, wenn auf der eingefütterten Zutatenliste ein Hammer auftaucht. Sie würde jedenfalls nicht einfach stupide den Hammer kochen, sondern erkennen, dass hier vielleicht keine Suppenzutatenliste vorliegt, da sie mehr Zusammenhänge verstehen sollte.

Wie lange es noch zum weitreichenden Einsatz »echter« KI hin ist, ist schwer zu sagen und die Meinungen gehen auseinander. Die Wahrscheinlichkeit, dass uns eine echte KI zum Wohle des Planeten in nächster Zeit ausrottet, halte ich für sehr gering. Viel wahrscheinlicher ist es, dass unsere weltweit vernetzte Infrastruktur durch Malware-Befall ausfällt und unsere Gesellschaften in schwere Probleme kommen.

Lasst Euch jedenfalls nicht ins Bockshorn jagen, wenn irgendwo »KI« auf Vortragsfolien steht. Noch sind es »nur« Algorithmen, aber die sind leider schon viel zu gut.

Was ist Profiling?

Was über das feinmaschige Netz an unterschiedlichen Trackings passiert, ist eine sehr detaillierte Profilerstellung von Menschen. Mag rote Schuhe, war das letzte Mal im Sommer 2019 im Urlaub auf Rügen, hat einen Citroen Kleinwagen, 2 Kinder, lebt auf dem Dorf, surft immer nach 21 Uhr auf Seiten von Versandhauskatalogen, hat Kundenkarten bei 34 Unternehmen, hat ein Android-Tablet ... Jede Information, die irgendwie in die Maschinerie der Werbenetzwerke reinläuft, wird zusammengeführt und von Algorithmen ausgewertet. Da sitzen keine Menschen, die sich diese Datenlawinen anschauen und genau analysieren. Daten werden erfasst, dem Konvolut einverleibt, im Ganzen oder auch nur in Teilen weiterverkauft, an der nächsten Stelle wieder mit weiteren Daten aus anderen Quellen zusammengeführt, wieder weiterverkauft, wieder zusammengeführt, nur zum Teil weiterverkauft, und so weiter und so fort. Vollkommen automatisch im Millisekundentakt.

Leider sind Computer trotz aller Algorithmen dumm und können nur 0 und 1. (Techniker:innen mögen die Vereinfachung an der Stelle verzeihen.) Und jede Software kann auch nur 0 und 1. Und so ein Entscheidungsbaum hat vielleicht 25 Auswahlmöglichkeiten, was soviel bedeutet, dass es einmal 1 und 24 mal 0 gibt. Algorithmen sind Software und nur maximal so schlau wie die Trainingsdaten, die sie bekommen haben. Damit haben sie von Haus aus in nahezu 100 % aller Fälle eine angelernte Schieflage, weil sie nur das kennen, was ihnen angelernt wurde und so gut wie nie eine ausreichend diverse Auswahl an Trainingsdaten zur Verfügung steht. Es werden nicht *mehr* Daten benötigt. Es werden *diversere,* also *vielfältigere, durchmischtere* Daten benötigt. Deswegen neigen Algorithmen dazu, Dinge falsch zu deuten, falsch einzusortieren und dadurch Situationen und auch Menschen falsch zu bewerten. Da kann der Computer nichtmal etwas dafür und es ist ihm auch vollkommen egal. Er kann nur 0 und 1.

SO GUT UND so erschreckend die automatisierte Profilerstellung auch geht, wird es nie eine 100%ige Trefferquote geben. Wenn es 90 % wären, wäre das schon sensationell, tatsächlich liegen wir aber sehr sicher deutlich darunter; je nach Anwendungsfall. Gehen wir für den Moment von den optimistischen 90 % aus. Wenn von 80 Millionen Menschen in Deutschland oder 8 Millionen in Österreich 10 % durch Algorithmen automatisiert falsch eingestuft werden und es sich nicht um einen Shop-Algorithmus handelt, der Euch die nächsten roten Schuhe vorschlagen, sondern einem Mitarbeiter einer Krankenkasse »ja« oder »nein« ausgibt, ob die Person eine Krankenversicherung bekommen darf oder nicht, sieht die Sache schon ganz anders aus. Selbst wenn wir dem Krankenkassenalgorithmus eine Treffergenauigkeit von 90 % zugestehen, so sind bei 80 Millionen Menschen tatsächlich acht Millionen falsch kategorisiert. Die Frage sollte also sein: Wollen wir als Gesellschaft, dass Teile der Gesellschaft ohne tatsächlichen Grund beispielsweise keine Kranken- oder sonstige Versicherung bekommen? Oder keinen Kredit? Und gerade Banken, Kreditauskunfteien und Krankenkassen haben einen ganzen Teil ihrer Informationen aus einem Datenkonvolut der Werbeindustrie.

IN ÖSTERREICH HAT DAS ARBEITSMARKTSERVICE (»AMS«, also das Arbeitsamt) einen Algorithmus, der Arbeitsuchende in drei Kategorien einteilen soll: A, B und C. Die Kategorien wirken sich darauf aus, wieviel Unterstützung, Weiterbildung, Umschulung etc. eine Person bekommen kann. Dieser Algorithmus berechnet automatisch Punktabzug für Frauen, einen weiteren, wenn Betreuungspflichten bestehen und für Menschen mit Migrationshintergrund gibt es ebenfalls Punktabzug. Ein Modell des AMS-Algorithmus ist teilweise veröffentlicht und jede:r kann dort die eigenen Lebensumstände eingeben und schauen, wie hoch die Wahrscheinlichkeit auf eine kurzfristige Arbeitsmarktintegration ist. Das Modell befindet sich leider hinter einer Cookie- oder Paywall auf der Seite der Tageszeitung »Der Standard«:
  -> https://apps.derstandard.at/privacywall/2000089925698/Berechnen-Sie-Ihre-Jobchancen-so-wie-es-das-AMS-tun

Das Ergebnis des Algorithmus entstammt der harten Kante 0 oder 1. Und die ist vollkommen unabhängig davon, wie korrekt die vorher eingegebenen Daten sind. Dieses Ergebnis ist laut AMS nur ein Vorschlag und die Mitarbeiter:innen dürfen auch anders entscheiden, müssen dann allerdings ihre Entscheidung vor dem:der Vorgesetzten begründen.

Es gibt eine Episode im Datenschutz Podcast »Bias in Algorithmen«, wo das Thema »einseitig angelernter Algorithmen« tiefer diskutiert wird. [1]

Computer sagt nein.

Es ist erschütternd zu beobachten, wie sehr wir – und da nehme ich mich auch nicht aus – auf Technik vertrauen. Wenn der Taschenrechner mir ein Ergebnis liefert, werde ich einen Teufel tun, alles nochmal per Hand nachzurechnen. Wozu habe ich den Rechner? Und jemand wird sich schon viel Mühe damit gegeben haben, dem Ding vorher beizubringen, wie es zu rechnen hat.

Im Fall eines Taschenrechners für die Mathe-Hausaufgaben mag das völlig unproblematisch sein. Das hoffe ich jedenfalls. Aber in wie vielen anderen Fällen vertrauen wir blind auf Ergebnisse, die auf Displays vor uns angezeigt werden?

Wir sind über die letzten Jahre von den Herstellern von Hard- & Software darauf dressiert worden, bunte, blinkende Dinge unhinterfragt zu nutzen. Von der Idee der 1980er-Jahre, dass Computer etwas seien, das sich jede:r nach Belieben selbst zusammenbaut und für die eigenen Anwendungszwecke programmiert, sind wir weit abgekommen. Es wird Zeit, dass wir als Gesellschaft darüber diskutieren, wie wir unsere Souveränität hier wiedererlangen können. Eine fundierte digitale Grundbildung ist sicher ein großer Baustein, um die unhinterfragbaren Ergebnisse von Computern und »KI« doch zumindest einordnen zu können.

Schattenprofile

Schattenprofile? Was soll das denn sein? Facebook sammelt nicht nur alle Informationen, die es über die eigenen Nutzer:innen bekommen kann, es sammelt überhaupt alle Informationen über jeden Menschen auf der Welt, auch wenn dieser selbst gar keinen Facebook-Account hat. Die Person könnte es sich ja nochmal anders überlegen. Abgesehen davon hat Facebook somit ein gutes Abbild unserer sozialen Gefüge – und damit kommen wir zum eigentlichen Geschäftsmodell hinter Facebook und Instagram, das auch zu Meta gehört, wie auch WhatsApp und noch einiges andere mehr. Hast Du noch nie danach gefragt, warum Meta seine Services gratis anbietet, wenn es selbst mehrere Rechenzentren betreibt, die ca. den Stromverbrauch von San Francisco haben und knapp 72.000 Angestellte hat (Zahl von 2020 [23]). 2018 waren es noch 35.000, das heißt, die Zahl der Angestellten hat sich innerhalb von drei Jahren mehr als verdoppelt. Und diese Angestellten haben Kinder, die zur Schule gehen, etwas zu essen haben und mit auf Klassenfahrt fahren wollen. Die bezahlte Facebook-Werbung für den Gemeindebasar am kommenden Samstag deckt diese Ausgaben nur zum sehr kleinen Teil.

Meta hortet Daten darüber, wer mit wem kommuniziert, wann, wo, wohin, unterwegs mit welcher Geschwindigkeit und auf welcher Route (= zu Fuß, mit dem Auto, dem Bus, der Bahn, der uBahn, ...), wann nicht (= wann Du schläfst) etc. pp. Das nennt man Metadaten, nicht wegen des Konzernnamens, die hießen schon vorher so. Also alle Informationen, die über den reinen Nachrichteninhalt hinausgehen. Ob ich meinem Freund schreibe: »Bring bitte zwei Milch und ein Brot mit«, kann Meta völlig egal sein. Die

Tatsache, dass wir kommuniziert haben, wo jede:r von uns war und so weiter, das ist der spannende Punkt.

Nicht, dass unsere Zahlungsinformationen sie kalt lassen würden. Meta versucht, an so viele Zahlungsdaten wie möglich zu kommen.[45] Abgesehen von ihrem eigenen Zahlungsdienst Facebook Pay, der im November 2019 an den Start gegangen ist.[6] Der wirklich interessante Teil für Facebook ist aber noch immer der »soziale Graph«, also unsere jeweiligen sozialen Gefüge, in denen wir uns bewegen. Die gesellschaftlichen Dynamiken können sie dann auswerten (Stichwort »Big Data«) und so mit einer erschreckenden Genauigkeit vorhersagen, beispielsweise welches Paar sich bald trennen wird.[78] Aber auch alle sonstigen Offlineaktivitäten und all unsere Interessen sind für das Netzwerk höchstinteressant.[9] Inklusive unserer Kundenkarten.[10]

Und Meta ist mit diesem Modell nicht alleine. Google macht ziemlich genau dasselbe[11], nur dass es durch sein hauseigenes Betriebssystem Android auch noch quasi alles, was Menschen auf ihren Smartphones und Tablets tun samt allem, was die Sensoren der Geräte hergeben, frei Haus auf dem Silbertablett bekommt.

Wir sind die Produkte – und eigentlich viel mehr

Wir sind nicht die Kunden der Plattformen wie Instagram, Twitter, Facebook, TikTok und all den anderen. Die Firmen und alle, die Geld dafür hinlegen, dass ihre Werbung in den Timelines der User:innen angezeigt wird, *das* sind die Kunden der Plattformen. Wir sind diejenigen, mit denen das Geld gemacht wird. Zu sagen: »Wenn Du für ein Produkt nichts bezahlst, bist *Du* das Produkt« ist verkürzt. Das stimmt auch so nicht ganz. Es geht um unsere Aufmerksamkeit, aber noch viel mehr. Jaron Lanier, der Erfinder von Virtual Reality, formuliert es so: »Das Produkt ist die allmähliche, leichte, unmerkliche Veränderung unseres eigenen Verhaltens und unserer Wahrnehmung. Das ist das Produkt. Es ist das einzig mögliche Produkt. Es gibt nichts anderes auf dem Tisch, das man als Produkt bezeichnen könnte. Das ist das Einzige, mit dem sie Geld verdienen können. Ändern, was wir tun, wie wir denken, wer wir sind. Es ist eine sachte, allmähliche Veränderung. Wenn Sie zu jemandem gehen und sagen: "Geben Sie mir 10 Millionen Dollar, und ich werde die Welt um ein Prozent in die Richtung verändern, in die Sie sie verändern wollen ..." Das ist die Welt! Das kann unglaublich sein, und das ist eine Menge Geld wert.« (»The Social Dilemma«, 2020)

Zu sagen, die angezeigte Werbung sind ja bloß bunte Bildchen und völlig egal, verschließt den Blick auf das enorme und vor allem strukturelle Problem dahinter. Es fließen Milliardenbeträge dafür, dass unser Handeln, unsere Wahrnehmung von der Welt, unsere Meinung zu Themen beeinflusst und über eine gewisse Zeitspanne, so dass wir es gar nicht merken, beeinflusst und geändert wird.

ICH MÖCHTE Euch die Dokumentation »The Social Dilemma«[12] wirklich sehr ans Herz legen. Die deutsche Übersetzung findet Ihr unter dem Titel »Das Dilemma mit den sozialen Medien«. Dahinter steht das Center for Humane Technology[13], eine NGO gegründet von Menschen, die selbst früher bei Facebook, Google, Twitter etc. gearbeitet haben und die deren Arbeitsweisen und Geschäftsmodelle sogar zuerst mitgestaltet haben, dann aber ausgestiegen sind, als sie erkannten, welche weitreichenden Konsequenzen diese haben. Dass es die Doku auf Netflix zu sehen gibt, entbehrt nicht einer gewissen Ironie, da Netflix mit demselben Schlag an Empfehlungsalgorithmen arbeitet wie die Unternehmen, aus denen diese Menschen ausgestiegen sind. Auf der Webseite zum Film werden öffentliche Vorführungen angeregt. Die Chance besteht, dass es eine bei Euch in der Nähe gibt.

ALGORITHMEN & "KI"

Notiere, was Du in diesem Kapitel gelernt hast, insbesondere über Profiling.

To-Dos, die sich aus diesem Kapitel für Dich ergeben:

1. https://www.datenschutz-podcast.net/podcast/ds030-bias-in-algorithmen/
2. https://de.wikipedia.org/wiki/Facebook_Inc.
3. https://about.fb.com/company-info/
4. https://www.wsj.com/articles/facebook-to-banks-give-us-your-data-well-give-you-our-users-1533564049

5. https://www.washingtonpost.com/technology/2018/08/07/your-banking-data-was-once-off-limits-tech-companies-now-theyre-racing-get-it/
6. https://www.golem.de/news/facebook-pay-facebook-fuehrt-eigenen-bezahldienst-ein-1911-144963.html
7. https://www.huffpost.com/entry/facebook-relationship-study_n_4784291
8. https://www.welt.de/wirtschaft/webwelt/article121315824/Facebook-weiss-ob-die-Partnerschaft-haelt.html
9. https://techcrunch.com/2018/03/23/facebook-knows-literally-everything-about-you/
10. https://www.vicimediainc.com/how-does-facebook-know-what-ads-to-show-you/
11. https://www.heise.de/newsticker/meldung/Google-uebermittelt-Mastercard-Transaktionsdaten-an-seine-Online-Werbekunden-4153015.html
12. https://www.thesocialdilemma.com/
13. https://www.humanetech.com/

6

SOCIAL MEDIA

Die Sozialen Medien sind für viele Menschen der Weg, wie sie mit Freunden und Verwandten in Verbindung bleiben. Sie sind Teil unseres Lebens geworden und neben Kommunikationsmedium oft genug auch die Quelle für unseren täglichen Nachrichtenkonsum. Was sie uns zeigen, das ist unsere Welt.

In Social-Media-Plattformen wie Instagram, Twitter, Facebook, Pinterest, TikTok[1] etc. sind selbstlernende Algorithmen im Einsatz. Sie haben das Ziel, ihre User:innen möglichst lang auf der jeweiligen Plattform zu halten, um ihnen möglichst viel Werbung anzeigen zu können, wodurch die Plattform jede Sekunde Geld verdient. Die Algorithmen dort lernen durch jede Mausbewegung, jeden Klick, jedes Like und jeden Kommentar, bei jedem Post, den wir uns ansehen und wie lange wir das tun, und sie werden jeden Tag ein bisschen besser darin, uns das nächste für unsere Screentime optimierte Bild anzuzeigen. Nicht für uns optimiert, für ihr eigenes Ziel optimiert, uns möglichst lange zu beschäftigen.

Was am Beispiel der Social-Media-Algorithmen vielleicht gut erkennbar wird ist, dass Algorithmen nicht objektiv sind und auch nicht sein können, da sie nach den Maßgaben derjenigen funktionieren, die sie programmieren. Sie haben auch immer eine Zielvorgabe, der sie folgen und die ist üblicherweise Profit.[23] Sehr komplexe Algorithmen wie beispielsweise die von Social-Media-Plattformen, werden bereits »Intelligenz« genannt. Durch die enorme Rechenleistung der Serverfarmen, auf denen sie laufen und weil sie sich selber beibringen, wie sie unsere seit Höhle und Keule einprogrammierten Verhaltensmuster gegen uns ausspielen, sind sie uns schon heute haushoch überlegen. Aber das heißt noch nicht, dass es sich dabei um eine »echte« oder »starke« KI handelt. Das wäre noch einmal etwas anderes. Dennoch brauchen wir auch hier einen breiten gesellschaftlichen Diskurs, wie wir mit diesen Systemen umgehen wollen, die uns gegen uns selbst ausspielen. Und auch darüber, wer an welcher Stelle mitreden darf. Denn dass soziale Medien die Art und Weise, wie wir kommunizieren, drastisch verändert haben, da dürften wir uns alle einig sein.

Wenn Ihr rausfinden möchtet, wie oft wie vielleicht sogar ganz unbewusst Social Media Apps öffnet, vielleicht weil Ihr gerade auf einen Bus wartet oder Euch nur langweilig ist, gibt es nützliche Helferlein wie beispielsweise die App »one sec«[4], die einen dazu bringt, einmal tief durchzuatmen, wenn man bestimmte Apps öffnen möchte. Aktuell gibt es one sec für iOS. Für Android kann man sich auf eine Mailingliste setzen lassen, um informiert zu werden, sobald eine Version für Android verfügbar ist. Menschen berichten, dass ihr Social-Media-Verhalten um 40 % zurückgegangen ist.[5]

Partizipation ermöglichen

Die Sozialen Medien bringen völlig neue Möglichkeiten des gesellschaftlichen Diskurses mit sich. An sich also etwas, was wir in der vernetzten und globalisierten Welt gerne haben wollen. Allerdings helfen all die »gated communities«, die »geschlossenen Gesellschaften« (manchmal auch »walled garden«, also Garten mit Mauer drumrum genannt) nicht weiter, wenn es darum geht, einen breiten öffentlichen Diskurs führen zu können, der allen die Möglichkeit der Partizipation gibt. Insbesondere dann, wenn die vorhandenen »gated communities« Datenlöcher sind und Menschen – völlig zu Recht – Bedenken haben, dort einen Account anzulegen.

WENN IHR PROJEKTE HABT, wo es Euch darum geht, möglichst viele Menschen zu erreichen und sie zum Mitmachen zu bewegen, macht es ihnen einfach. Seid öffentlich erreichbar. Schreibt die Termine auf einen öffentlichen Blog. Richtet einen abonnierbaren Kalender ein, nutzt alternative Veranstaltungsplaner wie Mobilizon. Eine Facebookveranstaltung erreicht sehr wahrscheinlich nicht alle Eure Interessent:innen.

Das nächste Wasserloch

Menschen tauschen sich dort aus, wo es angenehm für sie ist – und ein bisschen auch da, wo es gerade Trend ist. Und wenn wir über die Jahre ein gelernt haben, ist es, dass die Herde immer weiterzieht. Von Chatplattformen wie Metropolis zu Foren zu MySpace zu StudiVZ zu Facebook und Twitter. Und dann schlug die Kommerzialisierung zu und algorithmischen gefilterte Timelines setzten sich durch. Es gab schon mehrere Anläufe, datenfreundlichere Alternativen zu Facebook und den anderen Zentralplattformen zu schaffen. Die meisten wie Vero oder MeWe verschwanden nach kurzer Zeit wieder oder sind nie wirklich abgehoben. Der letzte Versuch mit Namen Okuna.io, früher unter Openbook bekannt, hat am 26. Dezember 2021 die Segel gestrichen. Was schade ist, andererseits halte ich die regen Entwicklungen im Fediverse für einen guten Wegweiser, dass hier das nächste »Wasserloch« zu verorten ist, zu dem die Herde weiterzieht.

Das Fediverse: Social Media, aber wirklich sozial

Das Fediverse ist der Stern am Social-Media-Himmel. »Fediverse« ist kurz für »federated universe«, also föderiertes Universum. Das Fediverse beruht auf einer weiteren Entwicklung des WWW-Erfinders Tim Berners Lee, dem sogenannten ActivityPub-Protokoll. Ich sagte ja, er schlägt sicher die Hände über dem Kopf zusammen, wie das Internet heutzutage verwendet wird. Aber er tut auch etwas dagegen. [6] Alle Alternativen, die ich Euch hier vorstelle, sind Fediverse-Plattformen.

Das Fediverse funktioniert ähnlich wie eMail: Egal, auf welchem Server Ihr Euren Account habt, Ihr könnt mit allen anderen kommunizieren, ihnen folgen, kommentieren etc. Ein wichtiger Aspekt ist, dass die Fediverse-Plattformen alle keine algorithmischen gefilterten und auf Profit optimierten Timeline haben. Bei User:befragungen wird gerade dieser Punkt immer wieder positiv hervorgehoben. Und tatsächlich sind auch die Konversationen im Fediverse üblicherweise konstruktiv und die Diskutierenden an echtem Austausch und gegenseitigem voneinander Lernen interessiert. Social Media, aber eben wirklich sozial.

Die unterschiedlichen Server, »Instanzen« genannt, werden von ganz verschiedenen Stellen Menschen betrieben: Universität, Stadtverwaltungen, Vereine, NGOs, aber auch Privatpersonen. Stellt Euch die vielen verschiedenen Server vielleicht am besten alle als unterschiedliche Communities zu verschiedenen Interessen vor. Es gibt themenbezogene Instanzen für Journalist:innen, für Motorradfahrer:innen, für IT-Menschen, für Jurist:innen, für Bücher-Menschen ... Mittlerweile kommen auch immer mehr öffentliche Stellen im Fediverse an, wie jüngst auch das Bundespresseamt[7], das auf der Instanz des Bundesdatenschutzbeauftragte (BfDI) ihren Account hat.

Ihr könnt Euch aussuchen, wo Ihr Euren Account anlegt. Dabei wird die Domain des Servers, auf dem Ihr Euren Account macht, zum Teil Eures Nutzer:innen-Namens, genauso wie bei eMail auch. So kann Euer Account im ganzen Fediverse gefunden werden.

Der große Unterschied zu den bekannten US-Plattformen wie Instagram, Twitter, Facebook etc. ist, dass Ihr mit einem Account auf z. B. Mastodon auch Accounts auf allen anderen Fediverse-Plattformen folgen könnt und Ihr seht deren Inhalte in Eurer Mastodon-Timeline. Das heißt, Ihr kommt mit einem einzigen Account im Fediverse viele Male weiter als in »gated communities«.

SOCIAL MEDIA

Notiere, was Du in diesem Kapitel gelernt hast, insbesondere über Profiling.

To-Dos, die sich aus diesem Kapitel für Dich ergeben:

- [ ]
- [ ]
- [ ]
- [ ]
- [ ]
- [ ]

---

1. https://www.heise.de/select/ct/2022/4/2127912122749452275
2. Cathy O'Neil, Autorin von »Weapons of Math Destruction: How Big Data Increases Inequality and Threatens Democracy« (deutscher Titel: »Angriff der Algorithmen: Wie sie Wahlen manipulieren, Berufschancen zerstören und unsere Gesundheit gefährden«) in »The Social Dilemma« https://www.thesocialdilemma.com/

3. https://www.mimikama.at/aktuelles/social-media-zwiespaeltiges-urteil-in-den-usa/
4. https://one-sec.app/
5. https://twitter.com/frederikriedel/status/1315324134327549952?s=12
6. https://www.heise.de/newsticker/meldung/Berners-Lee-Das-Web-als-Macht-des-Guten-wieder-auf-die-Spur-bringen-4595904.html
7. @Bundespresseamt@social.bund.de

7

WEB 3.0, NFT & BLOCKCHAIN

Was soll das denn schon wieder sein, das Web 3.0[1]? Hervorragende Frage. Grob gesagt, können wir von unterschiedlichen Phasen des Internets und seiner Nutzung sprechen. Von 1991 bis 2004 gab es vornehmlich statische Webseiten und die meisten Menschen waren nur Konsument:innen der dargebotenen Inhalte, aber nicht selbst Produzent:innen davon. Das war die Phase des Web 1.0.

Seit 2004 sind wir im Web 2.0, dessen großes Schlagwort der »User-generated Content«, also durch Nutzer:innen generierte Inhalte ist. Foren, Social Media, Blogs, Podcasts etc. leben davon, dass User:innen Inhalte erstellen, hochladen und teilen.

Manche behaupten, wir stünden gerade am Übergang zu einer neuen Phase des Internets, wobei man über das Konzept des Web 3.0 trefflich streiten kann. Die Grundidee, die von Glücksrittern in Kryptowährungs-Rüstungen proklamiert wird ist, das Web 3.0 wäre ein besseres Netz, ein »dezentrales Online-Ökosystem auf Basis der Blockchain«[2]. Ein großer Bestandteil des Web 3.0 ist das Metaverse, das Metaversum, von dem seit Sommer 2021 immer wieder die Rede ist. Oft genug, dass sich Facebook im Oktober 2021 den Begriff kaperte und sich in »Meta« umbenannte. Hier kommen viele Ideen wie Virtuelle Realität und verschiedene andere zusammen.

Während ich bei der Dezentralität in der Idee des Web 3.0 persönlich ja noch mitgehe, wie das Fediverse ja auch ein dezentrales Netzwerk verschiedener Netzwerke ist, klingeln bei »Blockchain« bereits meine Alarmglocken.

Und das Internet insgesamt in diese Richtung zu verändern, klingt nicht nur für mich nach einer nur mäßig guten Idee. Eine übersichtliche Sammlung an Nachrichten zum Web 3.0 und was dabei alles schiefgeht, findet Ihr unter web3isgoinggreat.com.

ARAL BALKAN FASSTE diese verwirrenden Entwicklungen recht passend zusammen:

Web 3.0 = Dezentralisierung + Blockchain + NFTs + Metaverse

Auch er ist ein scharfer Kritiker dieser Entwicklungen und schrieb im Januar 2022 das »Web 0 Manifest«[3], dem man sich übrigens auch noch anschließen kann.[4]

Web 0 = Web 3.0 - Blockchain - NFTs - Metaverse
Web 0 = Dezentralisierung

Ich bin gespannt, wie die Entwicklung des Internets weitergehen wird und hoffe, dass wir viel Web 0 sehen werden.

Nicht eintauschbare Wertmarken

Etwa seit Sommer 2021 sind NFTs in aller Munde und gerade die Kreativbranche dreht bei diesem Thema richtig auf. Aber was sind NFTs eigentlich? Und warum denken so viele, dass es das nächste große Ding wäre?

Was sind NFTs?

NFT steht für »Non-fungible Token«. Die Übersetzung vom englischen »fungible« ist »fungibel«, das hilft jetzt auch nur begrenzt. Es geht um Wert und die Messbarkeit eines Dings daran. Wikipedia definiert Fungibilität[5] als »Eigenschaft von Gütern, nach Maßeinheit, Zahl oder Gewicht bestimmbar und deshalb innerhalb derselben Gattung durch andere Stücke gleicher Art, Menge und Güte austauschbar zu sein.«

. . .

DIE BBC-ERKLÄRUNG WAR AUCH RECHT ANSCHAULICH: Man hat einen €10-Schein, den man in zwei €5-Scheine eintauscht und der Wert ist noch immer €10.[6]

Ich habe fungibel bei einer Episode des Sendegarten Podcasts, wo wir das Thema besprochen haben[7], auch schon mit »eintauschbar« übersetzt. Ein nicht fungibeles Ding ist entsprechend nicht eintauschbar. Es erweckt damit den Anschein von Einzigartigkeit.

Das englische Wort Token wird im Deutschen mit Token, Spielstein, Wertmarke oder Symbol übersetzt.

DIE IDEE HINTER NFTs IST, digitale Güter einzigartig zu machen und so auch im Digitalen einzigartige Kunstwerke verkaufen zu können.

Das Blöde ist nur, dass Digitales sich grundsätzlich beliebig oft kopieren, ändern, abspeichern, hochladen, runterladen und neu abspeichern lässt. Das ist das Grundprinzip des Digitalen, das sich auch nicht ändern wird.

DIE ZWEITE IDEE IST, und deswegen geht die Kreativbranche gerade steil, dass NFTs auch einen Smart-Contract beinhalten können, der veranlasst, dass der:die Künstler:in bei Wiederverkauf des Werks einen Prozentsatz der Summe (ETH, Bitcoin, Euro, US-Dollar, was auch immer) abbekommt.

An der Stelle haben wir das Problem, dass bis auf die Indie, also Independent, freie Autor:innen und Künstler:innen, selten die Kreativen die Rechteinhaber sind, sondern die Label und Verlagshäuser. Letztere waren es auch, die auf dem deutschsprachigen Buchmarkt sofort erwartungsgemäß reagiert haben: „Geil! Endlich bei wiederverkauften eBooks kassieren!"

Einige Indie-Autor:innen planen aktuell schon neue Bücher, die begleitend zum Buch-Launch eine Anzahl NFTs dazu bekommen, wie z. B. eine Ausgabe des Buchs, das eine eingescannte, durchlektorierte Seite aus dem Manuskript oder Ähnliches enthält. Sammlerausgaben* eben.

Es geht um Geld. Viel Geld.

NFTs werden aktuell teilweise für Millionenbeträge gehandelt. Hier einige Beispiele aus dem BBC-Artikel zu NFTs[8]:

- Ein Nyan-Cat-Gif brachte über $ 500.000[9]
- Das Disaster-Girl-Meme brachte ebenfalls $ 500.000[10]
- Einige digital veröffentliche Werke von Grimes für zusammen über $ 6 Millionen[11].
- Twitter Gründer Jack Dorsey verkaufte seinen allerersten Tweet für immerhin $ 2,5 Millionen[12].
- Bei Christie's ging ein NFT von Beeple für $ 69 Millionen[13] weg.
- Fußball-NFT-Trading-Cards haben schon $ 680 Millionen[14] eingebracht.

Endlich eine Anwendung für die Blockchain!

Vor vielen Jahren hat ein schlauer Mensch namens Satoshi Nakamoto (oder eine Gruppe von Menschen unter einem gemeinsamen Pseudonym, man weiß es nicht genau) eine Technologie namens Blockchain erfunden. Eine der ersten Anwendungen war die Cryptowährung »Bitcoin«. Als die Leute das erste Mal Wind davon bekamen, gab es schnell eine Blase um Bitcoin und Menschen investierten zigtausende in ein instabiles, an nichts als sich selbst wert-gebundenes Tauschmittel. Dasselbe passiert jetzt wieder, nur dass es diesmal NFTs sind und viele (aber nicht alle) statt in der Bitcoin-Blockchain in der Etherium-Blockchain gehandelt werden. Etherium ist eine andere Cryptowährung, die noch nicht ganz so schwindelerregend hohe Eintausch-werte erreicht hat wie Bitcoin und angeblich einen ein klein bisschen weniger katastrophalen ökologischen Fußabdruck[15] hat. Die schiere Menge an Trans-aktionen und der gerade losbrechende Hype machen das aber auch schnell wieder wett.

Exkurs: Wie funktioniert die Blockchain?

- Eine Blockchain ist eine Kette von einzelnen Blöcken.
- Ein Block ist eine Verarbeitungseinheit, in der Platz für eine bestimmte Anzahl von Einzeltransaktionen ist.
- Eine Transaktion kann z. B. sein »1 Bitcoin von Wallet A nach Wallet B« oder »0,75 Bitcoin von Wallet C nach Wallet Z«.
- Eine Wallet ist ein Konto, das man für Transaktionen in der jeweiligen Blockchain braucht. Eine Wallet ist ein bisschen wie ein Schweizer Nummernkonto, es steht nicht der Name des:der Eigentümer:in in der Transaktion, sondern eben die Wallet-ID, also eine lange Buchstaben-Zahlen-Kombination. Die ist ein Pseudonym

für die handelnden Personen; auch Bitcoin-Transaktionen sind nicht anonym, sondern durch die Bindung an die Wallets zwingend immer pseudonym und jederzeit von jedem:r einsehbar. Ihr könnt z. B. schauen, wie viele Menschen auf eine Wallet eingezahlt haben, die in einer »Wir haben Dich beim Masturbieren beobachtet«-Spam-eMail stand[16].

Stellen wir uns unseren Block als Blatt Papier mit zwölf Zeilen vor. In unseren Block passen zwölf Transaktionen. Sobald sich zwölf angesammelt haben, ist unser Blatt Papier voll und die Verarbeitung wird durchgeführt. Dafür wird aus den zwölf Zeilen die Quersumme (genauer: eine Hashsumme) gebildet und die schreiben wir schonmal auf das nächste leere Blatt. Unser eigenes Blatt wird mit der Quersumme vom Blatt davor signiert. Damit ist die Transaktion »besiegelt«, das volle Blatt kommt auf den Stapel und das Ergebnis unserer zwölf Transaktionen wird damit gespeichert.

Der Clou der Sache ist, dass dies nicht zentral auf einem Server passiert, sondern bei allen User:innen der Blockchain liegt eine Kopie. Eine Blockchain ist letztlich eine verteilte Datenbank, die nicht auf einem Gerät in der Mitte liegt, sondern alle Transaktionen liegen bei allen Teilnehmenden. Jede:r hat die vollständige Blockchain bei sich.

Deswegen gilt eine Blockchain auch als fälschungssicher, weil es eine Menge Rechenleistung brauchen würde, bei allen Teilnehmenden so einen Block (oder mehrere oder auch ganz viele) zurückzurechnen, eine Transaktion zu ändern und alles wieder vorwärts zu rechnen. Man bräuchte also mehr Energie und Rechenleistung als alle anderen Teilnehmenden zusammen. Einen einmal in eine Blockchain geschriebenen Eintrag kann man also nicht mehr ändern.

Wie funktionieren NFTs in der Blockchain?

Zurück zu NFTs. Da werden viele der Transaktionen in die Etherium-Blockchain geschrieben. Aber was genau? Die tatsächliche Datei, die das NFT ist, ist es nicht. Das geht auch gar nicht, denn dann würde die Blockchain binnen kürzester Zeit mehrere Terabyte groß und noch viel größer.

Ich hätte erwartet, dass darin steht »Klaudia Zotzmann-Koch kauft für €10 ein Foto des BleepyToys Synthie-Setups und ist fortan alleinige Besitzerin dieses Fotos mit alleinigen Verfügungsrechten«. Steht da aber nicht.

In einer NFT-Transaktion steht die Wallet-ID und ein Link. Nicht einmal eine Hashsumme des Werks, um überprüfen zu können, um welche Datei es sich handelt. (Anmerkung: Wenn man eine Datei runterlädt und abspeichert ohne sie zu ändern, ist die Hashsumme immernoch dieselbe.)

Was kauft man da eigentlich?

Den Eintrag eines Links zusammen mit der eigenen Wallet-ID in der jeweiligen Blockchain. [17]

DAS WIRD AUSGELEGT als digitales Besitz-Zertifikat, das man kaufen und wieder verkaufen kann. Man kauft aber nicht das tatsächliche Werk. Und schon gar nicht das Copyright oder ausschließliche Nutzungsrechte. [18]

Noch einmal klar formuliert: **Man kauft nicht die Datei und schon gar nicht die alleinigen Nutzungsrechte.**

Es kann immer noch jede:r die gleiche Datei runterladen, hochladen, als Profilfoto verwenden, die Datei abspeichern, auf einen USB-Stick ziehen, auf eine DVD brennen, dem Nachbarn geben, was auch immer. Das lässt sich auch nicht ändern, so ist das Internet und das ganze Digitale konzipiert. Das kommt von Kollaboration und gemeinsamem Arbeiten an Dokumenten und dem freien Teilen von Informationen. Man kann eine Datei nicht einzigartig machen. Selbst wenn ich eine Datei verändere und abspeichere und dann irgendwo hochlade, können wieder Tausende sie runterladen und haben dann alle wieder die gleiche Datei bei sich. Das geht auch automatisiert, da muss nichtmal ein Mensch auf »Download« drücken. Wenn sie auf einem Endgerät angezeigt wird, wie z. B. die Profilfotos in SocialMedia-Netzwerken, dann wurden diese Dateien schon auf das Gerät zur Anzeige übertragen und liegen bei allen, die an einem Post eines Accounts vorbei gescrollt haben.

Ein ganzer Eimer voll Probleme

Links zu Webseiten

Die Links, die zusammen mit den Wallet-IDs in die Blockchain eingetragen werden, können überall hinführen. Meistens gehen sie zu den Webseiten der NFT-Broker, z. B. OpenSea. Beim ersten Tweet, der als NFT versteigert wurde, da geht der Link zum Tweet selbst.

Letztlich sind es also alles nur Verweise auf irgendwelche Webseiten. Letztere sind jetzt allerdings nicht dafür bekannt, dass sie über Jahre oder Jahrzehnte immer da sind und funktionieren und nie angegriffen oder übernommen werden. Die gekauften Einträge sind im Zweifelsfall eine Menge teure 404er-, also »Seite nicht gefunden«-Meldungen.

Wenn also Menschen davon schwärmen, dass NFTs so dezentral und verteilt sind, dann denken wir kurz an die NFT-Broker, die man braucht, um NFTs zu handeln. Nennen wir sie einfach »eine Handvoll Flaschenhälse in der Mitte«.

Kein Check der Rechtmäßigkeit

Angenommen, jemand würde meinen Blogpost, der diesem Kapitel vorausging[19], als NFT verkaufen, würden die meisten Broker nicht nachprüfen, ob der:die Verkäufer:in tatsächlich das Recht hat, dies zu tun. Ich könnte den Post unter CC-BY-NC, einen non-commercial-Lizenz stellen, aber ob das geprüft wird, wage ich auch zu bezweifeln. Ich könnte z. B. eBooks einer Autorenkollegin mit einem Foto von ihr drin als NFT verkaufen und keiner würde es prüfen, ob ich das darf. Sie würde auch nicht darüber benachrichtigt werden, dass jemand grad Bücher von ihr verkauft. Auch Banksy wurde nicht benachrichtigt, als jemand einen Fake-Banksy[20] versteigerte.

Was manche Broker wohl schon checken ist, ob dieselbe Datei schon einmal als NFT verkauft wurde. Das ist fein.

Allerdings kann die Transaktion – oder auch die mehreren Transaktionen – nicht aus der Blockchain gelöscht werden. Stattdessen wird in so einem Fall die Produktseite auf der Broker-Plattform gelöscht und damit gehen die jeweiligen Links ins Leere.[21]

Abgesehen von so Blödsinnigkeiten, dass man eine Farbe als NFT kaufen kann[22], häufen sich insgesamt die Meldungen, dass Fakes, Plagiate, Scam und Betrug auf NFT-Broker-Plattformen stattfinden.[23] Am 12. Februar 2022 wurde bekannt, dass der NFT-Broker, über den auch der erste Tweet verkauft wurde, aufgrund zu vieler Fakes und Plagiate die Tore schließt[24]. Kauf und Verkauf wurden zum 6. Februar 2022 eingestellt. Die Infrastruktur betreiben sie aber wohl weiter, vermutlich wegen des ersten Tweets, für den sonst ein Blockchain-Eintrag als Besitzurkunde über $ 2,5 Millionen einfach verpuffen würde.

Natürlich finden sich auch Lifestyle-Marken zwischen den ersten »Opfern« solcher massiven Betrugswellen. So verklagte Nike im Februar 2022 StockX, weil diese angefangen hatten, an physische Produkte gekoppelte NFTs, in dem Falle Schuhe, zu verkaufen.[25]

. . .

Obendrein scheinen sich insbesondere Menschen, deren ethische Richtschnur deutlich schief zu sitzen scheint, auf NFTs zu stürzen und jede:r von uns muss sich fragen, ob wir mit solchen Menschen in einem Boot sitzen wollen. Angefangen bei den Affenbildern, mit denen die ganze NFT-Geschichte begann und die deutliche Parallelen zu Nazi-Inhalten aufweisen.[26] Aber es geht noch ethisch fragwürdiger: Am 24. Januar 2022 gab es einen Artikel beim WDR, dass ein Arzt das Röntgenbild eines Anschlagsopfers des Terroranschlags auf die Pariser Konzerthalle Bataclan im November 2015 als digitales Kunstwerk zum Verkauf angeboten habe.[27] Die Person hat das Angebot wohl wegen heftiger Kritik zurückgezogen, aber dass es überhaupt da war und sich in das Bild der NFT-Landschaft nahtlos einfügt, ist erschreckend genug.

Schneeball-System

Dadurch, dass Menschen gerade Beträge in dreistelliger Millionenhöhe für NFTs rauswerfen, haben sie ein gewisses Interesse daran, dass diese Webseiten und vor allem die Broker-Plattformen erhalten bleiben. In dem Moment, wo die Glücksritter hinter einer der Broker-Seiten sagen, sie hören auf, werden sofort die, die viel Geld investiert haben, versuchen, die Broker-Seite aufrecht zu erhalten. Ich wage die Behauptung, dass wir den Beginn eines Schneeball-Systems beobachten.

Sicherheitsrisiken

Bei manchen Brokern kann man zum Werk auch noch Metadaten eintragen, die dann mit angezeigt werden – und da kann auch html-Code eintragen. Was schade ist, weil man so auch Tracking betreiben[28] oder sogar Schadcode nachladen kann.

Und last not least können Kriminelle sich durch dieselben einfachen Techniken wie Social Engineering, Betrug, Phishing etc. Zertifikate und NFTs aneignen, wie im Februar 2022 geschehen, als ein Krimineller durch eine gefälschte eMail, die angeblich von der Broker-Plattform OpenSea kam, NFTs im Wert von mehreren Millionen Dollar ergaunerte.[29]

Fazit

Trotz aller Probleme machen NFTs gerade die Runde, bis diese Blase irgendwann platzt. Im Januar 2022 hat Twitter angefangen, NFT-Profilbilder im sechseckigen Format anzubieten.[30] Es dauerte nicht lang, bis das erste Browser-Plugin auf Github auftauchte, dass einem Accounts mit NFT-Profilbild einfach ausblendet.[31][32] (Was ich persönlich ja tatsächlich ganz charmant finde.)

Und dann finden sich dazwischen auch so Fundraising-Geschichten wie vom WWF, der durch NFTs Geld für an sich noble Zwecke versucht einzunehmen, eben mit fragwürdigen Mitteln.[33] Und auch andere versuchen, mit ihren digitalen Gütern als NFTs jetzt einen schnellen Reibach zu machen. Das British Journal of Photography beispielsweise verkaufte seinen gesamten Twitter-Account with 250.000 Followern als NFT, was wohl sowohl ihrer Reichweite als auch der Reputation nur mäßig zuträglich war.[34]

Und zu den NFTs: Eigentlich steckt der Hinweis auf all die Probleme ja schon im Wort: Nicht-eintauschbare Wertmarke – statt einzigartiges Ding.

ICH VERMUTE, das Ganze geht solange gut, bis ein oder zwei der Broker-Seiten angegriffen werden oder aus anderen Gründen vom Netz gehen und nicht mehr erreichbar sind. Dann werden Menschen drauf kommen, dass sie viel Geld für Nichts ausgegeben haben. So wie für In-Game-Käufe, also digitalen Klüngelkram in einem Spiel, das es nicht mehr gibt oder das auf dem neuen Gerät nicht mehr läuft.

Über die groben Haken von Web 3.0, NFTs und allem, was dazu gehört, könnt Ihr auch regelmäßig auf web3isgoinggreat.com lesen.

* ZU DEN SAMMLERAUSGABEN: Man muss kein NFT machen, um zum Launch eine Anzahl Sammlerausgaben des neuen Buchs auch digital als eBook rauszugeben. Man kann auch in normale eBooks eine zusätzliche Seite mit einem Scan vom lektorierten Manuskript reingeben und dieses dann genau einmal ausgeben. Man kann eBooks auch signieren, indem man eine Widmung auf einen Zettel schreibt, einscannt, die Seite vorn im eBook platziert und hat so auch eine Sammlerausgabe geschaffen. Und seien wir ehrlich, Menschen freuen sich über persönliche Widmungen und wenn die »liebe Marianne« das Buch dann auch ihrer Nachbarin Roswitha ausleiht, dann ist es so, wie es auch mit Printbüchern immer war.

WEB 3.0, NFT & BLOCKCHAIN

Notiere, was Du in diesem Kapitel gelernt hast, insbesondere über Profiling.

To-Dos, die sich aus diesem Kapitel für Dich ergeben:

---

1. https://tante.cc/2022/02/04/das-dritte-web/
2. https://de.wikipedia.org/wiki/Web3
3. https://ar.al/2022/01/06/the-web0-manifesto-a-technical-review/
4. https://web0.small-web.org/
5. https://de.wikipedia.org/wiki/Fungibilit%C3%A4t

6. https://www.bbc.com/news/technology-56371912
7. https://www.sendegarten.de/2022/01/31/seg137-besonders-schoene-infrastruktur/ (ab 1:02:51)
8. https://www.bbc.co.uk/news/technology-56371912
9. https://foundation.app/NyanCat/nyan-cat-219
10. https://www.nytimes.com/2021/04/29/arts/disaster-girl-meme-nft.amp.html
11. https://www.bbc.co.uk/news/technology-56252738
12. https://www.bbc.co.uk/news/world-us-canada-56307153
13. https://www.bbc.co.uk/news/technology-56362174
14. https://www.bbc.co.uk/news/technology-58572389
15. https://www.bbc.com/news/science-environment-56215787
16. https://www.blockchain.com/btc/address/1N5J73F3gYPgZ8zkbnUhoryrYjQcqsA7St
17. https://moxie.org/2022/01/07/web3-first-impressions.html
18. https://twitter.com/JackShawhan/status/1457951413368016899
19. https://www.viennawriter.net/blog/warum-ich-nicht-in-nft-mache/
20. https://www.bbc.com/news/technology-58399338
21. https://www.buzzfeednews.com/article/sarahemerson/crypto-rapper-nft-opensea-owner-money-laundering
22. https://twitter.com/curator1of1/status/1487364584516239369
23. https://www.vice.com/en/article/wxdzb5/more-than-80-of-nfts-created-for-free-on-opensea-are-fraud-or-spam-company-says
24. https://www.reuters.com/business/finance/nft-marketplace-shuts-citing-rampant-fakes-plagiarism-problem-2022-02-11/
25. https://www.reuters.com/technology/nike-cries-foul-over-virtual-shoes-suing-retailer-that-sells-sneaker-nfts-2022-02-04/
26. https://gordongoner.com/
27. https://www1.wdr.de/kultur/kulturnachrichten/roentgenbild-digitalkunst-frankreich-opensea-100.html
28. https://www.vice.com/en/article/xgdvaz/nft-steal-ip-address-opensea
29. https://www.watson.ch/digital/wirtschaft/926047843-gefaelschtes-opensea-e-mail-phisher-stiehlt-nfts-im-wert-von-millionen
30. https://www.heise.de/news/Twitter-startet-fuer-Twitter-Blue-Abonnenten-eine-Funktion-fuer-NFT-Profilbilder-6334356.html
31. https://www.heise.de/news/Browser-Plug-In-blockiert-Twitter-Accounts-mit-NFT-Profilbild-6337943.html
32. https://github.com/mcclure/NFTBlocker
33. https://twitter.com/wwf_uk/status/1488800080819802116
34. https://twitter.com/duckrabbitblog/status/1488846301970063360

8

GESELLSCHAFTLICHES

Statt vage Vergesellschaftung doch wieder mehr Gesellschaft wagen

Warum brauchen wir als Gesellschaft einen Diskurs über Datenschutz?

All die bereits genannten Themen schweben nicht einfach in der Luft und betreffen nur punktuell ausgewählte Einzelpersonen. Wir sind hier einem gesellschaftlichen Problem auf der Spur, das sich nicht so einfach auflösen lässt. Gesellschaft bedeutet, dass es jede:n Einzelne:n von uns mitbetrifft.

Wenn Krankenkassen uns heute anbieten, einige Euro beim Tarif zu sparen, wenn wir einen Fitnesstracker tragen und ihnen die Daten daraus zur Verfügung stellen, oder eine »Blackbox« ins Auto einbauen lassen, die alles aufzeichnet, mit welcher Geschwindigkeit wir wo gefahren sind, ob wir eine rote Ampel überfahren haben und so weiter und so fort.[1] Das ist so lange lustig, wie wir die freie Entscheidung treffen können, diesen Tarif zu wählen und freiwillig unsere Daten zu übertragen, um von dem gesparten Geld ein Eis essen zu gehen. Oder besser einen Salat. Der Spaß hört allerdings da auf, wo wir den Krankenkassen (und allen anderen) erlauben, diese Geschäftsmodelle zu etablieren und in zwei oder drei Jahren der alleinerziehende Vater auf dem Land keine andere Wahl hat, als den »smarten« Tarif zu nehmen, weil er sich einen ungetrackten nicht leisten kann. Weder für sich noch für das Auto. Es ist noch lustig, wenn wir jetzt sagen: »Ha, zehn Euro sparen? Aber gerne doch!« Es gibt Menschen, die schon 2018 versucht haben, ihr Fitbit mit Google und ihrer Krankenkasse zu koppeln – für ein paar mickrige Prozente Bonus bei der Prämie. Dazu gibt es leider echte Forenbeiträge im Fitbit Forum. Mir wäre es auch lieber, ich hätte mir das ausgedacht.[2] Krankenkassen bieten die Möglichkeiten, die eigenen Fitnessdaten bereitzustellen, natürlich gerne an; nicht nur für Fitbit, es gibt da auch noch Samsung Health und mehr. Und vielleicht verspüren einige ein leichtes Unbehagen, wenn wir lesen, dass Google im Herbst 2019 Fitbit gekauft und jetzt alle unsere Bewegungs- und Körperdaten hat.[3] Firmen haben Backups, da könnt Ihr noch so viele aktuelle Daten löschen, wie Ihr wollt.

WIR SIND NICHT ALLEINE – weder auf der Welt noch in dieser Gesellschaft. Vielleicht liegt es zum Teil daran, dass wir es mittlerweile gewöhnt sind, dass alles auf uns persönlich zugeschnitten wird. Alles ist personalisiert, alles ist »extra für mich« gemacht. Da gibt es wenig andere Menschen außen rum. Diesen Gedanken nimmt auch die Dokumentation »The Social Dilemma« / »Das Dilemma mit den sozialen Medien«[4] auf. Wir sind alle gefangen in Kammern, die uns nur noch unser eigenes Richtigliegen mit unseren Gedanken und Vermutungen widerspiegeln. Andere Gedankengänge? Am Ende noch andere Meinungen? Wo kämen wir da hin?! In eine wieder funktionierende Demokratie, um genau zu sein. Denn Meinungen und Ideen haben und die der Anderen aushalten ist das, was Gesellschaft ausmacht. Und ich distanziere mich an dieser Stelle ausdrücklich von rechtsextremer Meinungsmache, Nazipropaganda und hetzerischen Aufrufen. Es gibt Meinungen und es gibt strafrechtlich bedenkliche Äußerungen, die man nicht aushalten, sondern denen man entgegentreten muss. Auch das macht Gesellschaft aus.

FÜR DAS DISFUNKTIONALE ZUSAMMENLEBEN, in dem wir uns als Gesellschaft aktuell befinden, spielen noch ganz andere gesellschaftspolitische und gruppendynamische Prozesse eine große Rolle. Wir werden immer mehr dazu erzogen, die Verantwortung für uns selbst an andere abzugeben. Sie machen es uns viel zu gerne auch zu leicht. Aber jede:r von uns ist Teil dieser Gesellschaft und hat eine gesellschaftliche Verantwortung, nicht nur sich selbst, sondern auch seinen:ihren Nächsten gegenüber.

· · ·

GEMEINSAM MIT BEQUEMLICHKEIT sind solche freiwilligen (»freiwilligen«?) Datenweitergaben die größte Gefahr für uns als Gesellschaft, denn:

DATENSCHUTZ IST MINDERHEITENSCHUTZ.

ICH HABE VORHER SCHON DAVON GESPROCHEN: Datenschutz ist ein Teamsport. Jetzt habe ich das »böse Wort« gleich zweimal am Stück genannt. Jede:r ist nicht nur für sich und seine:ihre eigenen Daten verantwortlich, sondern auch für die aller anderen Leute, die er oder sie beispielsweise (aber nicht nur!) im eigenen Smartphone hat. Vom Adressbuch bis zum Fotoalbum und in all den Apps, die wir so gern – weil buntes Karussell – nutzen. Alles, was wir tun, hat direkte oder indirekte Auswirkungen auf unseren gesamten »sozialen Graphen«, auf unser gesamtes Netzwerk. Es sind nicht nur meine paar persönlichen Daten betroffen, sondern auch gleich die von meinen 157 Kontakten im Adressbuch und die von all den Leuten, von denen ich Fotos, Videos oder Nachrichten in irgendeinem Netzwerk oder in irgendeiner App habe.

Solange unsere Zivilisation noch steht und alles, was wir irgendwie elektrifizieren und vernetzen konnten, am Internet hängt, haben wir die Aufgabe, dieses Konstrukt auch als Gesellschaft zu tragen. Dafür müssen wir dringend Dialoge führen. Nicht immer nur gut bezahlte Wirtschafts-Lobbyist:innen mit Politiker:innen, um Geschäftsmodelle von Silicon-Valley-Konzernen und sogenannten Startups zu zementieren. Wir brauchen einen gesellschaftlichen Diskurs, wie wir mit der Technologie und vor allem auch miteinander leben und umgehen möchten.

Oder, wie Aral Balkan es vor dem EU-Parlament im November 2019 formulierte: *»Ich höre hier immer von Märkten. Wo sind wir hier? Die Ferengi-Allianz? Wir sind im EU-Parlament!«*[5]

≈

Wieder mehr Verantwortung wagen

Ihr werdet nicht glauben, an wie vielen Schulen ich schon Schilder gesehen habe mit Aufschriften wie »Eltern, die Schüler:innen bitte nicht bis in die Klassenzimmer bringen«.

Ich will das Thema gar nicht lang diskutieren, das muss jede Familie für sich selbst entscheiden. Aber eine Frage möchte ich Euch gerne mit auf den Weg geben: Wie sollen Kinder Verantwortung für sich und andere lernen, wenn ihnen alles abgenommen wird?

Meine Erfahrungen aus dem Projekt »Chaos macht Schule« sind, dass Kinder und Jugendliche durchaus sehr bewusst Probleme wahrnehmen und neugierig hinterfragen. Auch wenn der Vergleich von damals draußen auf dem Land und der Aussage: »Ihr kommt nach Hause, wenn die Straßenlaternen angehen oder eine:r blutet«, mit der heutigen Gesellschaft hinkt, können wir Kindern und Jugendlichen durchaus mehr zutrauen. Auch hier brauchen wir viel mehr Dialog. Nicht zuletzt Fridays for Future zeigen uns sehr klar, dass komplexe Zusammenhänge auch von jungen Gehirnen sehr gut erfasst und deutlich gemacht werden können. Denn wie soll ein Mensch, der nie Verantwortung für sich selbst, eine Zimmerpflanze oder ein Haustier gelernt hat, je im Leben sinnvoll eine Position mit Personalverantwortung oder gar politischer Verantwortung für unsere ganze Gesellschaft übernehmen können?

Über #gatedcommunities und die Möglichkeit der Teilhabe

Gated communities? Was soll das schon wieder sein? Nun, eine »gated community« ist eine Gemeinschaft innerhalb eines Gartenzauns. Sowas wie Instagram, Facebook oder Twitter oder das geschlossene Hasenzüchterforum sind gemeint. Alle Netzwerke, die von außen nicht oder nur sehr begrenzt einsehbar sind und außerhalb deren Schranken man nicht mitspielen kann, wenn man nicht selbst Teil dieser Community ist.

ICH ERINNERE an dieser Stelle noch einmal an die eMail, die ein Dienst ohne zentrale Verwaltung ist, an dem jede:r teilnehmen kann. Heute würde sie nicht mehr erfunden werden können, weil der Großteil aller Plattformen nur in sich selbst funktioniert und gar nicht mit anderen reden will. Technisch gibt es keinen Grund, warum Leute auf Twitter nicht auch Nachrichten mit Leuten auf Instagram austauschen können sollten. Aber das wollen die Betreiber nicht. Früher gab es ja noch @facebook-eMail-Adressen, wo man Nachrichten »von außen« in Facebook kriegen konnte. Genauso wie der Facebook-Chat früher mal auch von und nach außen funktionierte. Aber mittlerweile hat sich die Firmenpolitik von Meta, ebenso wie das Geschäftsmodell verfestigt: Es sollen so viele wie möglich direkt auf der eigenen Plattform sein, denn dann kann man denen Werbung anzeigen und damit Geld verdienen, durch die Menschen, die ihre Zeit auf der Plattform verbringen und ihr Verhalten entsprechend den angezeigten Botschaften verändern. Zeit auf der Plattform = Zeit mit Werbung = Zeit, in denen uns manipulierende Inhalte vorgeführt werden, die uns zum Umdenken bringen entsprechend dem, was diejenigen, die dafür zahlen, gerne von uns hätten. Ein Paar rote Schuhe kaufen, die wir nicht brauchen und die nicht im Budget sind oder auch nicht wählen gehen und so nicht im Weg sein für die, die »Geht nicht wählen!« anzeigen lassen. Alles, was Menschen dazu bringen könnte, von der Plattform wegzuklicken, ist schlecht. Und Interoperabilität – also dass Plattformen mit anderen Plattformen zusammenarbeiten, technisch zusammen funktionieren – ist bei den Konzernen, die vom Überwachungskapitalismus leben, nicht erwünscht. Am Ende würde noch jemand, der einen Account ganz woanders hat, mit einem der *eigenen* Nutzer kommunizieren können. So wie bei eMail. Oder jemand, der gar keinen Social-Media-Account hat könnte lesen, wann das nächste öffentliche Treffen der Hasenzüchter stattfindet. Als hätten sie einen eigenen Blog außerhalb des Gartenzauns.

Viele Firmen sagen: »Wir haben eine Facebookseite. Natürlich sind wir im Internet vertreten!« Nein, seid Ihr nicht. Ihr seid auf Facebook. Und wenn Euer Podcast nur auf Spotify läuft, ist es kein Podcast, sondern ein Audioblog für Spotify-Benutzer:innen. Facebook und Spotify sind nicht das Internet. Sie sind nur sehr kleine Teile des WWW, des World Wide Web. Und das WWW ist nur ein kleiner Teil des Internets.

ICH HABE vor einer Weile in einem Vortrag die These aufgestellt, dass die stagnierenden Facebook-Nutzungszahlen daran liegen, dass Menschen sich durch solche Gartenzaun-Angebote gezwungen sehen, einen Facebook-Account anzulegen oder zu behalten, obwohl sie von sich aus nie auf diese Plattform wollen. Ohne solche Angebote wären die Nutzungszahlen meiner Einschätzung nach rückläufig. Aber wenn die einzige Austauschmöglichkeit eines kostenpflichtigen Kreativkurses nunmal eine geschlossene Facebook-gruppe ist, wie viele Menschen (außer mir) pfeifen dann auf den Austausch? Abgesehen davon, dass Anbieter solcher Kurse ihre Teilnehmer:innen dazu zwingen, ihre kreativen Inhalte – Fotos, Podcastepisoden, Bilder, Texte, … – an Facebook zu verschenken, die kommerziell damit machen dürfen, was sie wollen inkl. an Dritter weiterverkaufen und nach US-Recht auch gleich das Urheberrecht dafür übernommen haben.

Ja, es gibt freie Alternativen zu den datenschnorchelnden Platzhirschen. Einige davon wie z. B. Mastodon findet Ihr im zweiten Teil.

Die Verantwortung der Anderen

Da ist wieder das böse V-Wort. Aber neben jedem:jeder Einzelnen von uns haben vor allem auch Anbieter Verantwortung. Anbieter von Webseiten, Apps, Onlineangeboten ... In Firmen gewinnt meistens die Marketingabteilung gegen die IT und so enden viele Apps, Webseiten und Onlinespiele verwanzt bis an die Zähne. Erfreulicherweise werden immer mehr Stimmen laut, dass das so nicht geht. So schrieb der deutsche Bundesbeauftragte für den Datenschutz, Ulrich Kelber, in einer Pressemitteilung vom 14. November 2019:

»Wenn Anbieter von in Websites eingebundenen Dritt-Diensten die dort erhobenen Daten auch für eigene Zwecke nutzen, muss hierfür vom Websitebetreiber eine explizite Einwilligung der Nutzerinnen und Nutzer eingeholt werden.

Der Bundesbeauftragte für den Datenschutz und die Informationsfreiheit, Ulrich Kelber, fordert daher Website-Betreiber auf, ihre Websites umgehend auf entsprechende Dritt-Inhalte und Tracking-Mechanismen zu überprüfen: »Wer Angebote einbindet, die wie zum Beispiel Google Analytics rechtlich zwingend eine Einwilligung erfordern, muss dafür sorgen, von seinen Websitenutzern eine datenschutzkonforme Einwilligung einzuholen. Dass dies nicht mit einfachen Informationen über sogenannte Cookie-Banner oder voraktivierte Kästchen bei Einwilligungserklärungen funktioniert, sollte hoffentlich mittlerweile jedem klar sein. Jeder Websitebetreiber sollte sich daher genau damit auseinandersetzen, welche Dienste bei ihm eingebunden sind und diese notfalls deaktivieren, bis er sichergestellt hat, dass ein datenschutzkonformer Einsatz gewährleistet werden kann.«[6]

Jetzt werden wieder Marketingabteilungen Sturm laufen, dass sie doch aber all diese Daten brauchen und ohne nicht arbeiten können und was, wenn niemand mehr zustimmt und, und, und. Menschen in Werbeagenturen werden jammern, eine ganze Industrie sei jetzt gefährdet und dass sie arbeitslos werden, wenn sie nicht weiter tracken dürfen. Seien wir ehrlich: Wir reden hier von einer Industrie, die es vor 15 Jahren noch nicht gab und die darauf beruht, Menschen bis auf die Unterwäsche (oder im Fall von Zyklusapps oder »smartem« Sexspielzeug auch darunter) auszuspionieren und sie zu manipulieren, wo es nur geht. Wollen wir als Gesellschaft solch eine Industrie überhaupt dulden? Und falls ja, innerhalb welcher strengen Grenzen? Was wurde eigentlich aus schnöder, kontextbezogener Werbung, wo neben z. B. einem Zeitungsartikel zu nachhaltigen Essensdosen ein Lokal inseriert, das seit 2020 Essen zum Mitnehmen, gern in eigenen Behältern, anbietet. Dann müsste sich vermutlich jemand darum kümmern, dass infrage kommende Lokale kontaktiert würde oder wie sonst passende Angebote zusammenkommen. Zack, Arbeitsplatz gesichert.

WIE IMMER: Alles hinterfragen und mit anderen Menschen darüber reden. Nur so werden diese Fragen letztlich auch in die Politik vordringen. Denn politische Entscheidungsträger:innen haben die Onlineweisheit nicht mit Löffeln gefressen. Die sind genauso Menschen wie Ihr und ich und kennen sich nicht in jedem Bereich gut genug aus, um einschätzen zu können, was technisch machbar ist und was nicht. Oder wie schlimm oder nicht schlimm Tracking ist etc. Das ist auch völlig okay. Nur dürfen wir nicht erwarten, dass eine Regulierung »von oben« kommt, wenn »die da oben« sich selber nicht genug auskennen und nur von hochbezahlten Wirtschafts-Lobbyisten der Plattformriesen informiert werden. Welche Informationen sollen sie von denen schon bekommen? Die kritischen gegen die Arbeit- und Auftraggeber der Lobbyisten wohl kaum.

Natürlich können wir als Gesellschaft ändern, wie der Online-Hase läuft. Indem jede:r selbst kritisch hinterfragt und Dinge anspricht.

GESELLSCHAFTLICHES

WICHTIG: DATENSCHUTZ IST DER SCHUTZ VON
MINDERHEITEN UND EIN GRUNDLEGENDES MENSCHENRECHT.

Notiere, was Du in diesem Kapitel gelernt hast.

To-Dos, die sich aus diesem Kapitel für Dich ergeben:

1. https://futurezone.at/digital-life/grosse-autoversicherer-starten-mit-telematik-tarifen/
184.208.179
2. beispielsweise: https://community.fitbit.com/t5/Mobil/Fitbit-mit-Google-Fit-koppeln/td-p/3028933

3. https://www.golem.de/news/wearables-google-uebernimmt-fitbit-1911-144756.html
4. https://www.thesocialdilemma.com/
5. https://video.lqdn.fr/videos/watch/70f2128c-8c06-4cc4-8a5a-bf77e765c8fd
6. https://www.bfdi.bund.de/DE/Infothek/Pressemitteilungen/2019/
   26_WebtrackingEinwilligung.html

9

FRAGEN, FRAGEN, FRAGEN

Oder auch: Hinterfragen, nachfragen, anfragen.

DEN ERSTEN PUNKT hatte ich ja bereits mehrfach erwähnt: Alles hinterfragen, was Euch unterkommt. Muss etwas wirklich so sein? Und warum ist es überhaupt so, wie es ist? Cui Bono?

Behaltet Eure Fragen auch nicht für Euch. Wendet Euch an die Anbieter, die Hersteller und die Communities. Fragt ruhig auch bei Euch im Job einmal nach. (Vorsicht, manche Firmen sind nicht sehr glücklich über kritische Nachfragen im eigenen Haus. Ich weiß, wovon ich rede.) Stoßt Diskussionen an und tragt die Themen in die Gesellschaft. Nur so können sich langfristig Dinge ändern.

Anfrage nach Artikel 15, DSGVO

Last but not least: Wenn Ihr mittlerweile wissen möchtet, was »Die« eigentlich von Euch wissen, stellt Anfragen bei Herstellern, Dienstleistern, öffentlichen Stellen, Behörden, Onlineshops und medizinischen Einrichtungen. Und überall sonst. Ihr habt laut Artikel 15 DSGVO ein gesetzliches Recht auf Auskunft. Die jeweiligen Stellen sind zur Auskunft verpflichtet. Sollte jemand keine Informationen von Euch oder über Euch haben, könnt Ihr eine Negativauskunft erwarten, also dass sie Euch schreiben, dass sie nichts über Euch wissen. Viele, wie beispielsweise Amazon, geben nur Teilauskunft und rücken vollständige Daten wenn überhaupt nur auf mehrmalige Nachfrage und eventuell durch Nachhilfe eines:r Rechtsanwälte:in raus. Darüber und was sie durch ihre Amazon-Daten so alles über Amazon und auch über sich selbst erfahren hat, hat Katharina Nocun ein ganzes Buch geschrieben mit dem Titel »Die Daten, die ich rief«.

Sollten bei einem Anbieter falsche oder fehlerhafte Informationen zurückkommen, habt Ihr auch das Recht auf Berichtigung.

Außerdem habt Ihr das Recht auf Löschung, das Ihr gerne ausgiebig einfordern dürft. Die jeweiligen Stellen müssen dann alles löschen, was sie nicht aufgrund von anderen Rechtsgrundlagen – etwa vertraglichen oder gesetzlichen Verpflichtungen – aufbewahren müssen.

TRAUT Euch ruhig aus der Komfortzone hinaus. Es ist etwas ungewohnt, das eigene Recht in Anspruch zu nehmen. Ein bisschen wie die erste Demonstration, auf der Ihr mitgeht. Aber es ist Euer demokratisches Recht, dies zu tun. Für Eure Anfragen gibt es auf den Webseiten der Datenschutzbehörden Eurer Länder passende Vordrucke.

Und auf Github hat sich jemand die Mühe gemacht, einen Generator bereitzustellen: https://adiehl.github.io/dsgvo/

Ich selbst schreibe die Fragen immer in eine eMail oder welche Kontaktmöglichkeit mit das jeweilige Unternehmen zur Verfügung stellt. Natürlich sind immer die Fragen dabei, welche Daten sie konkret haben, wo diese gespeichert sind, woher sie meine Daten haben, wo sie – welche genau? – dazugekauft haben und an wen die Daten weiterverkauft werden. Diese Unterscheidungen würde ich gern in den Antworten sehen.

Nach dem Erhalt Eurer Anfrage hat das Unternehmen vier Wochen Zeit, sich bei Euch zu melden. Das muss noch nicht die fertige Auskunft sein. Falls Ihr Eure Anfrage nicht direkt aus Eurem Kundenkonto heraus gemacht habt solltet, kann es sein, dass die Stelle, bei der Ihr angefragt habt, erst einmal einen Identitätsnachweis von Euch haben möchte. Das ist okay. Schließlich dürfen sie die Informationen nicht fälschlich an andere Personen herausgeben.

Wenn Ihr Eure ersten Anfragen gemacht und Eure ersten Antworten erhalten habt, lasst Euch nicht entmutigen. Die Bandbreite der möglichen Antworten reicht von »wir haben nichts« bis zu einem mehrere Tausend Seiten hohen Stapel Papier, wie es bei Max Schrems' Anfrage bei Facebook damals der Fall war.[1]

FRAGEN, FRAGEN FRAGEN

Notiere, was Du in diesem Kapitel gelernt hast.

DATENAUSKUNFTS-ANFRAGEN GEMÄSS ART. 15 DSGVO

Vielleicht hast Du schon einige Firmen oder Institutionen im Kopf, denen Du Deine ersten Anfragen gemäß Artikel 15 DSGVO schicken möchtest? Großartig! Notiere sie hier.

FIRMEN, DENEN DU ANFRAGEN SCHICKEN MÖCHTEST

Erledigt

To do

Erledigt

To do

Erledigt

To do

---

1. https://www.derstandard.at/story/2000023302312/max-schrems-ein-student-forderte-facebook-heraus

10

IN TROCKENEN BÜCHERN

Apropos Max Schrems: Wahrscheinlich ist Euch der Begriff »Privacy Shield« mal untergekommen. Vielleicht auch »Safe Harbor«. Schauen wir uns das vielleicht chronologisch an. Zuerst gab es das Safe-Harbor-Abkommen, das den Datenverkehr zwischen den USA und Europa geregelt hat. Vielleicht erinnert Ihr Euch auch an die Geschichte, wie ein junger Student Facebook verklagte – und gewann! Das war Max Schrems. In Folge dieses Gerichtsprozesses wurde das damalige Safe-Harbor-Abkommen gekippt und die USA und Europa mussten etwas Neues verhandeln, auf dessen Basis der Datenverkehr zwischen den Ländern der EU und den USA geregelt werden würde. Das war dann das Privacy-Shield-Abkommen, das im Juli 2016 in Kraft getreten ist, inhaltlich allerdings so ziemlich dasselbe aussagte, wie zuvor Safe Harbor. Aber es war erstmal wieder eine rechtsgültige Grundlage, aufgrund derer Daten zwischen den USA und Europa hin und her geschickt werden konnten.

Privacy Shield

In der Praxis war das Privacy Shield eine Selbstzertifizierung, die man als Firma innerhalb von 20 Minuten entspannt durchgeklickt hatte und damit versicherte, dass man natürlich sorgsam mit den Daten von Menschen umgeht und alles ganz super sauber ist. Am Ende der Klickstrecke stand das Abschicken und damit das Auslösen einer Rechnung über $ 250. Nach Eingang des Betrags folgte ein Listenplatz beim US Federal Trade Committee, quasi der Wirtschaftskammer der USA. Und das war für jedes Unternehmen so, von der Einzelunternehmerin bis hin zu Google. Kostete auch für alle dasselbe: $ 250, also in etwa das, was die Portokasse eines Unternehmens an einem warmen Sommertag für Eis für die Praktikant:innen ausgibt.

Dieser 250-Dollar-Selbstzertifizierungs-Listenplatz war nun also die Rechtsgrundlage, aufgrund derer sich Unternehmen als »Privacy-Shield-zertifiziert« bezeichnen durften. Vielleicht habt Ihr die großen, von Agenturen und Designabteilungen oft schmuck gestalteten »Siegel« ja mal auf Webseiten oder Softwareprodukten gesehen. Gerade im Vorlauf der DSGVO warben viele Unternehmen damit, »Privacy-Shield-zertifiziert« zu sein und deswegen wären die Daten bei ihnen sicher. Ich will nicht unterstellen, dass es nicht auch Unternehmen gibt, die sorgsam mit den Daten ihrer Kund:innen umgehen, aber als Beweis einen 250-Dollar-Listenplatz bei einer US-Einrichtung anzugeben, mag dem einen oder der anderen vielleicht etwas fadenscheinig erscheinen. Zu Recht. Wirft es doch die Frage auf, was tatsächlich mit den Daten von Menschen bei den Unternehmen passiert und wer dies kontrolliert.

Vor dem Hintergrund ist es auch wenig verwunderlich, dass auch das Privacy-Shield-Abkommen im Sommer 2020 wieder gekippt wurde – zum zweiten Mal nach einem Rechtsstreit von Max Schrems. Daher wird der Fall des Privacy Shields auch als »Schrems II« bezeichnet. Max leitet seit einigen Jahren eine ganze NGO, also Nicht-Regierungs-Organisation, deren Ziel es ist, genau solche Gerichtsverfahren zu führen und optimalerweise auch zu gewinnen. Der Verein nennt sich NOYB, None Of Your Business, und jede:r kann dort Mitglied werden und das Unterfangen unterstützen.

DASS ES SO LANGE GEDAUERT HAT, BIS das Abkommen gekippt wurde, hat die meisten Menschen, die im Bereich Datenschutz arbeiten, ziemlich gewundert. Mich auch. Aber: Die Mühlen der Justiz mahlen langsam. Dass das Privacy Shield gefallen ist, hat nun einige Konsequenzen für uns alle. Weite Teile unserer IT-Infrastruktur kommen aus den USA: Die Betriebssysteme von einem Großteil unserer Geräte ganz vorne weg, aber noch mehr wie viele der mittlerweile üblichen Cloudlösungen. Microsoft Windows, Office und Cloudspeicher, Google Android, Google Drive und all die anderen Google Services von der Suche, über Maps und YouTube bis Google Translate. Apples MacOS, iOS, iPadOS und iCloud. All die kleinen Helferlein von Dropbox über Doodle bis Slack. Messenger wie WhatsApp und Facebook Messenger. Und natürlich die ganzen Social-Media-Plattformen wie Twitter, Instagram, Facebook etc. Alles US-Services. Alle davon waren Privacy-Shield-zertifiziert und fast alle haben schon seit Jahren schlechte Noten in Datenschutz und Datensparsamkeit. Die meisten machen nicht einmal einen Hehl daraus, alles auszuwerten und weiterzuverkaufen, was ihnen in die Fänge kommt. Apple ist in der Auflistung oben das eine Unternehmen, dessen Geschäftsmodell nicht in Auswertung und Verkauf von Daten liegt und das sich konsequent pro Datenschutz und Privatsphäre der eigenen Nutzer:innen positioniert. Aber abgesehen von dem geleakten Vorhaben, die Daten der Menschen auf Apple-Geräten automatisiert zu durchleuchten, gibt es auch bei Apple eine Werbe-ID, die erst einmal ohne Einwilligung der Nutzer:innen eingeschaltet ist und ihren Dienst tut.

Seit Juli 2020 können sich Firmen jetzt nicht mehr darauf berufen, dank ihrer 250-Dollar-Selbstzertifizierung Daten in die USA übertragen zu dürfen. Im Juristendeutsch heißt das »fehlende Rechtsgrundlage für die Datenübertragung in einen Drittstaat«. Weniger juristisch kann man auch sagen: nicht rechtlich erlaubt. Oder auch: illegal. Und das gilt auch für Europäische Firmen. Und auch für all jene US-Unternehmen, die ihre Niederlassungen in Europa, meist in Irland haben, die dann für uns europäische Nutzer:innen zuständig sind. Wir haben zumeist unsere Nutzungsverträge mit der Irischen Niederlassung, die dann die Daten in die USA zum »Haupthaus« überträgt, was dann zu besagtem Problem mit der fehlenden Rechtsgrundlage für die Datenübertragung führt.

Wenn Ihr selbständig seid und irgendwelche der oben genannten Services in Eurem Job nutzt, gibt es für Euch etwas zu tun.

Neben dem Privacy-Shield-Zertifikat gibt es noch sogenannte »Standard-Vertragsklauseln«, also Klauseln in Verträgen, die zum eigentlichen Vertrag noch Bestimmungen zum Datenschutz hinzufügen und die auch weiterhin Gültigkeit haben. Die wurden nicht im selben Zug mit gekippt, vermutlich damit wir überhaupt noch eine Rechtsgrundlage für einen Datenverkehr mit den USA haben und nicht alle unsere Geräte einfach ausschalten und für die nächsten Jahre einbunkern können. Firmen, Vereine, Bildungseinrichtungen und Selbständige etc. sind seit Wegfall des Privacy Shield dazu verpflichtet, diese Standard-Vertragsklauseln bei all den Softwarelösungen aus den USA, die sie so nutzen, zu prüfen und ggf. neu zu verhandeln. Sie täten auch gut daran, das zu tun, denn wie vorhin schon gesagt, die Mühlen der Justiz mahlen langsam und auch im Februar 2022 ist ein Nachfolger des Privacy-Shield-Abkommens noch ausständig. Die iapp, die International Association of Privacy Professionals, hat eine Sammlung aller Handreichungen zu dem Thema angelegt mit Links zu den jeweiligen Materialien der einzelnen europäischen Länder.[1] Und auch das Europäische Data Protection Board hat eine ganze Reihe an Informationen gesammelt, darunter auch einiges zum Thema Brexit.[2] Großbritannien hat übrigens zwei Tage vor Ablauf der Übergangslösung einen Angemessenheitsbeschluss der EU-Kommission bekommen. Soll heißen, dass die EU das Datenschutzniveau in Großbritannien dem europäischen als angemessen erachtet. Ebenso wie das der Schweiz, Japan, Kanada, Uruguay, Neuseeland und noch einigen anderen Ländern.

Von digitalen Services und Märkten

Zwei Gesetze, die auf EU-Ebene gerade am Werden sind, sind Das Gesetz über digitale Märkte[3] (Digital Markets Act, DMA) und das Gesetz über digitale Dienste[4] (Digital Services Act, DSA). Der Digital Services Act wurde 2019 vorgeschlagen und nennt sich auch »Verordnung des Europäischen Parlaments und des Rates über einen Binnenmarkt für digitale Dienste und zur Änderung der Richtlinie 2000/31/EG«. Das Gesetz soll den rechtlichen Rahmen für Online-Plattformen der Europäischen Union aktualisieren, da gibt es seit 2000 die Richtlinie über den elektronischen Geschäftsverkehr, die aber vom Internet, wie es heute aussieht mit Plattformökonomie und Click-Wrap-Verträgen, noch nicht viel wusste.

Im Dezember 2021 hat die Europäische Kommission dann auch noch einen Entwurf für den Digital Markets Act vorgelegt, in lang: »Verordnung des Europäischen Parlaments und des Rates über wettbewerbsfähige und faire Märkte im digitalen Bereich«. Das Hauptziel dessen ist, das Verhalten und die Businessmodelle der großen Technologieunternehmen aus dem Silicon Valley innerhalb des europäischen Binnenmarktes und auch darüber hinaus zu regulieren.

Beide werden voraussichtlich frühestens 2023 beschlossen werden, weil sie noch vom Europäischen Parlament und vom Rat gebilligt werden müssen. Aber im Januar 2022 wurde immerhin schon das Trilogverfahren, also die Verhandlungen über die Inhalte der beiden Gesetze zwischen EU-Kommission, Europäischem Rat und dem EU-Parlament in Gang gesetzt. Was letztendlich drinstehen wird, werden wir dann sehen, wenn es soweit ist. Bei anderen Gesetzen haben wir leider auch schon zu oft beobachten müssen, wie hochbezahlte Lobbyist:innen der Technologieriesen das Ihre dazu beigetragen haben, dass die Gesetze nichtssagend, leer oder nicht einmal mehr beschlossen wurden. In dem Zusammenhang bin ich auch sehr gespannt auf die ePrivacy-Verordnung.

Noch nicht in den Büchern

Was in Gesetzen, Regulierungen und nicht zuletzt im europäischen Finanz-
plan noch fehlt sind Dinge wie eine durch europäische Steuergelder finan-
zierte Organisation, die europäische, datensparsame, freie und sichere
private-by-default OpenSource-Lösungen entwickelt und für Bürger:innen
kostenfrei zur Verfügung stellt[5]. Einen wirklich trackingfreien Browser
beispielsweise, der bei allen Betriebssystemen, auch den kommerziellen,
vorinstalliert mitgeliefert wird. Natürlich müsste bei so einer Organisation
sichergestellt sein, dass sie zwar durch Steuergelder aller EU-Staaten finanziert wird, allerdings unabhängig von staatlichen sowie auch kommerziellen
Interessen agiert. Die Lösungen, die durch solch eine Organisation entwickelt
würden, müssten OpenSource sein, getreu dem Motto der FSFE, Free Software Foundation Europe: Public Money, Public Code.[6]

Es gibt vom Sovereign Technik Fund bereits eine Machbarkeitsstudie[7] und
Forderungen gegenüber der deutschen Bundesregierung, endlich sinnvolle,
resiliente Lösungen zu fördern, statt sich immer nur von Lobbyist:innen der
Silicon Valley Unternehmen in teuren Anzügen einlullen zu lassen.

IN TROCKENEN BÜCHERN

Notiere, was Du in diesem Kapitel gelernt hast, vor allem über die
rechtlichen Hintergründe, warum Datentransfers möglich sind.

To-Dos, die sich aus diesem Kapitel für Dich ergeben:

1. https://iapp.org/resources/article/dpa-and-government-guidance-on-schrems-ii-2/
2. https://edpb.europa.eu/other-documents_en
3. https://ec.europa.eu/info/strategy/priorities-2019-2024/europe-fit-digital-age/digital-markets-act-ensuring-fair-and-open-digital-markets_de

4. https://ec.europa.eu/info/strategy/priorities-2019-2024/europe-fit-digital-age/digital-services-act-ensuring-safe-and-accountable-online-environment_de
5. https://mastodon.ar.al/@aral/107789812455428401
6. https://publiccode.eu/
7. https://sovereigntechfund.de/

TEIL II

DAS KÖNNT IHR TUN

11

DAS OFFLINE

Wir geben nicht nur überall im Internet versehentlich Informationen von uns preis. Auch in der physischen Welt sind wir sehr freigiebig mit Informationen, die dann von Menschen (oder Maschinen) direkt eingesammelt und weiterverarbeitet werden.

Nichts sehen ...

Es gibt für wenig Geld Kameraabdeckungen, die Ihr über die Kamera an Eurem Laptop, aber auch über die Frontkamera an Eurem Tablet und Telefon kleben könnt. Ich habe schon seit Jahren so etwas an meinen Geräten und die halten dort wunderbar, auch wenn ich mein Telefon meistens in die Hosentasche stecke. Es gibt solche Abdeckungen auch in bunt und mit lustigen Motiven, falls Euch schlicht schwarz oder schlicht silber zu langweilig ist. Damit habt Ihr in zwei Minuten verhindert, dass Angreifer, die vielleicht eine Schadsoftware auf Eurem Gerät kontrollieren, alles sehen, was vor der Kamera Eures Gerätes passiert. Auch spionierende Programme oder Apps, die aus welchen Gründen auch immer Zugriff auf Eure Kamera haben, können so nichts »sehen«. Es muss übrigens nicht immer die Lampe leuchten, wenn auf die Kamera zugegriffen wird. Lampe ein oder aus ist nur eine kurze Zeile Computercode. Wenn Ihr die Kamera verwenden möchtet, schiebt Ihr einfach den Schieber zur Seite und hinterher wieder zu.

· · ·

FÜR EUER TELEFON, Tablet und Laptop gibt es auch sogenannte »Sichtschutzfolien«, die verhindern, dass Menschen oder Kameras in der Umgebung alles von Eurem Bildschirm lesen und abfilmen/-fotografieren können. Meist lassen diese nur den Blick direkt von vorn auf den Bildschirm zu und wenn jemand von der Seite oder von oben schaut, verschwimmt das Bild oder wird schwarz. Solche Folien kosten nicht viel und sind meines Erachtens eine sinnvolle Anschaffung. Für Mobilgeräte gibt es das auch in Glas und in einen Displayschutz eingebaut, dann habt Ihr gleich Sichtschutz und Displayschutz in einem.

Nichts hören …

Angreifer oder auch die alles auswertende Werbeindustrie können durch Malware oder Apps auch auf die Mikrofone an Euren Geräten zugreifen. So etwas wird tatsächlich auch kommerziell eingesetzt, beispielsweise um zu lauschen, welches Fernsehprogramm Ihr gerade schaut, während Ihr auf dem Tablet einen Onlineshop durchstöbert.[1]

Auch »smarte« Fernseher haben schon Kameras und Mikrofone eingebaut. Ein Pärchen erfuhr von anderen Menschen davon, dass ein Video von ihrem heißen Abend auf dem Sofa auf einer Porno-Plattform gelandet war.[2]

Ihr könnt versuchen, das Mikrofon abzukleben, so gut es geht. Aber es ist schon schwieriger, als einen Sichtschutz über die Kamera zu kleben. Vor einer Weile wurde ich auf ein »Microphone Blocker« aufmerksam. Das ist letztlich ein »abgebrochener« Klinkenstecker, der dem Gerät vorgaukelt, dass Kopfhörer mit Mikrofon angeschlossen wären, nur dass an dem Stecker kein Kabel und auch weder Kopfhörer noch Mikrofon dran sind. Die Theorie ist, dass die Software des Geräts auf das externe Mikrofon an dem Stecker umschaltet und nicht mehr auf das eingebaute Mikrofon lauscht. Im Zeitalter aussterbender Klinkenstecker ist das leider nicht mehr für jede:n eine Option.[3]

FÜR ANDROID-USER:INNEN gibt es die App »Pilfer Shush Jammer«, die über den F-Droid-Store verfügbar ist. Sie belegt das Mikrofon und macht es so Software-seitig für andere Apps nicht verwendbar.

ES GIBT ÜBRIGENS ein Bild aus einem Interview mit Facebook-Chef Marc Zuckerberg, wo im Hintergrund sein Laptop gut zu sehen ist – mit abgeklebter Kamera und abgeklebtem Mikrofon.[4]

. . .

APROPOS LAUSCHEN: Ihr habt Euch vielleicht auch schon gefragt, ob unsere Telefone oder einzelne Apps darauf uns belauschen, um uns eine Weile nach einem Gespräch über ein bestimmtes Thema dazu passende Werbung anzuzeigen. Der Frage ist das BR AI + Automation Lab nachgegangen.[5] Anfang Februar 2022 erschien auch eine deutschsprachige Fernsehreportage[6] über diese Recherche. Tatsächlich haben sie es einfach mit zwei selbstgebauten Apps ausprobiert, was geht, worauf man mit so einer App Zugriff bekommt und ob man tatsächlich Gespräche belaufen kann. Ja, kann man. Ob es gemacht wird, darauf gibt es aktuell noch keine zweifelsfreien Beweise.

Weniger öffentlich sagen.

Es gibt sie immer wieder, die Menschen die im Zug im Ruhebereich laut schwatzen und dabei sehr persönliche Informationen oder sogar Firmengeheimnisse einer breiteren Personengruppe zugänglich machen, als unbedingt sein muss. Ich habe auch schon erlebt, wie Menschen ihre Kreditkartendaten inklusive Name und Verifikationsnummer (diese dreistellige Zahl auf der Rückseite) laut in der Straßenbahn am Telefon durchgegeben haben. Oder die Befunde vom Onkologen lauthals mit einem Freund im Café besprachen. Gelegentlich habe ich auch schon Menschen angesprochen, die gerade sehr intime Details von sich und anderen Menschen preisgaben und sie darauf aufmerksam gemacht. Schließlich weiß man ja nicht, wer alles zuhört, eventuell am Nebentisch gerade eine Podcastfolge aufnimmt und alles auf Band hat und wer diese Informationen dann vielleicht ausnutzt oder an andere weitergibt, die dies dann tun.

Eine nette Gesprächssituation ist natürlich sehr verführerisch, weil man ins Plaudern kommt und darüber vielleicht gar nicht mitbekommt, dass plötzlich viele Menschen oder Maschinen mithören. Und wer weiß, wie viele von denen gerade mit »smarten« Assistenten in Telefon, Uhr, Kopfhörer oder sonstwo eingebaut unterwegs sind, die Eure Informationen direkt an einen Werbekonzern weitergeben?

DAS OFFLINE

Notiere, was Du in diesem Kapitel gelernt hast, vor allem, was Du für Deine eigene Privatsphäre auch offline tun kannst.

To-Dos, die sich aus diesem Kapitel für Dich ergeben:

1. https://de.wikipedia.org/wiki/Cross-Device_Tracking
2. https://www.stern.de/digital/homeentertainment/smarttv-hack-fernseher-sex-6865894.html
3. https://en.wikipedia.org/wiki/Microphone_blocker

4. https://www.macwelt.de/ratgeber/Mikrofon-Abdeckung-So-schuetzen-Sie-sich-wirklich-vor-Spionage-Angriffen-10007403.html
5. https://medium.com/br-next/is-your-phone-listening-to-your-conversations-5182bc8ed45
6. https://www.youtube.com/watch?v=rX2tK-qSVpk&feature=youtu.be

12

WAS JEDE:R IN UNTER 30 MINUTEN TUN KANN

Zwei Backups sind besser als eins!

Backup heißt Datensicherung und sowas möchte jede:r haben. Für den Fall, dass Euer Rechner kaputt oder Euer Smartphone in Rauch aufgeht, sind Backups nötig, um Eure Daten wiederherzustellen. Auch, wenn Ihr Euch eine Malware aufs Gerät holt, ist es komplett neu aufzusetzen die einzige Lösung, die Euch bleibt. In dem Fall wäre in dem Backup hoffentlich alles drin, was Ihr wiederhaben möchtet. Fotos vielleicht, Verträge, Zugangsdaten, ein Backup des Password-Safes, wenn Ihr eMail-Verschlüsselung verwendet auch ein Backup der eMail-Schlüssel (öffentlicher und privater Schlüssel und das Widerrufszertifikat). Vielleicht Teile Eurer Musiksammlung? Der Ordner mit den 37 ganz wichtigen Fotos von lieben Menschen um Euch rum, der Scan vom Pass und die Meldebescheinigung ... Ihr seht, wohin das geht. Manche sichern auch Teile der eMails lokal, Rechnungen beispielsweise.

Das Minimum an Backup ist, dass Ihr alle Eure wichtigen Daten auf einen USB-Stick kopiert. Denkt dran, diesen USB-Stick mit einem Passwort zu sichern. Ihr möchtet Eure ganz wichtigen Sachen vielleicht nicht ungesichert in der Wohnung rumliegen haben. Falls eingebrochen wird oder irgendwer sonst in Eurer Wohnung rumschnüffelt, wäre das ein leichtes Fressen. Falls Euer Betriebssystem nicht von Haus aus verschlüsselte Speichermedien unterstützt, könnt Ihr Euch mit passwortgesicherten .zip-Dateien behelfen. Die sind in jedem Fall besser als nichts und auch der Behelf, falls Ihr etwas auf Cloudspeicher wie Dropbox oder GoogleDrive laden müsst, weil beispielsweise andere Leute diese immer noch nutzen. Das Passwort schickt Ihr den Personen dann am besten auf einem anderen Kanal, beispielsweise über einen sicheren, also Ende-zu-Ende-verschlüsselten Messenger.

Wenn Ihr jetzt schonmal einen USB-Stick mit Euren wichtigsten Daten habt, ist das super. Aber der eine Stick kann auch wegkommen, von der Katze runtergeworfen und beim nächsten Staubsaugen eingesaugt werden, was auch immer. Gelegentlich gehen USB-Sticks auch einfach kaputt und sind nicht mehr benutzbar. Deswegen ist ein zweites Backup eine sehr sinnvolle Sache.

Zusätzlich zum USB-Stick solltet Ihr eine externe Festplatte kaufen, die mindestens anderthalb mal soviel Speicherplatz hat, wie die Festplatte des Geräts, das Ihr sichern möchtet. Jedes Betriebssystem bietet die Möglichkeit einer automatischen Datensicherung. Dabei wird je nach Einstellung einmal am Tag, einmal pro Woche oder immer, wenn Ihr die Festplatte ansteckt, ein automatisches Backup von allem gemacht, bzw. von den Ordnern, die Ihr beim Einrichten angebt. Denkt auch hier daran, das Backup zu verschlüsseln, also mit einem Passwort zu sichern.

Den Programme-Ordner braucht Ihr nicht extra sichern. Solltet Ihr den Rechner wirklich neu aufsetzen müssen, kann das System mit einer Kopie des Programme-Ordners nichts anfangen, da Programme installiert werden müssen, wobei sie Informationen und Abhängigkeiten an ganz unterschiedlichen Stellen in Eurem Betriebssystem vornehmen. Kurz: Die liegen nicht nur im Programme-Ordner. Programme müssen also immer neu installiert werden, wenn ein Computer neu aufgesetzt wird. Vorteil: Das spart Speicherplatz auf der Backup-Platte. Bei Apple und Ubuntu Linux sowie Linux Mint gibt es die Möglichkeit, wirklich das gesamte System zu sichern. Da sind dann auch die Programme mit dabei, weil diese Art des Backups ein Abbild Eurer Festplatte erstellt.

TIPP: Macht noch einen weiteren passwortgesicherten USB-Stick mit den wichtigsten Daten und eine weitere, ebenfalls passwortgesicherte Festplatte mit vollem Backup und legt beides in Euer Bankschließfach, falls Ihr eins habt. Oder legt eins davon in eine Schachtel bei Verwandten und das andere könnt Ihr auch bei Freunden deponieren. Checkt vorher den Passwortschutz. Schließlich könnte auch bei Euren Freunden oder der Familie eingebrochen werden.

WAS DU IN UNTER 30 MIN TUN KANNST

WOVON BRAUCHST DU BACKUPS?

Okay, Zeit für eine Inventur: Wovon solltest Du Backups haben?
Desktop Computer? Laptop? Tablet? Smartphone? Sonst noch was?

GERÄTE & DATEN, VON DENEN DU EIN BACKUP BRAUCHST

Erledigt

Die wichtigsten Daten auf diesem Gerät

Erledigt

Die wichtigsten Daten auf diesem Gerät

Erledigt

Die wichtigsten Daten auf diesem Gerät

Erledigt

Die wichtigsten Daten auf diesem Gerät

Updates machen

* zwischen 2 Minuten und ... länger

Updates beinhalten so gut wie immer auch Sicherheitsupdates. Das sind Aktualisierungen am Betriebssystem, einem Programm oder einer App, die »Patches« (wörtlich: »Pflaster« oder »Flicken«) für Sicherheitslücken enthalten. Diese sind wichtig und gut und verhindern, dass Ihr Euch eine Malware einfangt, die durch bereits bekannte Sicherheitslücken in Eure Geräte eindringt.

Macht Updates für Euer Betriebssystem aber auch für die Apps, die Ihr verwendet, immer sobald wie möglich. Wenn Ihr die Angewohnheit habt, Euren Laptop monatelang immer nur zuzuklappen und das Betriebssystem nicht neu zu starten, hat sich, wenn Ihr Windows verwendet, vermutlich mittlerweile eine lange Liste an Updates angesammelt. Startet den Rechner neu und lasst ihn die Updates in Ruhe einspielen. Gewöhnt Euch an, das mindestens einmal in der Woche zu machen, dann dauert der Prozess nicht so lange.

Bei Eurem Telefon kann es sein, dass die Aktualisierungen nicht automatisch installiert werden, was durchaus auch seine Berechtigung hat. Schaut auch im Appstore des Telefon- und Tabletherstellers regelmäßig, ob es Updates für die Apps gibt und installiert diese.

Wenn Ihr gerade dabei seid, deinstalliert Apps und Software, die Ihr nicht mehr verwendet. Auf dem Laptop oder Desktoprechner beispielsweise Adobe Flash. Das war früher ein Haupteinfallstor für Malware und wird, seit es HTML5 gibt, auch von Webseitenentwicklern nur noch selten verwendet.

Keine fremden Geräte oder USB-Sticks anstecken

* 1 Sekunde

Wir haben als Kinder gelernt: Keine Schokolade von Fremden annehmen. Genauso gilt: Keine USB-Sticks oder Geräte von Fremden anstecken. Tatsächlich sind auf dem Parkplatz gefundene USB-Sticks noch immer ein Haupteinfallstor für Schadsoftware in Unternehmen! Irgendjemand ist immer neugierig genug, um einen gefundenen Stick am Firmenrechner anzustecken und damit das Firmennetzwerk zu kompromittieren. Und auch zu Hause solltet Ihr *niemals* unbekannte Geräte an Euren Rechner anstecken. Wenn Ihr

einen USB-Stick findet, hebt ihn auf und werft ihn in den nächsten
Mülleimer.

~

Cookies löschen

* 2 Minuten

Das Einfachste, was Ihr binnen 2 Minuten gegen Werbenetzwerke und für
Eure Privatsphäre tun könnt ist, die Cookies in Eurem Browser (oder Euren
Browsern, falls Ihr mehrere verwendet) zu löschen. Das geht in den Einstellungen. Bei Firefox beispielsweise unter »Datenschutz und Sicherheit«. Bei
allen anderen Browsern gibt es die Möglichkeit ebenfalls.

Auf derselben Seite findet Ihr auch die Funktion, »Cookies und Website-
Daten beim Beenden von Firefox löschen«. Ich möchte Euch dieses Häkchen
sehr ans Herz legen.

Wenn Ihr rechts daneben auf »Daten verwalten« klickt, seht Ihr, welche
Cookies in diesem Browser hinterlegt sind. Ihr könnt sie alle auf einmal oder
auch einzeln löschen. Letzteres ist eine Möglichkeit, wenn Ihr bei einem
Account gerade noch eingeloggt bleiben, aber beispielsweise die Cookies
Eurer Suche nach günstigen Zugverbindungen löschen möchtet.

TIPP: Immer die Cookies löschen, bevor Ihr Zug- oder Flugtickets oder ein
Hotelzimmer bucht. Wenn Ihr vorher immer wieder nach Preisen geschaut
habt, sind all diese Aufrufe in den Cookies hinterlegt und die Flüge oder
Zugverbindungen werden immer teurer. Löscht die Cookies und schaut noch
einmal. Ich war schon mehrfach sehr positiv überrascht, doch noch eine günstige Verbindung zu bekommen.

NOCH EINFACHER IST ES, den Inkognito-Modus Eures Browsers zu
verwenden, der von sich aus keine Cookies und auch keine Surf-Historie auf
Eurem Gerät hinterlässt. Im Firefox findet Ihr ihn in der Menüleiste unter
Datei -> »Neues privates Fenster«. Wenn Ihr einen anderen Browser verwen-
det, heißt es ähnlich. Aber Achtung, das schützt nicht vor Trackern und
Profiling im Netz, sondern hinterlässt nur bei Euch lokal keine Cookies oder
Einträge in der Chronik der besuchten Seiten.

Standardsuchmaschine wechseln

* 5 Minuten

Zu Eurer Suchmaschine seid Ihr immer ehrlich, schließlich wollt Ihr ja finden, was Ihr sucht. Entsprechend ist Eure Suchmaschine – mit weit über 90 % Marktanteil ist das Google – sehr gut über Euch und Eure Interessen informiert, falls sie die Suchanfragen zusammen mit beispielsweise Eurer IP-Adresse oder weiteren identifizierenden Merkmalen speichert. Wenn Ihr Google nutzt und vielleicht auch noch in Euer Google-Konto eingeloggt seid, kann die Liste Eurer Suchverläufe sehr schnell sehr lang werden. Nachdem Google auch Daten aus Eurem Browserverlauf hat, von allen Webseiten mit Google Analytics oder sonst einem Tracker darauf, von allen Webseiten mit Google Fonts, eingekaufte Zahlungsdaten und Eure YouTube-Historie, sind sie sehr gut über Euch informiert. Solange Ihr nach einem Rezept für Blaubeerpfannkuchen sucht, mag das noch harmlos sein, ihnen diese Information zukommen zu lassen. Was aber, wenn Ihr nach »Hodenkrebs erkennen« oder »Hämorrhoiden Gegenmittel« suchen möchtet? Schaut einmal in Eurem Google Konto nach, welche Informationen sie über Euch gespeichert haben (die sie Euch auch anzeigen). Unter »Datenschutz & Personalisierung« könnt Ihr im Bereich »Aktivitäten und Zeitachse« Euren Verlauf über alle Google Dienste hinweg ansehen. Ihr könnt Eure Aktivitäten dort auch löschen. Allerdings würde ich nicht davon ausgehen, dass Google Eurem Verlauf auch vergisst. Sie werden Euch nur nicht mehr angezeigt. Ebenfalls im Bereich »Datenschutz & Personalisierung« könnt Ihr auch alle Daten, die Google über Euch hat, herunterladen. Zumindest die, die sie Euch verraten wollen.

Was passiert eigentlich, wenn man »googelt«?

Wenn Ihr bei Google etwas sucht, sucht Google nicht für Euch im Internet nach dem, was Ihr eingegeben habt. Es macht lediglich eine Datenbankabfrage auf den Google-Servern. Das heißt, Eure Suchanfrage verlässt nie die Google-Server. Das Gleiche gilt auch für andere Suchmaschinen, außer diejenigen, die Eure Anfrage an Google weiterreichen. Googles Suchmaschine ist also eher ein Internet-Index. Solltet Ihr etwas suchen, das sie nicht kennen, schreiben sie sich den Suchbegriff auf und schicken ihre »Crawler« ins Netz (»Kriecher« – ich stelle mir die immer so spinnenartig vor wie die Dinger in »Matrix«). Also das, was Kriminelle mit ihren Skripten machen – das Internet nach verwertbaren Informationen durchsuchen –, machen auch Suchmaschinen wie Google, um ihren Such-Index zu vergrößern.

Die Ergebnisse, die Euch angezeigt werden, fangen bei Google erst einmal mit bezahlten Anzeigen an. Die obersten Plätze der Suchergebnisse werden Euch nicht angezeigt, weil sie so toll auf Eure Suchanfrage passen, sondern weil jemand Google dafür bezahlt, dass Ihr diese Anzeigen seht. Erst weiter unten kommen die tatsächlichen Treffer – eben die aus der Google-Datenbank. Diese sind selten »objektiv«, was Google allerdings bisher standhaft bestreitet. In einer weitgehenden Recherche kommt das Wall Street Journal zum Schluss, dass es sehr wohl Eingriffe seitens Google sowohl in die Suchergebnisse als auch in die Suchvorschläge, also diese automatisch vervollständigten Sätze beim Eingabefeld der Suche gibt. Die Ergebnisse, die Ihr bei Google seht, sind also in nahezu allen Fällen manipuliert. [1]

Google hat mittlerweile soviel Geld verdient, dass sie wortwörtlich Milliarden dafür ausgegeben haben, zu erforschen, wie Menschen suchen, wie sie denken, was sie fühlen wenn sie suchen etc. Darauf ist bei Google alles hingetrimmt. Sie geben Abermilliarden dafür aus, dass ihre Produkte einfach zu bedienen sind und schlicht aussehen, also Euch nicht ablenken. Da ist ganz viel System dahinter.

GOOGLE WAR ÜBRIGENS NICHT die erste Suchmachine im Netz. Vorher gab es bereits Metager, Lycos, Yahoo und eine ganze Reihe anderer. Aber Google setzte sich durch. Sie waren die ersten, die auf die Idee kamen, Nutzer:innenverhalten zu analysieren und zu verkaufen und bekamen daher zur Zeit der Dotcom-Blase trotzdem viel Geld von Investoren. (Zuboff)

Es gibt aber auch heute eine ganze Reihe an alternativen Suchmaschinen zu Google, darunter ein ganzes Teil, die auf den Google-Index zugreifen und so ebenfalls Eure Suchanfragen an Google preisgeben.

EINE ALTERNATIVE IST DUCKDUCKGO. Die Suchergebnisse sind hier eine Mischung aus vielen Quellen. Die Infokästen kommen beispielsweise von Wikipedia. DuckDuckGo hat zusätzlich auch einen eigenen Suchindex und einen Crawler namens DuckDuckBot.[23] Der Suchindex (deren Datenbank) ist allerdings jünger als der von Google und hat noch nicht alles gesehen, was das Internet seit 1999 so bewegt hat. Es kann also sein, dass Ihr bei DuckDuckGo etwas noch nicht findet, was bei Google ganz oben auftaucht – letzteres vermutlich, weil Firmen dafür bezahlen. Macht den Test: Versucht dieselbe Suchanfrage ein paar Wochen später noch einmal. In den allermeisten Fällen wird dann auch auf DuckDuckGo etwas dazu gefunden werden. Durch Eure Suchanfragen wird die Suchmaschine immer »schlauer«, bzw. ihr Suchindex immer besser gefüllt.

Leider haben wir in Europa das Problem, dass wir hier noch keinen eigenen Suchindex haben.[4] Die vier »Großen«, die sich die Welt der auffindbaren Webseiten teilen sind Google und Bing (beide USA), Yandex (Russland) und Baidu (China). Da haben wir hier bei uns noch viel aufzuholen. Bis dahin sind DuckDuckGo und Metager aktuell meines Erachtens die beste Wahl, die uns bleibt.

IHR KÖNNT AUCH auf Eurem Smartphone DuckDuckGo oder Metager als Standardsuchmaschine einrichten. Dauert ebenfalls etwa 5 Minuten. Vielleicht ein ToDo für die nächste langweilige Zugfahrt.

WIE GESAGT, es gibt eine Reihe weiterer Suchmaschinen. Quant, Startpage und Ecosia greifen auf den Google-Index zu, sind also nur Mittelspersonen – oder Mittelsprogramme (»Machine in the Middle«) – zwischen Euch und Google und Ihr nutzt trotzdem noch Google. Ein Wermutstropfen kam unlängst zu Startpage dazu: Es gehört mittlerweile zu 100 % einem US-Unternehmen, das auf Analysen spezialisiert ist.[5] Zwar schreiben sie, dass sie nicht alles analysieren, aber ein Beigeschmack bleibt doch. Und Bing gehört Microsoft.

Browser, Sicherheitseinstellungen und Add-ons

Der »Inkognito-Modus« (auch öfter flapsig »Porno-Modus« genannt), den alle Browser mittlerweile haben, bedeutet nur, dass auf dem Gerät selbst kein Eintrag in die Surf-Historie gemacht wird und Cookies beim Beenden gelöscht werden. Solltet Ihr auf dem Familienrechner Geschenke für Eure Lieben im Netz suchen wollen, wäre der Inkogito-Modus dafür eine gute Option. Allerdings hilft er nicht gegen Tracking oder Malware im Netz. Die Cookies werden beim Schließen des Browser-Tabs gelöscht, aber andere Erkennungsmöglichkeiten bestehen natürlich trotzdem, insbesondere, wenn Ihr Euch irgendwo eingeloggt habt, um beispielsweise Geschenke zu kaufen.

Browser wechseln

* 10 Minuten

Wie im Kapitel zu Tracking beschrieben, haben wir mit Browsern insgesamt ein ziemliches Problem. Mein Vorschlag ist, trotz Allem Firefox als Browser zu verwenden und ihn mit Add-ons und einem Durchgang durch die Einstellungen abzusichern. Schaut gerne auf meiner Webseite in die Empfehlungen, dort werde ich nötigenfalls auf bessere Optionen hinweisen, wenn wir welche bekommen.

Den Firefox gibt es für alle Betriebssysteme.

Wenn Ihr auf beispielsweise Firefox wechseln möchtet, werdet Ihr beim Installieren gefragt, ob Firefox Informationen aus einem anderen Browser importieren soll. Hier könnt Ihr zum Beispiels Eure Lesezeichen automatisch übernehmen lassen. Die Cookies sollten am besten nicht übernommen werden, die wollen wir ja gerade loswerden. Ihr könnt auch die Lesezeichen manuell importieren, falls Ihr Firefox bereits installiert, aber beim Installieren nichts importiert habt. Das geht, indem Ihr in Eurem vorherigen Standardbrowser die Lesezeichen (»Bookmarks«) als HTML exportiert und im Firefox unter dem Menüpunkt »Lesezeichen – Lesezeichen verwalten« diese HTML-Datei importiert.

Wenn Firefox installiert ist, wird eine Abfrage kommen, ob das ab sofort Euer Standardbrowser sein soll. Ich empfehle, dies zu bestätigen.

FÜR EURE MOBILGERÄTE gibt es »Firefox Klar«. Der vergisst jedes Mal beim Beenden oder wenn Ihr auf den kleinen Mülleimer klickt, die Surf-Historie und wirft alle Cookies weg. Solltet Ihr Eure Darmprobleme oder die Krebserkrankung Eures Freundes recherchieren wollen, wäre es eine gute Möglichkeit, dies über Firefox Klar zu tun.

Für Mobilgeräte ebenfalls eine gute Option ist der DuckDuckGo Browser, der ebenfalls mit einem Klick auf die kleine Flamme unten alle Seiten samt Cookies wegwirft.

Sicherheitseinstellungen im Browser

* 10 Minuten

Solltet Ihr einen anderen Browser verwenden, schaut, wo Ihr in den Einstellungen die Sicherheitseinstellungen findet. Das Beispiel hier orientiert sich am Firefox-Browser.

· · ·

UNTER »EINSTELLUNGEN« -> »Datenschutz & Sicherheit« könnt Ihr den Browser-Datenschutz auf »streng« stellen. Sollte eine Seite, die Ihr häufig braucht, tatsächlich nicht ordentlich funktionieren, könnt Ihr dies zu dem Zeitpunkt noch immer über die benutzerdefinierten Einstellungen anpassen.

»Zugangsdaten und Passwörter« sollten grundsätzlich nicht im Browser gespeichert werden, sondern in einem eigenen Password-Safe.

Ob Ihr eine »Chronik« (also »Surf-Historie«) anlegen möchtet oder nicht, bleibt Euch überlassen. Chronik oder Surf-Historie bedeutet, dass Ihr lokal auf Eurem Gerät einen Verlauf habt über alle besuchten Seiten. Wenn Ihr keinen eigenen Benutzer:innen-Account auf dem Rechner habt (Stichwort: »Familienrechner«), kann es sinnvoll sein, hier keine Chronik anlegen zu lassen. Was Ihr nicht habt, müsst Ihr nicht löschen. Grundsätzlich würde ich aber immer empfehlen, dass jede:r Benutzer:in des Geräts einen eigene Benutzer:innen-Account bekommt.

Unter dem Punkt »Berechtigungen« findet Ihr eine Auflistung, welche Seiten Zugriff auf GPS-Daten, Kamera, Mikrofon etc. haben. Hier lohnt es sich, ab und an mal durchzuklicken und ungewollte Berechtigungen zu entfernen.

»POP-UPS BLOCKIEREN« und »Warnen, wenn Webseiten versuchen, Add-ons zu installieren« sind meines Erachtens durchaus sinnvolle Häkchen.

DATENERHEBUNG DURCH FIREFOX und deren Verwendung bedeutet, dass Telemetriedaten an Mozilla gesendet werden. Das solltet Ihr ausschalten.

»Sicherheit: Schutz vor betrügerischen Inhalten und gefährlicher Software« sind meines Erachtens wieder sehr sinnvoll gesetzte Häkchen.

Und bei »Zertifikate: Wenn eine Website nach dem persönlichen Sicherheitszertifikat verlangt« nachfragen ist durchaus sinnvoll.

Browser-Add-ons

* Installation jeweils ca. 3 Minuten
    * Einrichtung einzelner Add-ons ca. 5-10 Minuten
Gegen den ganzen Bereich Tracking und Werbeauswertung ist viel getan, wenn Ihr mit wenigen Klicks sogenannte »Add-ons« in Eurem Browser instal-

liert, die das Tracking nach Möglichkeit verhindern oder zumindest erschweren.

Browser-Add-ons sind kleine Zusatzprogramme (to add = etwas hinzufügen), die erweitern, was Euer Browser kann. Zum Beispiel Tracker oder die Anzeige von Werbung blockieren. Ihr könnt sie über die Einstellungen Eures Browsers zu diesem dazu installieren.

Euer Browser ist neben Eurem eMail-Konto (und Office-Makros) die Hauptangriffsfläche für Angreifer:innen und deren Skripte (also Programme = Software) im Netz. Add-ons für Euren Browser solltet Du ausschließlich über die in Eurem Browser eingebaute Erweiterungsverwaltung installieren. Im Firefox beispielsweise findet Ihr die über das »Burger-Menü«, also die drei Querstriche oben rechts: Add-ons. Im Suchfeld könnt Ihr nach Add-ons suchen. Auch in allen anderen Browsern gibt es diese eingebaute Add-on- oder »Plugin-Verwaltung«. Grundsätzlich gilt: Weniger ist mehr.

HTTPS Everywhere

Zur Erinnerung: Das »S« in HTTPS steht für »secure« und bedeutet, dass zwischen Eurem Browser und dem Server der Webseite eine verschlüsselte Verbindung hergestellt wird. »HTTPS Everywhere« erzwingt, wo immer möglich, eine gesicherte Verbindung zum Server. Manche Server können nämlich eigentlich HTTPS, sind aber vielleicht falsch konfiguriert oder irgendetwas stört, dass der Server von sich aus nur HTTP anbietet. Die Fälle werden mittlerweile weniger, aber ab und an kommt es noch vor und dann schafft dieses Add-on Abhilfe. Hier braucht Ihr auch keine weiteren Einstellungen vornehmen, das Installieren reicht.

uBlock Origin

Mein Vorschlag für einen Werbeblocker (»Ad-Blocker«) ist »uBlock Origin«. Dieser Werbeblocker greift auf mehrere Filterlisten zu, die immer wieder aktualisiert werden und die sich auch noch erweitern lassen. Dieser Adblocker erkennt auch bereits als »First-Party-Cookie« getarnte Tracker und ist daher sehr empfehlenswert. Sollte eine Webseite Probleme machen und nicht oder nur teilweise laden, könnt Ihr mit einem Klick auf das uBlock-Origin-Symbol oben rechts neben der Adresszeile und dann auf den An/Aus-Knopf, den Werbeblocker für diese eine Seite deaktivieren. (Hinterher Cookies löschen, falls Ihr noch weitersurfen wollt.) Bei uBlock Origin müsst Ihr keine weiteren Einstellungen vornehmen, die Installation reicht aus, um einen guten Trackingschutz zu gewähren.

HINWEIS: Ein Werbeblocker blockiert einen Großteil der Tracker. Vor allem aber blendet er die in Webseiten eingebundene Werbung aus, womit das Laden von Seiten deutlich beschleunigt werden kann (je nachdem, wieviel Werbung die Seitenbetreiber auf ihrer Webseite eingebunden haben und woher diese geladen werden). Ein Werbeblocker verhindert auch, dass über Werbebanner Schadsoftware an Euren Browser ausgeliefert werden kann.

EFF Privacy Badger

Mein zweiter Vorschlag für einen Werbeblocker ist der »EFF Privacy Badger«. Dieser ist ein Projekt der »Electronic Frontier Foundation« (EFF). Er funktioniert ein bisschen anders als uBlock Origin. Und zwar lernt der Privacy Badger mit jeder Seite, die Ihr ansurft, dazu. Nach der Installation werden in einer kleinen Tour die Funktionen gut erklärt. Im Privacy Badger könnt Ihr per Schieberegler festlegen, was ein Tracker darf und was nicht. Grün = darf durch, gelb = darf keine Cookies hinterlegen, rot = darf nichts. Auch hier gilt, dass manche Seiten nicht oder nur teilweise laden, wenn die Tracker ihre Skripte nicht ausführen können. (Ja, auch die Werbetracker können Skripte, also Programme mitbringen.) Dann ist es ggf. notwendig, die Berechtigungen schrittweise zu lockern. Beim Privacy Badger braucht Ihr nach dem Installieren noch ein paar Minuten für die Tour, die er Euch anbietet, um die Einstellungsmöglichkeiten kennenzulernen. Es lohnt sich sehr, wenn Ihr Euch damit auseinandersetzt.

Lasst Euch nicht täuschen

Falls Ihr mehrere Blocker installiert, kann es sein, dass einer davon »keine Tracker« anzeigt, während der andere mehrere gefunden hat. Üblicherweise heißt das nur, dass der eine schon alle geblockt hat und der andere sie deswegen nicht mehr sieht. Einige werden auch erst geladen, wenn andere bereits laufen. Es ist daher trügerisch, wenn eine Seite nicht laden will und Euer Ad-Blocker nur einen Tracker anzeigt. Das verleitet, den einen dann doch freizugeben oder den Ad-Blocker zu deaktivieren und Sekunden später sind zehn oder noch deutlich mehr Spionageprogramme freigeschaltet, die Euer Surfverhalten analysieren.

· · ·

WENN IHR ZUVOR OHNE Werbeblocker im Netz unterwegs wart, werdet Ihr feststellen, dass Seiten nachher schneller laden und viel weniger blinken. Ich bin schon seit Jahren mit Werbeblocker im Netz unterwegs und jedes Mal völlig überrumpelt, wieviel ablenkendes Zeug auf Webseiten eingeblendet wird, wenn ich ihn mal ausschalten muss, weil eine Seite so gar nicht laden will.

Ghostery

Einige nutzen auch Ghostery als Werbeblocker. Ich selbst verwende dieses Add-on nicht mehr, seit bekannt wurde, dass sie mit Werbeanbietern zusammenarbeiten und deren Inhalte durchlassen und anzeigen (Stichwort »Whitelisting«). [6]

Facebook Container

Es gibt Menschen, die aus beruflichen oder privaten Gründen oder wegen des teuer gekauften Kurses, dessen einzige Austauschplattform eine Facebook-Gruppe ist, Facebook benutzen (müssen). Um dem Trackingwahn von Facebook etwas entgegenzusetzen, hat Mozilla ein Firefox-Add-on entwickelt, das die Facebook-Cookies und -Tracker in einem eigenen Container isoliert und alle beim Beenden des Browsers automatisch löscht. Das soll verhindern, dass Facebook Euch durch das ganze Netz verfolgen kann. Auf Facebook-Seiten und Services selber – also Facebook, WhatsApp, Instagram, Oculus – ändert der Container natürlich nichts. Also alle Informationen, wie Ihr direkt mit Facebook interagiert, was Ich hochladet, postet, kommentiert, likt, teilt etc., finden direkt innerhalb von Facebook statt und werden entsprechend ausgewertet.

Es gibt noch eine erweiterte Version dieses Add-ons namens »Multi-Account Container«, in denen Ihr bestimmte Bereiche in unterschiedliche Container legen könnt. So werden auch hier die einzelnen Benutzer:innen-Konten von Euren anderen Aktivitäten im Internet getrennt. Schaut es Euch gerne einmal an und verwendet etwas Zeit darauf, die Einstellungen kennenzulernen.

BROWSER PRIVATSPHÄRE & SICHERHEIT

Lass uns einen Blick auf Deinen Browser werfen. Ich empfehle
Mozilla Firefox. Vielleicht magst Du Dir Alternativen wie Chromium
oder Vivaldi ansehen. Lade Dir gern testweise alle davon herunter.
Prüfe und passe die Einstellungen zuerst an und dann probiere aus,
welcher Dir in der täglichen Benutzung am besten liegt.

BROWSER EINSTELLUNGEN & ADD-ONS

Einstellungen geprüft und angepasst (Datenschutz "streng")

"Alle Cookies beim Beenden des Browsers löschen" eingestellt

Add-on "https everywhere"

Add-on "uBlock origin"

Add-on "EFF Privacy Badger"

Was möchtest Du noch ausprobieren?

Werbung und Werbeblocker auf dem Mobilgerät

Auch auf Mobilgeräten gibt es die Möglichkeit, Werbung und Tracking zu blockieren.

Ad-ID zurücksetzen

Unter iOS gibt es die Möglichkeit, die »Ad-ID« (»Werbe-Identifikationsnummer«) mit den über Euch gesammelten Informationen zurückzusetzen, also zu löschen. Das könnt Ihr ruhig gelegentlich tun. Beispielsweise immer, wenn Ihr Updates einspielen lasst.

Dazu geht Ihr in die Einstellungen -> Datenschutz -> Werbung und drückt dann auf »Ad-ID zurücksetzen«.

Den Schieberegler bei »Ad-Tracking beschränken« könnt Ihr auf »an« stellen.

DIE EINSTELLUNGEN zum Zurücksetzen der Werbe-ID sind auch bei Android in den Einstellungen. Da die Android-Versionen sich nach Hersteller und Version teils stark unterscheiden, tu ich mir schwer, hier eine genaue Schritt-für-Schritt Anleitung zu geben.

Analyse & Verbesserungen ausschalten

Wenn Ihr bei den Datenschutzeinstellungen -> Werbung seid, könnt Ihr auch alle Schieberegler bei »Analyse & Verbesserungen« auf »aus« stellen. Dasselbe könnt Ihr auch in allen Apps tun, wo möglich.

AUCH UNTER ANDROID ist es möglich, einige Services auszuschalten. Diese sind allerdings unter Android über viele verschiedene Stellen verteilt, unter anderem im persönlichen Profil, aber auch in den Telefoneinstellungen, z. B. bei »GPS-Daten«. Klickt Euch am besten in Ruhe durch alle Einstellungen durch und hinterfragt jede Berechtigung.

148

Browser und »Inhaltsblocker«

Auch auf Eurem Mobilgerät könnt Ihr andere Browser installieren als den, der mit dem Gerät ausgeliefert wurde. Es gibt beispielsweise auch Firefox und DuckDuckGo Browser für Android und iOS.

Firefox & Firefox Klar

Eine recht simple Methode, Werbung und Tracking auf dem Mobilgerät zu blockieren ist, auf Eurem Telefon oder Tablet »Firefox Klar« zu verwenden. Das ist in erster Linie ein Browser, der sofort nach dem Schließen alle Cookies und die Surf-Historie vergisst. Firefox Klar gibt es sowohl für iOS als auch für Android. [7]

Unter Android könnt Ihr ihn auch als Standardbrowser einstellen. Firefox Klar ist noch einmal etwas Anderes als der Firefox Browser, den gibt es auf den mobilen Betriebssystemen nämlich auch.

UNTER IOS IST es mittlerweile ebenfalls möglich, einen anderen Browser als Standardbrowser einzustellen als den hauseigenen Safari, beispielsweise den DuckDuckGo Browser. Firefox Klar ist bei iOS zwar nicht als Standardbrowser einstellbar, allerdings kann man die Funktionen des Firefox Klar als Werbeblocker für Safari hinzuzufügen. Dies müsst Ihr einmal in den Safari-Einstellungen -> Inhaltsblocker anhaken, danach ist der in Firefox Klar eingebaute Werbeblocker auch für Safari aktiv.

UNTER ANDROID IST ES MÖGLICH, auch dort die Plugins ebenso wie bei der Desktop-Version zu installieren. Hier könnt Ihr also uBlock Origin und so weiter genauso als Add-on hinzufügen. Unter iOS geht das leider nicht.

Blokada (Android)

Unter Andoid gibt es »Blokada« als Trackingblocker. Er ist gratis und Open-Source. Er filtert Tracking und Werbung über alle Apps hinweg, nicht nur im Browser. Da dies gegen das Geschäftsmodell von Google verstößt, ist Blokada nicht im Google PlayStore gelistet. Man bekommt ihn aber über den F-Droid-Store.

F-Droid (Android)

F-Droid ist kein Blocker, sondern ein alternativer Appstore für Android, über den Ihr viele gute, praktische und OpenSource Apps bekommt. Ihr könnt F-Droid über die Webseite oder auch den Google PlayStore herunterladen und innerhalb der App dann nach z. B. Blokada suchen. F-Droid liefert auch die App-Updates aus. Es gibt mehrere Verzeichnislisten, sogenannte »Repositories« (kurz »Repos«), die man zu F-Droid hinzufügen kann. Am Anfang seid Ihr mit dem Standard-Repo, das in F-Droid vorinstalliert ist, aber gut bedient. Mehr Infos findet Ihr unter:

-> https://f-droid.org/

Eine gute Anleitung, wie Ihr den F-Droid-Store installieren könnt, findet Ihr auch auf mobilsicher.de.[8]

1Blocker (iOS)

Auch »1Blocker« ist ein guter Trackingblocker unter iOS, der viele Einstellungsmöglichkeiten bietet. 1Blocker unterscheidet zwischen Ads, Trackers, Annoyances (Nervtötendes) wie Cookie-Banner und Ähnlichem, Social-Media-Widgets wie Share-Buttons und so weiter und noch mehr. Die Basisversion ist gratis, für die Pro-Version gibt es verschiedene Zahlungsmodelle: monatlich, jährlich oder »Lifetime«, also eine einmalige Zahlung.

-> https://1blocker.com/

PRIVATSPHÄRE & SICHERHEIT AUF MOBILGERÄTEN

Weiter zum Mobilgerät. Auch dies ist ein kleiner Computer, ein sehr leistungsstarkes Gerät in der Größe Deiner Handfläche. Schauen wir uns die Sicherheits- und Privatsphäre-Einstellungen an und setzen die Advertising-ID der Herstellerfirma zurück.

EINSTELLUNGEN AUF MOBILGERÄTEN

Überprüfe alle Apps auf Deinen Geräten und lösche alle, die Du nicht mehr brauchst

Setze die Advertising-ID   zurück

Analyse & Verbesserungen ausschalten

Deaktiviere GPS Tracking ("Wichtige Orte bei iOS, bei Android leider sehr verteilt)

INHALTSBLOCKER FÜR MOBILGERÄTE

Firefox Klar (Firefox Focus)

Blokada (Android) oder 1Blocker (iOS)

Was möchtest Du noch ausprobieren?

Passwörter und Password-Safes

WAS MACHT ein gutes Passwort aus?

Es kommt auf die Länge an – hier wirklich. Am besten mehr als 14 Zeichen. Ich benutze immer das längste, was der Passwortgenerator in meinem Password-Safe hergibt, bzw. was die Website noch annimmt. Mittlerweile kann man bei einem Großteil der Dienste schon Passwörter mit 50 Zeichen eingeben. Über 30 Zeichen Länge nehmen wirklich fast alle. Und nur ein paar Services, bei denen entweder die IT-Abteilung oder das Management in der Steinzeit hängen geblieben ist, nehmen weniger als 20 Zeichen an.

Hinweis: 256 Zeichen müssen es auch wieder nicht sein, das kann dann auch wieder zu Problemen führen. Aber so gute 30 Zeichen sind eine feine Sache.

Passwortsperre einrichten

* 5 Minuten

Falls Ihr es noch nicht habt, richtet auf Eurem Smartphone, Eurem Tablet und Eurem Computer die Passwortsperre ein. Auf dem Computer sollte jeder Benutzer:innen-Account ein eigenes Passwort haben.

Denkt bei Eurem Rechner auch daran, ihn immer zu sperren, wenn Ihr den Platz verlasst. Wenn Ihr beispielsweise im Café sitzt und am Laptop arbeitet und dann mal kurz den Platz verlasst, sperrt immer den Computer. Jemand anderer könnte sich jederzeit an Euren Rechner setzen und Dinge tun, die Ihr nicht wollt und die Euch oder auch anderen vielleicht schaden. Gewöhnt Euch das Sperren und Passwort-Eingeben beim Wiederkommen am besten an. Ja, das dauert ein paar Sekunden, bringt aber sehr viel für Eure Sicherheit.

Password-Safe installieren und in Betrieb nehmen

* 20 Minuten

Wenn man für jede Website, jeden Onlineshop und jeden Dienst ein eigenes Passwort verwendet, können das binnen kürzester Zeit sehr viele werden. Damit man sich das alles nicht merken muss, gibt es sogenannte Password-Safes. Richtet einen Password-Safe ein, der wird Euch die meiste Arbeit mit Passwörtern abnehmen.

Halt! Was genau war nochmal ein Password-Safe? Ein Password-Safe (oder auch Passwort-Manager) ist ein Programm, das Ihr auf Eurem Rechner, aber auch auf Eurem Smartphone oder Tablet installieren könnt. Dieses Programm erstellt einen verschlüsselten »Safe« (oder auch »Vault«), also einen Tresor, in dem es Eure Passwörter ablegt. Um diesen Safe zu öffnen braucht man ein »Masterpasswort« – das eine Passwort, das man sich dann merken muss, neben dem für den Benutzer:innen-Account auf dem Gerät.

Für Euer Masterpasswort könntet Ihr Liedzeilen aus Euren Lieblingsliedern verwenden. Am besten mischt Ihr hier mehrere Sprachen, weil Zeilen aus bekannten Liedern oder Gedichten natürlich leicht erraten werden können, wenn der:die Angreifer:in Euch kennt oder Ihr auf Social Media diese »Psychotests« ausgefüllt habt, wie Euer Haustier heißt, was Euer Lieblingslied ist, etc. Überlegt Euch etwas, das Ihr Euch gut merken könnt und auch mögt. Denn dieses Passwort werdet Ihr voraussichtlich häufiger eingeben müssen.

Mit einem Password-Safe müsst Ihr Euch also nur noch zwei bis drei Passwörter merken, den Rest tut das Programm für Euch. Viele der Password-Manager haben auch dazugehörige Browser-Add-ons, die die im Passwort-Safe eingetragenen Passwörter auf Mausklick automatisch in die Login-Maske eingeben. Das hat den zusätzlichen Vorteil, dass falls Ihr auf eine gefälschte Webseite gelockt werdet, der Passwort-Manager die URL nicht erkennt und Euch kein Passwort zum Eintragen anbietet. In solch einem Fall solltet Ihr also immer vorsichtig werden und genau kontrollieren, ob Ihr Euch auf einer Fake-Webseite befindet oder ob der Anbieter der Webseite nur die Adresse seiner Loginseite geändert hat oder Ihr vielleicht versehentlich auf einer anderen Sprachversion gelandet seid.

EIN BEISPIEL für einen freien und OpenSource Password-Safe ist KeePassXC. Den gibt es für Windows, Linux und Mac. Auf diesen Systemen legt er eine lokale Passwort-Datei an. Für Mobilgeräte gibt es Password-Safes, die mit KeepassXC kompatibel sind, also die auf dem Desktoprechner angelegten Tresor-Dateien öffnen und bearbeiten können.[9] Aktuell werden auf der KeepassXC-Webseite für Android KeePass2Android und für iOS Strongbox empfohlen.

WENN IHR AUCH EINEN Password-Safe mit Eurem Mobilgerät synchronisieren möchtet, wäre Enpass eine Option. Dieser ist kostenpflichtig und wird von einem Unternehmen mit Kontaktadresse in Indien hergestellt. Ich erwähne es trotzdem, weil Enpass auch über Eure eigene NextCloud synchronisieren kann und für iOS, Android, Windows, Linux und Mac vorliegt.

TIPP: Wenn Ihr Passwörter auf Euer Mobilgerät synchronisiert, macht für die paar Passwörter, die Ihr wirklich unterwegs braucht, einen eigenen Tresor, damit nicht alle Passwörter auf dem Gerät sind, falls das Telefon oder Tablet abhanden kommt. Denn das Grundwesen von Mobilgeräten ist, dass sie mobil und damit anfällig für Gestohlenwerden, Verlorengehen ... sind. Natürlich sollte alles gesichert sein, aber austauschen würde ich die Passwörter, die auf dem Gerät waren, in solch einem Fall dennoch. Sicher ist sicher.

EINIGE VERWENDEN NOCH 1PASSWORD; das gibt's für Windows, Mac und iOS. Leider haben die Hersteller vor einer Weile zwei grobe Änderungen gemacht, die das Programm dadurch meines Erachtens deutlich schwächen. Das eine ist, dass sie für Neukunden nicht mehr erlauben, auf dem Telefon einen neuen Tresor anzulegen. Sie wollen damit verhindern, dass jemand die App gratis verwenden kann. Das andere ist, dass sie einen Cloud-Sync vorschreiben. Im konkreten Fall bedeutet das, dass alle Eure Passwörter zwangsläufig bei 1Password auf dem Server liegen. Zuvor war es noch möglich, Geräte ohne Cloud-Synchronisation beispielsweise daheim im vertrauenswürdigen WLAN zu synchronisieren. Im Kaffeehaus würde ich das nämlich keinesfalls empfehlen! In einem öffentlichen WLAN in einem Kaffeehaus wäre es für Angreifer:innen möglich, den Sync Eurer Passwörter mitzulesen. Je nachdem, wie gut Euer Password-Safe ist, sollten sie die eigentlichen Passwörter natürlich nicht lesen können, aber vielleicht kriegen sie mit, dass es Passwörter für beispielsweise Amazon, Tchibo, Pornhub und eBay sind und wissen so, wo sie Konten von Euch finden können. CloudSync sollte für das Syncen von Passwörtern grundsätzlich nicht verwendet werden, außer Ihr benutzt dafür Eure eigene NextCloud.

Passwörter austauschen

* 2 Minuten (pro Dienst)

Tauscht beim nächsten Mal, wenn Ihr Euch in einen Dienst einloggt, das Passwort gegen ein vom Password-Safe generiertes, möglichst langes Passwort aus. Speichert es in Eurem Password-Safe.

· · ·

ABER DANN SIND ja alle Passwörter auf dem Rechner gespeichert!

Ja, sind sie; in einem abgeschlossenen Tresor. Falls der Computer oder das Smartphone oder Tablet gestohlen werden, sind zwischen dem Angreifer und Eurem Passwörtern aber hoffentlich mehr als dieses eine Passwort. Im Optimalfall ist die Festplatte des Geräts verschlüsselt, das wäre die erste Passwortabfrage, wenn das Gerät hochfährt. (Dazu mehr bei den fortgeschrittenen Maßnahmen.) Dann Euer Benutzer:innen-Passwort für Euren Account auf dem Betriebssystem und noch das Passwort für den Password-Safe. Das sollten natürlich drei verschiedene Passwörter sein.

HINWEIS ZU FINGERABDRÜCKEN, *Iris- oder Gesichts-Scan:* Die Verwendung von biometrischen Daten ist ein guter Benutzer:innen-Name, aber ein schlechtes Passwort. Aus dem einfachen Grund, dass Eure Fingerabdrücke[10] immer gleich und einzigartig sind. Dasselbe gilt für Eure Iris, Euer Gesicht und auch Eure Venen. Wie einfach biometrische Merkmale technisch zu fälschen sind, wurde von Starbug vom CCC e.V. mehrfach gezeigt.[11]

TROTZDEM KANN ES SINNVOLL SEIN, sein Mobilgerät, mit dem man oft genug unter laufender Videoüberwachung z. B. in öffentlichen Verkehrsmitteln steht, per Fingerabdruck oder Gesichts-Scan zu entsperren. Hersteller wie z. B. Apple haben eine Voreinstellung, dass man das Entsperren mit biometrischen Merkmalen (Fingerabdruck oder Gesichts-Scan) durch mehrmaliges schnelles Drücken des Einschaltknopfes deaktivieren kann. Das ist praktisch, wenn Ihr an einer Flughafen- oder Grenzkontrolle ankommt und vermeiden möchtet, dass Beamte dort ggf. sogar gegen Euren Willen Euren Finger auf das Gerät drücken oder es Euch vors Gesicht halten und so Zugang zu Eurem Gerät bekommen. Es ist auch praktisch, wenn Ihr z. B. in der Diskothek unterwegs seid, falls das Gerät gestohlen wird. So können Angreifer:innen, die Euch das Gerät mit Gewalt wegnehmen, vielleicht zwar ebenso Euren Finger darauf drücken oder es Euch vorhalten, aber es wird dann nichts mehr passieren. So können sie nach dem »Überfall« die Sperre nicht nach ihrem Willen herausnehmen oder umprogrammieren.

~

2-Faktor-Authentifizierung

* 25 Minuten für das Setup, danach 5 Minuten pro Account

Wenn Ihr Euch irgendwo einloggt, benötigt Ihr dazu Euren Benutzer:innen-Namen (ggf. ist das Eure eMail-Adresse) und einen zusätzlichen Faktor, Euer Passwort – das möglichst lang und in Eurem Password-Safe gespeichert ist. Dieses Standardverhalten ist überall dasselbe.

Viele Webseiten, Social-Media-Plattformen, eMail-Anbieter etc. bieten mittlerweile »2-Faktor-Authentifizierung« an. Das heißt, dass neben dem Nutzernamen zu Eurem Passwort noch ein zweiter Faktor vorliegen muss, damit das Login durchgeführt wird. Kurz wird es »2FA« genannt.

Dazu haben sich bisher drei Methoden etabliert.

1. SMS

Die Plattform schickt bei einem Loginversuch eine SMS mit einem zusätzlichen Code an eine hinterlegte Mobilnummer. Gehen wir davon aus, dass es Euer Account und Eure Mobilnummer ist, so gebt Ihr den Code aus der SMS beim Login ein und bekommt Zugriff auf Euer Konto. Natürlich müsst Ihr dafür der Plattform eine valide Mobilnummer verraten; Ihr seid also gezwungen, für mehr Sicherheit beim Login weitere personenbezogene Daten von Euch preiszugeben, auch wenn diese für die Erbringung des eigentlichen Service nicht notwendig wären. Dafür hat die Plattform ihren Datenkuchen um Eure Mobilnummer erweitert und hat damit einen weiteren Faktor, um aus den Matchtables weitere Informationen über Euch anzureichern oder sie für Werbung zu verwenden. [12]

2. TOTP

»TOTP« steht für »Time-based One-time Password« und wird auch »Google Authenticator« oder »Einmalpasswort« genannt. Es hat mit Google insofern zu tun, als dass es von Google mal erfunden wurde. Google Authenticator ist auch nicht mehr die einzige Lösung. Mittlerweile steckt dieselbe Technologie auch googlefrei z. B. im Enpass Password-Safe, aber auch in anderen Password-Safes und eigenständige Apps wie andOTP oder FreeOTP für Android sind in der Lage, »Einmalpasswörter« nach der Methode zu generieren.

TOTP ist mittlerweile sehr weit verbreitet und wenn Ihr einen Password-

Safe verwendet, seid Ihr bereits gut dafür ausgerüstet. Manche Password-Safes bieten auch ein Browser Add-On, das die Zugangsdaten direkt aus dem Safe in die Eingabefelder kopiert. Das ist sehr komfortabel. Wenn Ihr so ein Browser Add-on nutzt und bei einem Service oder einer Webseite 2-Faktor-Authentifizierung aktiviert habt, kopiert das Add-on nach den Zugangsdaten »Benutzer:innen-Name« und »Passwort« automatisch das TOTP Passwort (eine Zahlenkombination) in die Zwischenablage und Ihr könnt beim nächsten Eingabefeld direkt wieder einfügen klicken (Rechtsklick: »einfügen« oder wenn Ihr gern mit Tastenkombinationen arbeitest: »Strg« und »v«).

3. Hardwaretokens

Hardwaretoken bedeutet, dass Ihr einen physisch greifbaren Gegenstand habt. Hardware ist der physische Teile Eures Gerätes. Es gibt USB-Sticks (also Dinge), die extra für 2-Faktor-Authentifizierung gebaut wurden. Yubikey aus Schweden ist eine bekannte Produktreihe in diesem Sektor. Es gibt aber auch freie Open-Source-Projekte wie z. B. Nitrokey. Hier sind die Anbieter in Berlin. Die Einrichtung funktioniert auf einem modernen Betriebssystem meist automatisch – plug & play. Zum Login muss der Stick am Rechner stecken. Wenn auf den Stick zugegriffen wird, blinkt daran eine kleine LED und mit einem Druck auf die blinkende Schaltfläche gibt man das Login frei.

Solche Hardwaretokens sind die einfachste und auch am einfachsten zu verstehende Methode, 2FA ohne Herausgabe personenbezogener Daten umzusetzen. Deswegen wäre es gerade für ältere Menschen gut geeignet. Es kommen auch immer neue Plattformen dazu, die diese Methode akzeptieren, aber es könnten deutlich mehr sein. [13]

Wenn Ihr einen Hardwaretoken einsetzen möchtet, informiert Euch, ob die Plattformen, Webseiten, Services, die Ihr häufig nutzt, 2FA über Hard-waretokens anbieten. Falls Ihr zu dem Schluss kommt, dass es sich für Euch lohnt, informiert Euch über die verschiedenen Produkte.

-> https://www.yubico.com/

-> https://www.nitrokey.com/de

Es empfiehlt sich, gleich zwei Sticks zu kaufen und beide für dieselben Plattformen und Accounts einzurichten. Einen könnt Ihr zusammen mit Eurem Backup-USB-Stick ins Bankschließfach geben, den anderen z. B. an Eurem Schlüsselbund hängen oder wo Ihr ihn sonst immer dabei habt.

. . .

Bei allen drei Methoden ist es sinnvoll, diese im Password-Safe zu hinterlegen und auch die »Rettungscodes« oder »Rubbelcodes« dort abzuspeichern, falls z. B. ein Hardwaretoken verloren geht und der zweite außer Reichweite (z. B. im Bankschließfach) ist. Außerdem sind Backups immer gut.

IoT & Geräte – Standardpasswörter *immer* ändern

* 5 Minuten (pro Gerät)

Wenn Ihr »smarte« Geräte im Haus habt, von der Personenwaage bis zur Kamera, überprüft bei allen davon, ob Passwörter vergeben sind und tauscht sich gegen starke Passwörter aus. Tragt die Passwörter in Euren Password-Safe ein.

PASSWÖRTER, PASSWORD-SAFES & 2FA

Dies ist das Wichtigste von allem: Nutze starke Passwords. Stark
heißt lang: mehr als 14 Zeichen. Verwende überall ein eigenes
Passwort und einen Password-Safe, der Dir hilft, all die Passwörter
für Logins und Programme im Auge zu behalten. Dies ist ein großer
Schritt. Ich freue mich sehr, dass Du ihn machst! Fang mit einem
Lock-Screen, also PIN-Abfrage (besser: Passwort) auf all Deinen
Geräten an.

Lockscreen und PIN (noch besser: Passphrase) auf Mobilgerät(en)

PASSWORD SAFE

Such Dir einen Password-Safe aus, der für Dich funktioniert (e.g. KeepassXC).

Was möchtest Du noch ausprobieren?

Installier einen Password-Safe auf Deinem Mobilgerät (z.B. KeePass2Android
oder Strongbox für iOS).

Erledigt

2-FAKTOR-AUTHENTFIZIERUNG

Mach Dich mit Deinem Password-Safe vertraut und finde die Funktion "2FA",
also 2-Faktor-Authentifizierung. Die meisten Password-Safes bieten
mindestens TOTP-Funktion an. Fang an, Deine Passwörter eins nach dem
anderen zu tauschen, wenn Du die Plattform oder den Service das nächste Mal
nutzt. Aktiviere 2FA, wo möglich. Starte mit Deinem eMail-Account.

**WICHTIG: DEIN E-MAIL-ACCOUNT IST DEIN ALLER-
WICHTIGSTER ACCOUNT. HIER SOLLTEST DU EIN
STARKES PASSWORT UND ZUSÄTZLICH 2FA
AKTIVIERT HABEN.**

PASSWÖRTER, PASSWORD-SAFES & 2FA

Notiere Deine Accounts, bei denen Du anfangen möchtest, die Passwörter zu tauschen und 2FA zu aktivieren.

☐ Dein eMail-Account

☐

☐

☐

☐

☐

☐

☐

IOT

Denk auch an vernetzte Geräte in Deinem Haushalt und Deinem Rucksack. Tausche schwache und auch Standard-Passwörter gegen starke und lange Passwörter aus. Schieb es nicht auf die lange Bank.

☐

☐

☐

WLAN & Bluetooth bei Mobilgeräten ausmachen, wenn Du das Haus verlässt

* 7 Sekunden

GEGEN OFFLINE-TRACKING WIE im Kapitel zu Tracking beschrieben, hilft es, WLAN und Bluetooth auf den Mobilgeräten zu deaktivieren, wenn Ihr mit ihnen aus dem Haus geht.

Denkt auch daran, die Gerätenamen auf etwas zu ändern, das nicht allen im Umkreis Euren Vornamen oder andere personenbezogene Daten verrät.

Tut keine wichtigen Sachen wie Password-Safe-Sync oder Zahlungen in öffentlichen WLANs.

Und seid Euch bewusst, dass öffentliche bzw. Gäste-WLANs immer mit Tracking kommen und auswerten, was Ihr in diesen Netzwerken tut.

~

WLAN zu Hause absichern

* 20 Minuten

Wenn Ihr ein neues Modem Eures Internetanbieters bekommen habt, werdet Ihr wahrscheinlich schon beim ersten Einschalten dazu aufgefordert worden sein, ein möglichst starkes Passwort für das WLAN einzugeben. Es kann auch sein, dass Ihr zwei getrennte Geräte habt; eines, das die Verbindung ins Internet herstellt (das Modem) und einen sogenannten WLAN-Router, der das WLAN für Eure Wohnung ausstrahlt. Bei modernen Geräten, die von den Internetanbietern ausgeliefert werden, sind beide Geräte zusammen in einem Gehäuse verbaut.

Ein gut gesichertes WLAN zu Hause ist wichtig. Umso mehr, wenn Ihr Onlinebanking oder die Übermittlung Eurer Steuerunterlagen machen möchtet.

Ungesicherte Netzwerke, also solche, die nicht mit einem (ordentlichen) Passwort versehen sind, sind ein Einfallstor für alles und jede:n, die damit Schindluder treiben möchten. Bis hin zu Kriminellen, die über das WLAN anderer Personen Verbrechen im Internet begehen. Bei den Angegriffenen erscheint dann die IP-Adresse Eures Internetanschlusses als Ausgangspunkt des Angriffs.

Was außerdem mit ungesicherten WLAN-Netzwerken passiert ist, schildert Shoshana Zuboff in »Das Zeitalter des Überwachungskapitalismus«. Als Google mit den StreetView-Autos durch alle Straßen fuhr, um diese zu kartographieren, schnorchelte es auch alles ab, was es aus ungesicherten WLAN-Netzwerken aufschnappen konnte. Also auch alles, was in diesen Netzwerken gerade vor sich ging. Dieses Können ist nicht nur Google vorbehalten. Kriminelle können vor Eurem Haus vorbeigehen und offene Netzwerke registrieren und ggf. auch alles, was darin vor sich geht.

Deswegen ist die Vergabe eines guten Passworts für Euer Heimnetzwerk so wichtig. Speichert es im Password-Safe.

Bonuspunkte gibt's, wenn Ihr für Gäste ein eigenes Gäste-WLAN einrichtet. Es gibt Geräte von Internetanbietern, die dies bereits voreingestellt haben. Tauscht auch hier das Passwort aus und lasst nicht alle Leute in Euer Heimnetzwerk rein.

WLAN & BLUETOOTH

Schalte WLAN an den Geräten ab, die Du mit Dir rumträgst, wenn Du das Haus verlässt. Mach eine Gewohnheit draus, dann wird es sehr leicht für Dich.

Bluetooth wird für die meisten Corona-Kontaktverfolgungs-Apps gebraucht. Dies könntest Du für den Moment anlassen und die Bluetooth-Einstellungen überprüfen, wenn Corona vorbei ist.

Ändere Deine Geräte-Namen in etwas, das nicht Deinen Namen, Adresse, Geburtstag oder andere persönliche Daten preisgibt.

WLAN ZU HAUSE ABSICHERN

Überprüfe Deinen WLAN-Router zu Hause, ob der Admin-Bereich schon ein starkes Passwort hat. Falls nicht, ändere es.

Setze ein starkes Passwort für Dein WLAN zu Hause und trag es in Deinen Password-Safe ein.

Falls der Netzwerkname persönliche Daten preisgibt, ändere ihn zu einem nicht-sprechenden Namen (oder zumindest irgendwas ohne persönliche Daten drin). Trag ihn in Deinem Password-Safe ein.

Richte ein eigenes Gäste-WLAN ein, damit Deine Gäste nicht dasselbe Netzwerk nutzen wie Du und alle Deine Geräte im Haus. Falls Du Geräte hast, die Deine Gäste nutzen können sollen, verbinde sie für die Zeit des Besuchs mit dem Gästenetzwerk. Gib dem Gästenetzwerk ein starkes Passwort und trag es in Deinen Passwort-Safe ein.

163

Kundenkarten weglassen

* 1 Sekunde

Durch Kundenkarten erfassen die Geschäfte ganz genau, was Ihr kauft. Und wann, in welcher Filiale, mit welchem Zahlungsmittel etc. Ihr erinnert Euch sicher an das Beispiel der Minderjährigen, die von der Supermarktkette Target Gutscheine für Produkte für Schwangere erhielt? Natürlich laufen über all Eure Einkäufe Analyse-Algorithmen und werten aus, was sie kriegen können.

Wenn Ihr übergreifende Kundenkarten wie PayBack oder DeutschlandCard nutzt, haben diese Unternehmen natürlich nicht nur die Informationen einer einzelnen Ladenkette, sondern *alle* Eure Konsumgewohnheiten. Damit können sie sehr genau errechnen, in welcher Lebensphase Ihr seid, wie viele Personen in Eurem Haushalt leben, wie viele davon wahrscheinlich männlich oder weiblich sind, welche Krankheiten oder Allergien wahrscheinlich vorliegen, ob Ihr Besuch bekommt oder für eine Feier einkauft und so weiter.

Überlegt Euch, ob es Euch das wert ist, für eine Handvoll Gutscheine Eure gesamten Konsumgewohnheiten herzugeben. Die Kundenkarte wegzulassen dauert genau eine Sekunde.

Bargeld nutzen

* 10 Minuten

Statt mit Karte zu zahlen, wobei Ihr alle Informationen über Eure Käufe der Bank verratet, könnt Ihr auch mit Bargeld zahlen. Die angegebenen zehn Minuten sollten den Umweg über den nächsten Bankautomaten in etwa abbilden.

Heute mal nicht streamen

* 25 Minuten

Nehmt Euch einen Moment und überlegt Euch, ob Ihr wirklich alle Informationen über Eure Fernseh- oder Musikgewohnheiten verraten möchtet. Diskutiert das auch mit den anderen Personen in Eurem Haushalt. Vielleicht möchtet Ihr bestimmte Musik, Filme oder Serien doch lieber als CD, bzw. DVD oder BluRay haben?

∿

App-Berechtigungen checken

* 20 Minuten

Auch in Apps ist häufig Tracking eingebaut und selbst falls nicht, können die verwendeten Frameworks, also die Baukästen, die von einigen Firmen wie Facebook oder Google angeboten und von den App-Herstellern als Grundlage ihrer Apps verwendet werden, Daten nach Hause schicken. Das gilt für Smartphone- und auch für Tablet-Apps.

Nehmt Euch etwas Zeit und setzt Euch mit Eurem Gerät auseinander. Schaut Euch insbesondere an, welche Berechtigungen die einzelnen Apps haben. Welche Apps dürfen auf die Kamera, das Mikrofon, die Standortdaten (GPS) oder Euer Adressbuch zugreifen? Muss die App diese Berechtigung haben? Hinterfragt alles kritisch. Muss eine App, die nur eine Taschenlampe sein soll, Zugriff auf Euer Adressbuch haben? Braucht Ihr die App überhaupt oder bringt das Betriebssystem diese Funktion vielleicht ohnehin schon mit?

Das Tracking gilt natürlich auch für alle Spiele. Es gab schon Fälle, wo Tracking auch dann noch stattfand, als die eigentliche App schon deinstalliert war, beispielsweise Uber.[14]

WENN IHR WISSEN MÖCHTET, welche weiteren Firmen darüber informiert werden, wie oft und wie Ihr eine App verwendet, was Ihr darin macht etc., schau mal bei *Exodus Privacy* nach und gebt den Namen der App ein.

-> https://reports.exodus-privacy.eu.org/en/

ES SIND NUR Apps unter Android verzeichnet. Aus meiner Erfahrung aus dem Webdevelopment kann ich aber sagen, dass mit an Sicherheit grenzender Wahrscheinlichkeit dieselben Tracker in den jeweiligen iOS-Apps ebenso vorhanden sein werden, da üblicherweise darauf geachtet wird, möglichst wenig Unterschied zwischen den Apps verschiedener Plattformen zu haben, da das den Wartungsaufwand auf Herstellerseite deutlich verringert. Außerdem möchten die Marketingabteilungen der Herstellerfirmen von allen Benutzer:innen sehr sicher die Daten in dieselben Silos geliefert bekommen.

DIE BELIEBTE KEYBOARD APP »SWIFTKEY KEYBOARD« hat beispielsweise Google Analytics (Googles Web-Analyse-Programm) und Google Tag Manager (das Werbenetzwerk von Google) eingebaut. Außerdem Microsoft Visual Studio App Center Crashes für Crash Reports, also Absturzberichte [Stand Februar 2022 [15]]. Google hat also wahrscheinlich ein sehr gutes Bild darüber, was Ihr über diese App, die die Standardtastatur auf Eurem Telefon oder Tablet ersetzt, alles eingebt. Microsoft übrigens auch, nachdem sie die App 2016 für 250 Millionen US-Dollar gekauft haben. Überlegt, ob die vom Betriebssystem mitgegebene Tastatur nicht auch für Euch ausreichen würde.

HINWEIS: GRUNDSÄTZLICH »TELEFONIEREN« alle Tastaturen nach Hause. SwiftKey ist keine Ausnahmeerscheinung. Und auch Apple hat gute Statistiken darüber, welche Emojis am häufigsten verwendet werden. [1617] Prüft Eure Apps, auch Eure Tastatur, wenn Ihr dafür eine eigene App installiert habt, in Exodus Privacy.

Tipp: Für Android gibt es das »Hacker's Keyboard«, das nicht nach Hause telefoniert.

BEI ALLEN APPS, die Ihr wirklich behalten möchtet oder aus welchen Gründen auch immer müsst, lohnt es sich, die App-Berechtigungen immer wieder mal durchzusehen. Nach Updates kann es sein, dass eine App Berechtigungen wiederbekommen hat, die Ihr eigentlich schon gelöscht hattet.

ICH MACHE ES SELBST SO, dass Apps, die ich nur selten verwende – wie beispielsweise damals Skype für die Familientelefonate – grundsätzlich nicht auf Kamera, Mikrofon, GPS, Telefonbuch und das Internet zugreifen dürfen. Die Berechtigungen schalte ich erst ein, wenn ich die App verwende und der Zugriff wirklich notwendig ist. Kamera und Mikrofon gebe ich beispielsweise nur für die Dauer des Gesprächs frei und deaktiviere den Zugriff hinterher wieder. Das sind vor und nach dem Gespräch ca. zehn Sekunden Aufwand. Einmal die Woche. Meines Erachtens ist die Arbeit durchaus überschaubar.

APP EINSTELLUNGEN & BERECHTIGUNGEN

Zu Beginn stelle sicher, dass das Betriebssystem Deiner Geräte und alle Programme und Apps up-to-date sind. Updates sind wichtig, da sie immer wichtige Sicherheitsupdates mitbringen. Aktualisiere alles.

☐ Betriebssystem, alle Programme und alle Apps sind aktualisiert

Geh alle Apps auf Deinem Mobilgerät durch und überprüfe die App-Berechtigungen. Keine Taschenlampen-App braucht Zugang zu Deinem Adressbuch, Deiner Kamera oder Deinem Mikrofon. Hinterfrage alle mit Deinem Hausverstand. Notiere, welche App Du bereits überprüft und nötigenfalls angepasst hast.

☐

☐

☐

☐

☐

☐

☐

☐

Bloody Data vermeiden

* 10 Minuten

Ein vielleicht besonders wichtiger Tipp, falls Ihr zu den menstruierenden Personen gehört oder Menschen kennt, die Zyklus-Apps verwenden. Diese sind in den seltensten Fällen frei von Tracking. Die meisten Anbieter verkaufen die Daten, die dort eingegeben werden, an Werbenetzwerke[18], Versicherungen oder auch Regierungen. Das einfachste Ziel ist passgenaue Werbung zur aktuellen Schwangerschaftswoche, was planmäßig darin mündet, dass die Firmen die Kund:innen für viele Jahre an sich und ihre Marke binden, was im Zweifelsfall zu deutlich höheren Kosten führt, als wenn man alternative Produkte kaufen würde. Es kann aber auch wirklich drastische Konsequenzen haben für Menschen, die vielleicht ein Kind verloren haben. Denn solche Fälle sind in den Algorithmen nicht vorgesehen und so bekommen auch Frauen nach Schwangerschaftsabbrüchen oder Totgeburten noch immer monate- manchmal jahrelang Werbung für Windeln, Strampler und Lauflernhilfen und Kinderfahrräder angezeigt.[19] In den USA werden die Daten aus Zyklus-Apps verwendet z.B. auf der Suche nach Fehlern bei Ärzten der letzten verbliebenen Abtreibungsklinik im Bundesstaat Missouri. Die Regierung möchte diese endlich schließen können.[20]

WENN Ihr dazu mehr wissen möchtet, Judith Strußenberg hat 2019 dazu eine Podcastfolge[21] mit mir aufgenommen und bei der PrivacyWeek 2020 einen aktualisierten Vortrag gehalten.[22]

Die gute Nachricht ist, es gibt auch hier Alternativen. Unter Android gibt es zwei OpenSource Zyklus-Apps, die datensparsam nur auf Eurem Gerät arbeiten.

-> Drip: https://bloodyhealth.gitlab.io/

-> Periodical: https://f-droid.org/de/packages/de.arnowelzel.android.periodical/

Auf iOS gibt es seit einer Weile die Möglichkeit, den Zyklus in der Apple-eigenen Health-App zu tracken. Das liegt dann zwar noch immer bei Apple, aber die positionieren sich wenigstens sehr ausdrücklich für Datenschutz und Privatsphäre und haben es nicht nötig oder auch nur irgendwie als Teil ihres Geschäftsmodells, Daten zu verkaufen oder Werbung zu schalten. Und hoffentlich ist eine der beiden OpenSource Alternativen bald auch für iOS verfügbar.

~

Sichere Messenger

Sichere Messenger sind eine bessere Alternative zu einfachen SMS, da SMS einfach und ohne großen Aufwand mitgelesen werden können.[23] Alleine für einen sicheren Messenger lohnt sich ein Smartphone also gegebenenfalls tatsächlich.

Signal

* 5 Minuten

Signal ist der Messenger, den Edward Snowden und Laura Poitras verwendet haben, während Snowden gerade Staatsgeheimnisse der USA an die Öffentlichkeit verriet. Auch heute noch empfiehlt Snowden Signal. Ein Wermutstropfen ist, dass es eine US-amerikanische App ist, aber die Hersteller geben sich größte Mühe, ausschließlich verschlüsselte Daten auf ihren Servern zu haben, die von Behörden nicht gelesen werden können und dort laufen die Daten auch nur kurz durch, gespeichert werden die Inhalte ausschließlich auf den Geräten der Benutzer:innen.

Die Verschlüsselung von Signal ist momentan noch immer die Beste auf dem Markt und wurde auch von anderen Firmen wie zum Beispiel Facebook eingekauft. Die Verschlüsselungs-Technik wohlgemerkt, nicht der ganze Messenger. Die Verschlüsselungs-Technik setzt Facebook seit einer Weile auch bei WhatsApp ein.

MOMENT MAL, wenn WhatsApp verschlüsselt ist, warum soll ich was anderes nutzen? Weil Facebook dadurch, dass alle Kommunikation über ihre Server läuft, alle Metadaten mitbekommt. Also alles außer dem tatsächlichen Inhalt. Wer mit wem, wo, wohin, wann, wann nicht und so weiter. Abgesehen davon gibt WhatsApp alle Daten aus Eurem Adressbuch direkt an Facebook weiter.

Die Änderungen an den WhatsApp AGB im Januar 2021 haben einen regelrechten Ansturm auf Signal und auch Threema ausgelöst. Zwar wurde die Umsetzung der Änderungen bis Mai 2021 verschoben, aber was sie einmal angekündigt haben, wird mit großer Sicherheit früher oder später kommen.

· · ·

SIGNAL ermöglicht einen sehr niederschwelligen Umstieg. Es kann quasi alles, was WhatsApp auch kann, inklusive verschlüsselter Telefonie und Videoanrufe für Gruppen. Das heißt, Ihr könnt über Signal auch telefonieren und Videogespräche führen; sogar sicher. Außerdem gibt es einen Desktop-Client, mit dem Ihr auch auf dem Rechner chatten könnt. Dieser synchronisiert mit Eurem Telefon.

Signal ermöglicht es auch, Euer Adressbuch auf Kontakte abzuklopfen, die bereits bei Signal sind. Im Gegensatz zu WhatsApp lädt es aber nicht Euer komplettes Adressbuch im Klartext hoch, sondern macht von jeder Telefonnummer einen Hash, das ist eine Prüfsumme, und gleicht diese mit dem Signal Server ab, ob dieser Hash dort schon bekannt ist.

Signal ist gratis, weil es unter anderem von *Reporter ohne Grenzen* finanziert wird, ebenso von diversen Regierungen, die möchten, dass ihre Angestellten sich sicher unterhalten können.

Der eine Nachteil, den Signal hat, ist, dass es die Telefonnummer als Benutzer:innen-ID benutzt.

Signal gibt es für Android, iOS und Desktop.

-> https://signal.org/

Falls Ihr keinen GooglePlayStore zum Installieren verwenden möchtet, gibt es die Installationsdatei für Signal auch frei auf ihrer Webseite zum Runterladen:

-> https://signal.org/android/apk/

Threema

* 5 Minuten

Threema ist ein Messenger von einem Schweizer Hersteller. Bei Threema basiert die Verschlüsselung auf einer OpenSource-Ressource und wurde 2015 durch zwei Sicherheitsaudits bestätigt.[24] Seit Dezember 2020 ist Threema insgesamt OpenSource.

Threema hat den Vorteil, dass man zum Start eine anonyme Threema-ID erstellt, Ihr also nicht Eure Telefonnummer rausgeben müsst. Man kann bei einem persönlichen Treffen die ID einer anderen Threema-Benutzer:in durch einen kurzen Scan einlesen und somit als »echt« bestätigen.

Ein Nachteil ist, dass es keinen Desktop-Client gibt. Über einen Web-Chat könnt Ihr aber auch am Rechner chatten. Der Web-Chat synchronisiert dann mit Eurem Telefon.

· · ·

DER PREIS von einmalig knapp € 3,- für die App kann für manche z. B. Schulklassen eine Einstiegshürde sein. Allerdings funktionieren auch große Gruppen mit vielen Teilnehmer:innen wunderbar.

Threema gibt es für Android und iOS.

-> https://threema.ch/de

Element

* 10 Minuten

Element, früher »Riot«, ist ein OpenSource-Messenger. Er ist einer von mehreren, die auf das Protokoll namens »Matrix« aufsetzen. Das heißt, es können Menschen auch dann miteinander kommunizieren, wenn sie verschiedene Messenger-Apps verwenden, die aber alle dasselbe Protokoll (Matrix) sprechen. So wie im Fediverse.

Element wird von einem britischen Entwicklerteam hergestellt. Eine eigene Version des Messengers wurde 2019 flächendeckend für französische Behörden ausgerollt, wofür die Entwickler eine große Finanzspritze erhielten, um das Projekt weiter voranzutreiben.

Zum Start legt man sich einen Account auf einem Matrix-Server wie beispielsweise matrix.org an. Ihr könnt also auch bei Element anonym ein Benutzer:innen-Konto erstellen.

Bei Element gibt es Chaträume; auch bei einem Gespräch von zwei Personen nennt es sich so; es sind dann einfach nur zwei Personen im Raum.

Ein Nachteil ist, dass man beim Start eines Chatraumes die Verschlüsselung einmalig aktivieren muss. Das heißt, Ihr müsst einmal zu Beginn eines neuen Chats selbst an Eure Sicherheit denken. Neu hinzukommende Gruppenteilnehmer:innen können dann die Nachrichten innerhalb der Gruppe ab dem Zeitraum lesen, ab dem sie selbst hinzugekommen sind. Die Kaskade an nicht entschlüsselbaren Nachrichten, die die Personen dennoch sehen, kann sehr abschreckend sein. Das Gleiche sieht man, wenn man den Client wechselt oder z. B. über einen Webchat auf die Räume zugreift.

Gerade am Anfang ist Element nicht ganz einfach zu benutzen. Die App wird allerdings stets weiterentwickelt.

Element funktioniert auch mit großen Gruppen. Die Apps sind gratis und für alle Plattformen inklusive Desktop und Webchat erhältlich.

Ein grundsätzlicher Hinweis zu föderierenden Diensten wie Matrix ist, dass man nie weiß, wer alles Server betreibt, die über die Föderation in Konversationen mit drinnen hängen, wo Admins sich eventuell mit einem Pseudonym in Gruppen bewegen, aber durch ihre Rolle Kommunikation in allen Channels mitlesen können, falls diese nicht verschlüsselt sind und sie selbst nicht Teil der Gruppe. Wenn Ihr den Matrix-Admins nicht vertraut, ist Matrix kein Messenger für Euch.

    -> https://element.io/

Weitere Messenger

In Euren Recherchen werdet Ihr sicher auf »Telegram« und »Wire« stoßen, sowie eine ganze Reihe weiterer Messenger, die als »sicher« deklariert werden.

TELEGRAM WIRD HÄUFIG GLEICH als erste Alternative zu WhatsApp genannt. Soweit ich weiß, gab es bei Telegram bisher keine Datenlecks, aber die Verschlüsselungs-Algorithmen sind teilweise nicht OpenSource und auch nicht auditiert, die Chats nicht automatisch verschlüsselt. Heise bezeichnete Telegram nach einem Check im November 2020 als »Datenschutz-Albtraum«. Heise schreibt: »Doch schon ganz einfache Tests, die jeder selbst durchführen kann, zeigen, dass man sich bei der Nutzung des Messenger-Dienstes quasi komplett nackig macht.«[25] Außerdem hängt die gesamte Finanzierung vom Gutwillen und der Integrität des Entwicklers als Einzelperson ab. Das kann unter Umständen früher oder später zu Problemen führen.

DER ANDERE MESSENGER, der Euch sicher unterkommen wird, ist Wire. Die wurden im November 2019 zu 100 % von einer US-Holding über-nommen[26] und unterliegen damit jetzt dem Patriot-Act, bzw. dessen Nach-folger Freedom-Act sowie dem CLOUD-Act, also US-Gesetzgebungen, die u. a. regeln, dass US-Behörden und die Behörden von Ländern, die nach CLOUD-Act mit den USA kooperieren[27], jederzeit Zugriff auf die Server des Unternehmens haben, irrelevant, wo sich die Server physisch befinden. Also sie haben auch Zugriff auf Server von US-Unternehmen, selbst wenn diese in Frankfurt am Main stehen.

JABBER HABT Ihr vielleicht schon einmal gehört. Dahinter steht das XMPP Protokoll, das mit vielen unterschiedlichen Clients, also Programmen, verwendet werden kann. Jabber ist eines davon. Schaut Euch am besten bei xmpp.org um, vielleicht kommst Ihr drauf, dass Eure Firma oder eine Clique bereits XMPP verwendet.

SICHERE MESSENGER

Wenn Du zu einem sicheren Messenger wechseln möchtest, gibt es
ein paar Dinge zu tun, damit Menschen wissen, wo sie Dich erreichen.

MESSENGER WECHSELN

Erledigt

To do

Erledigt

To do

Erledigt

To do

DIE WICHTIGSTEN MENSCHEN, DIE DU INFORMIEREN MÖCHTEST

Erledigt

SICHERE MESSENGER

Wenn Du zu einem sicheren Messenger wechseln möchtest, gibt es ein paar Dinge zu tun, damit Menschen wissen, wo sie Dich erreichen.

1   **ENTSCHEIDE DICH FÜR EINEN MESSENGER**
Lies das Kapitel ggf nochmal und entscheide Dich für einen Messenger, der zu Deinen Anforderungen passt. Ein Kriterium ist, ob Du große Gruppen brauchst oder nicht.

2   **INFORMIERE DEINE KONTAKTE**
Informiere Deine Kontakte in Deinem aktuellen Messenger über den geplanten Wechsel.

3   **SETZ EINE STATUSMELDUNG**
Du kannst Deine Statusmitteilung im alten Messenger nutzen, um die Information gut sichtbar für all Deine Kontakte zu platzieren.

4   **RICHTE DEIN PROFIL EIN**
Pass Dein Profil im neuen Messenger an. Wenn Du möchtest, dass Deine Kontakte Dich leicht finden, nutze den selben (oder wiedererkennbaren) Nickname und das selbe Profilbild.

5   **GIB MENSCHEN ZEIT, SICH UMZUGEWÖHNEN**
Lösche Deinen altenMessenger und Deinen Account dort nicht sofort. Menschen brauchen Zeit, sich umzugewöhnen. Gib ihnen eine Woche oder auch zwei, ehe Du den Account löschst.

6   **LÖSCHE DEN ALTEN ACCOUNT**
Lösche den alten Account nach einer Weile. Deinstalliere nicht einfach nur den alten Messenger! Um sicher zu gehen, dass Dein alter Account nicht übernommen werden und jemand sich als Du ausgeben kann, lösche den alten Account. Dann erst deinstalliere die App.

DIE WICHTIGSTEN MENSCHEN, DIE DU INFORMIEREN MÖCHTEST

☐ Erledigt

eMail durch sichere Messenger ersetzen

* 5 Sekunden

EINE MÖGLICHKEIT, sicherer zu kommunizieren als über Plaintext eMail ist, wenn möglich auf sichere Messenger umzusteigen. Wenn Euch jemand eine eMail schickt, könnt Ihr der Person über einen sicheren Messenger antworten, wenn die Person auch einen solchen installiert hat. Wechselt einfach den Kanal. Meiner Erfahrung nach antworten die Personen dann auch wieder im Messenger.

eMail-Konto wechseln

* 25 Minuten für das neue eMail-Konto, danach 2 Minuten pro Dienst, um das neue Konto dort einzutragen

WENN IHR EUREN eMail-Account bei Gmail, GMX, Web.de oder einem anderen »Gratis«-Anbieter habt, könnt Ihr zu beispielsweise posteo.de, Tutanota oder mailbox.org wechseln. Es gibt auch noch weitere Anbieter ungetrackter eMail-Konten, informiert Euch vorher im Netz.

Posteo und Mailbox.org kosten aktuell (Februar 2022) € 12,- im Jahr, also einen Euro pro Monat. Tutanota hat einen gratis Tarif für die Basisfunktionen inkl. einem Kalender, das erweiterte Paket kostet ebenfalls €12,- im Jahr.

POSTEO BIETET für €1 pro Monat

- 2 GB eMail-Postfach
- 50 MB eMail-Anhänge
- Kalender
- Adressbuch
- 2 eMail-Aliasse
- Beliebig viele Filter-Adressen wie
  beispiel+onlineversandhaus@posteo.de
- 2-Faktor-Authentifizierung via TOTP
- Anmeldung ohne Angabe persönlicher Daten
- Zahlungen per Überweisung, Barbrief, Kreditkarte oder Paypal

- Umzugsservice vom alten eMail-Account

M AILBOX.ORG BIETET im kleinsten Paket für €1 pro Monat

- 2 GB eMail-Postfach
- Kalender
- Adressbuch
- 3 eMail-Aliasse
- 2GB Mail-Speicher
- Mailbox.org hat auch Team- & Businessangebote

TUTANOTA BIETET im €12-Paket

- 1 GB Speicher
- 1 eigene Domain
- unbegrenzte Suche
- mehrere Kalender
- 5 Aliasse
- Posteingangs-Regeln
- Kalender-Einladungen

Es gibt bei allen Anbietern auch »größere« Pakete mit weiteren Funktionen, die dann entsprechend etwas mehr kosten. Für viele sollte ein kleines Paket wahrscheinlich ausreichen. Aber wenn Ihr beispielsweise einen Jitsi-Server mit Auftragsverarbeitungsvertrag nach DSGVO sucht, wäre so einer bei Mailbox.org im mittleren »Standard«-Paket bereits dabei (Stand Februar 2022).

SOWOHL BEI POSTEO als auch bei Mailbox.org sind die Anbieter in Berlin, Tutanota hat seinen Sitz in Hannover. Die Rechenzentren sind in allen drei Fällen in Deutschland.

Posteo.de: https://posteo.de/de
mailbox.org: https://mailbox.org/de/
Tutanota: https://tutanota.com/de/

. . .

WENN IHR EUER eMAIL-KONTO WECHSELT, gibt es die Möglichkeit, eine Mailweiterleitung einzurichten. Grundsätzlich ist es sinnvoll, allen Kontakten, von denen Ihr auch noch eMails erhalten möchtet, mitzuteilen, dass Ihr jetzt ein neues eMail-Konto habt und Menschen ihren Adressbucheintrag ändern sollen.

Denkt außerdem daran, die eMail-Adresse bei all den Services und Anbietern zu ändern. Denkt auch an die Stellen, die Ihr vielleicht nur einmal im Jahr braucht. Es ist ratsam, das alte eMail-Konto nicht oder nicht sofort zu löschen, falls Ihr doch noch einen Dienst vergessen haben solltet, bei dem Ihr vielleicht das Passwort wiederherstellen müsst – die eMails zum Passwort Wiederherstellen gehen natürlich noch an das alte Konto.

HINWEIS: Das ist auch der Grund, warum Euer eMail-Konto Euer wichtigstes Konto überhaupt ist: Weil alle anderen darüber wiederhergestellt werden können.

E-MAIL ACCOUNTS

Deinen eMail-Account wechseln ist an sich leicht. Einige der sichereren Anbieter bieten sogar einen "Umzugsservice" an.

1 — **ENTSCHEIDE DICH FÜR EINEN ANBIETER**
Lies das Kapitel ggf. noch einmal und entscheide Dich für einen eMail-Anbieter, der zu Deinen Anforderungen passt.

2 — **TAUSCHE DEINE KONTAKT-INFORMATIONEN AUS**
Passe Deine Kontakt-Infos auf Deinen üblichen Plattformen an, sodass automatisierte eMails an Deinen neuen Account gehen.

3 — **INFORMIERE DEINE KONTAKTE**
Lass Menschen wissen, dass Du eine neue eMail-Addresse hast. Du kannst auch einen Autoresponder für Deinen alten Account einrichten. Antworte immmer vom neuen Account.

4 — **PASSE NEWSLETTER-ABOS AN**
Ob Du Newsletters auf Deine alte oder neue eMail-Adresse haben möchtest, ist Dir überlassen. Wenn sie beim neuen Account ankommen sollen, passe die Abos an. Bei der Gelegenheit bestelle alles ab, was Du nicht wirklich brauchst oder haben möchtest.

5 — **DIE ALTE ADRESSE NICHT LÖSCHEN**
Dein eMail-Account ist der wichtigste von allen, da Du Reset-Anweisungen und Benachrichtigungen zu allen anderen Accounts per eMail bekommst. Gib Deinem alten eMail-Account ein gutes langes Passwort und 2FA und behalte ihn, falls Du einige alte Social Media oder Shop-Accounts zurücksetzen musst.

WICHTIG: DEIN E-MAIL-ACCOUNT IST DEIN ALLER-WICHTIGSTER ACCOUNT. GIB IHM EIN STARKES PASSWORD UND 2FA.

DIE WICHTIGSTEN MENSCHEN, DIE DU INFORMIEREN MÖCHTEST

Erledigt

Eure eigene Cloud: Dropbox/GoogleDrive/MS One Drive durch Nextcloud ersetzen

* 25 MINUTEN

FÜR CLOUDSPEICHER GIBT es durchaus sinnvolle Anwendungsfälle, es ist natürlich immer am besten, wenn die Daten trotzdem Eure sind und nicht einem Konzern gehören.

Eine Möglichkeit dazu ist eine eigene Cloud – bitte lest weiter, es ist weniger Aufwand als es klingt! Beispielsweise mit OwnCloud, bzw. Next-Cloud. NextCloud ist das Nachfolgerprojekt, manche Anbieter arbeiten noch immer mit OwnCloud, was aber grundsätzlich auf dasselbe hinausläuft.

NEXTCLOUD HAT EINGEBAUTE FUNKTIONEN FÜR:

- Cloudspeicher
- File-Sync mit eurem Rechner und auch Mobilgeräten
- automatischer Bilder-Upload
- File-Share mit anderen Personen
- Kalender
- Adressbuch

Weitere Funktionen sind durch Plugins nachrüstbar, beispielsweise:

- gemeinsames Arbeiten an Dokumenten
- Video Calls
- Formulare / Fragebögen

Ihr müsst nicht zum Server-Admin werden, Euer eigenes Blech in ein Rechenzentrum tragen und alles von Grund auf neu installieren. Man kann, ähnlich wie bei Webhosting für eigene Blogs und Webseiten, auch eine Next-Cloud bei einem der zahlreichen Anbieter mit wenigen Klicks sein Eigen nennen. Falls Ihr eine NextCloud mieten möchtet, gibt es recht günstige Angebote ab etwa € 5,- im Monat. Zwei Anbieter sind Windcloud.de und greenwebspace.com. Es gibt aber auch noch eine ganze Reihe weiterer Angebote.

DEINE EIGENE NEXTCLOUD

Einen eigenen Cloudspeicher zu haben, ist recht einfach und erschlägt viele Probleme mit einer Klatsche: Speicherplatz, Dateien mit anderen teilen, Foto- und Dateien-Backup, Kalender, Adressbuch und vieles mehr.

1 ENTSCHEIDE DICH FÜR EINEN ANBIETER
Suche im Internet nach einem Owncloud- oder Nextcloud-Anbieter in Deinem Land – das macht das Rechtliche einfach.

2 KLICK DIR DEIN CLOUD-PAKET
Die meisten Anbieter haben verschiedene Pakete, die sich meist nach Speicherplatz unterscheiden. Für etwa 3 bis 5 Euro oder Dollar pro Monat solltest Du alles finden, was Du brauchst.

3 RICHTE NEXTCLOUD AUF DEINEN GERÄTEN EIN
Lade die Nextcloud Desktop App auf Deinen Computer. Log Dich darin in Deinen Account bei Deinem Anbieter ein. Such die Ordner aus, die automatisch synchronisiert werden sollen.

4 RICHTE NEXTCLOUD AUF DEINEM MOBILGERÄT EIN
Lade die Nextcloud App auf Dein Telefon und/oder Tablet. Log Dich darin in Deinen Nextcloud-Account ein und richte den automatischen Bildupload und die Backup-Funktion ein.

5 ADRESSBUCH & KALENDER
Anstatt den eingebauten Kalender und das Adressbuch Deines Telefon- oder Laptopherstellers zu verwenden, kannst Du auch Kalender und Adressbuch verwenden, die in Deiner eigenen Nextcloud liegen.

- Richte einen oder mehrere Kalender in Deiner Nextcloud ein
- Exportiere Deine(n) alten Kalender
- Importiere ihn/sie in den/die Nextcloud Kalender
- Ändere den Standard-Kalender in den Geräteeinstellungen auf den/die neuen Kalender

Genauso funktioniert es auch für das Adressbuch: Export – Import – Standard ändern. Danach lösche die Kontakte aus Deinem alten Adressbuch, damit sie nicht länger beim Gerätehersteller liegen. (Geh sicher, dass Du ein Backup des Adressbuchs hast, falls etwas schiefgehen sollte.)

Platzhirsche loswerden

#DeleteFacebook. Und Instagram, WhatsApp & Twitter

* 5 Minuten pro Dienst

WENN IHR IRGENDWANN SOWEIT SEIN SOLLTET, DASS Ihr Facebook, Twitter, Instagram und WhatsApp nicht mehr verwenden möchtet, sagt Euren Kontakten, dass Ihr das Netzwerk verlasst und wie sie Euch in Zukunft erreichen können – beispielsweise im Fediverse oder per Signal.

Denkt daran, Daten, die Ihr ausschließlich auf diesem Netzwerk habt, wie beispielsweise Facebook-Fotoalben, vorab noch zu sichern.

DAS LÖSCHEN DER BENUTZER:INNEN-KONTEN geht üblicherweise in der Kontoverwaltung und geht meist recht flink, aber oft ist eine Wartezeit von einem Monat dabei, bis das Konto auch wirklich nicht mehr zugänglich ist. Solltet Ihr Euch während dieses Monats doch noch einmal einloggen, fängt die Wartezeit mit dem nächsten Löschauftrag von vorne an.

Sollte das Netzwerk es Euch schwermachen, das Konto zu löschen, fragt die Suchmaschine Eures geringsten Misstrauens. Meist gibt es aktuelle Anleitungen, welche Schritte Ihr genau befolgen müsst, um das Konto zu löschen.

#DeleteGoogle & Google Mail, Google Kalender, YouTube, Google Docs, Google Suche, Google Translate und Google Maps

* Pro Dienst zwischen 2 und 29 Minuten

Google loszuwerden ist etwas umständlicher, weil so viele Services dazugehören.

Alternativen zur Google Suche

Alternativen zu Google Suche sind beispielsweise DuckDuckGo und Metager. Ändert hierfür die Standardsuchmaschine in Eurem Browser und auch in den Einstellungen Eures Mobiltelefons und Tablets. Deinstalliert auch Browser-Add-ons wie die Google Search Bar, falls Ihr die noch haben solltet oder ein Add-on für Google Translate.

YouTube-Videos ohne Tracking schauen

Der Service namens »invidio.us« agiert als »Machine in the Middle« zwischen Eurem Gerät und den YouTube-Servern. Das bedeutet, es holt die YouTube-Videos vom Google-Server, aber Google sieht nur die IP-Adresse von invidio.us. Auf der Seite findet Ihr eine Übersicht verschiedener invidio.us-Server. Ihr könnt Euch auf einem davon einen Account machen und darüber auch Kanäle abonnieren.

-> https://invidio.us/

Für Android gibt es die App NewPipe, die dieselbe Funktion hat und sich zwischen Eure Gerät und YouTube hängt. NewPipe findet Ihr im F-Droid-Store und unter

-> https://newpipe.net/

Wenn Ihr auf dem Rechner YouTube-Videos ohne YouTube sehen wollt, gibt es auch hier Hilfe in Form von FreeTube. FreeTube gibt es für Windows, Mac und Linux.

-> https://freetubeapp.io/

Eine weitere Alternative, wenn Ihr auch selbst Videos ins Netz stellen möchtet, ist PeerTube. Das ist die Fediverse-Alternative zu YouTube, die seit einer Weile auch Livestreams unterstützt. So könnt Ihr nicht nur YouTube sondern auch Twitch, das zu Amazon gehört, entgehen.

-> https://joinpeertube.org/

Alternativen zu Google Docs

Statt Google Docs gibt es beispielsweise Etherpads, Cryptpads, aber auch die Kollaborations-Erweiterung für NextCloud kann hier Abhilfe schaffen.

-> https://cryptpad.fr/
-> https://cryptpad.digitalcourage.de/
-> https://nextcloud.org/

Alternative zu Google Maps

Ein Dienst, den viele häufig verwenden ist Google Maps. Auch dafür gibt es Alternativen. Falls Ihr Mac-Benutzer:innen seid, hat Euer Rechner bereits Apple Maps eingebaut. Das funktioniert mittlerweile sehr gut.

Die freie Open-Source-Alternative ist OpenStreetMap (OSM). OSM hat eine rege Community, die sehr daran interessiert ist, die Kartendaten möglichst aktuell zu halten. Daher findet man auf OpenStreetMap auch Postkästen inklusive Leerungszeiten und Wanderwege, die anderswo nicht verzeichnet sind. Baustellen sind meistens tagesaktuell. Schaut Euch OSM gern näher an und beteiligt Euch selbst am Projekt. Hier geht es gerade darum, dass jede:r mitmachen kann. OSM hat einen Wermutstropfen, nämlich, dass Ihr bei Eurer Suche aufpassen müsst, dass Ihr die Straßennamen richtig schreibt. Mit einem Tippfehler im Straßennamen bekommt Ihr vielleicht keine Ergebnisse angezeigt. Aber dafür sind die Daten so aktuell und vollständig wie nirgends sonst.

-> https://www.openstreetmap.org

Als App beispielsweise »OSMAnd«, die gibt es sowohl für iOS als auch für Android.

Alternative zu Google Translate

Als Alternative zu Google Translate gibt es eine deutsche Plattform namens DeepL. Der Übersetzungsalgorithmus wurde schon mehrfach verbessert und die Ergebnisse sind auch für den professionellen Einsatz geeignet.

-> https://www.deepl.com/translator

DeepL bietet neben der freien Version auch die Möglichkeit, für ein paar Euro im Monat längere Dokumente zu übersetzen und diese dann umgehend wieder zu »vergessen« (Privatsphäre- & Sicherheitsfunktion), was für selbständige Autor:innen als Übersetzungshelfer für ihre eigenen Bücher eine gute Option ist. Aus meiner eigenen Erfahrung kann ich sagen, dass es für Sachtexte bereits sehr gute Übersetzungen liefert. Bei Prosa kommt zumindest ein lesbarer Text heraus, der sich im Nachgang gut überarbeiten lässt. Aber literarische Übersetzungen braucht man auch bei den anderen Anbietern nicht zu erwarten.

DeleteSlack

* mehrere Monate, dann ggf. 5 Minuten

Slack als datenschnorchelndes Kollaborationsprogramm loszuwerden, kann mitunter länger dauern, da hier üblicherweise noch andere Menschen involviert sind. Es gibt aber auch hier Alternativen wie Element oder Mattermost.

Mattermost ist OpenSource und wenn Ihr es benutzt, sieht es grundsätzlich dem Slack sehr ähnlich. Man kann es selbst hosten, aber das gehört dann zu den fortgeschrittenen Möglichkeiten.

-> https://mattermost.org/

~

Kein Schwein ruft mich an!

Telefonate und Video-Calls über das Netz sind weit verbreitet. Als ich das Buch im November 2019 schrieb, ahnte ich noch nicht, dass wir kurz darauf allesamt eine steile Lernkurve zum Thema Videokonferenzen hinlegen würden. Und auch die freien und datensparsamen Alternativen zu Zoom, MS-Teams, Skype und WebEx haben über die Homeoffice-Jahre 2020/21 einige große Entwicklungssprünge gemacht. Die Digitalcourage hat dankenswerterweise eine Übersicht der freien Videokonferenzlösungen zusammengestellt.[28] Falls Ihr Anfang 2020 nur mittelmäßige Erfahrungen mit einigen der Programme gemacht habt, schaut sie Euch noch einmal an. Es ist in den letzten zwei Jahren eine Menge auf dem Gebiet passiert.

JITSI MEET und BigBlueButton sind beide browserbasierte Services, die für Video-Calls und Gruppenkonferenzen gebaut wurden. Browserbasiert bedeutet, dass die Software bei allen Teilnehmer:innen im Browser, also z. B. im Firefox läuft. Man muss nichts extra installieren, um an einem Jitsi- oder BigBlueButton-Meeting teilnehmen zu können.

Wenn Ihr einen eigenen Server habt, könnt Du beide sogar selbst hosten. Es gibt aber eine ganze Reihe an freien Servern, die jede:r einfach nutzen kann.

Falls Ihr Jitsi Meet oder BigBlueButton beruflich nutzen möchtet, braucht Ihr einen Auftragsverarbeitungsvertrag des Anbieters. Da gibt es mittlerweile auch einige, die dies anbieten. Für BigBlueButton beispielsweise Senfcall.de, einen Jitsi Meet Server habt Ihr beim Standard-Paket von Mailbox.org dabei.

-> https://jitsi.org/
-> https://scheible.it/liste-mit-oeffentlichen-jitsi-meet-instanzen/
-> https://bigbluebutton.org/
-> https://public.senfcall.de

FÜR DIE NEXTCLOUD gibt es eine Erweiterung namens *NextCloud Talk*. Diese ermöglicht es Euch, über Eure eigene NextCloud Video-Telefonate zu führen.

-> https://apps.nextcloud.com/apps/spreed

~

Quickwins für Blogger:innen, Podcaster:innen und Webseitenbetreuer:innen

Dass wir alle Verantwortung tragen und als Teil der Gesellschaft bewusst tragen sollten, sollte mittlerweile klar sein. Wenn Ihr selbst eine Webseite, einen Blog, einen Podcast habt, oder die Webseite Eures Vereins betreut etc., liegt es in Eurer Hand, auch hier etwas besser zu machen. Ein paar kleine Änderungen können schon viel bewegen. Ihr müsst weder viel Geld für eine Beratung oder eine neue Software ausgeben, noch müsst Ihr Monate an Arbeitszeit investieren.

Versucht einfach, Euch bewusst zu sein, welche Daten von anderen Personen Ihr gerade sammelt und ob es Euch selbst recht wäre, wenn es Eure Daten wären. Erhebt und speichert nur die Daten, die Ihr wirklich braucht und nicht mehr. Je weniger Daten Ihr habt, desto weniger kann im Falle eines Falles »wegkommen«.

HTTPS

Steht in der URL Eurer Webseite vorne HTTPS? Falls nicht, kümmert Euch um ein SSL-Zertifikat für Eure Webseite. Grundsätzlich sind Zertifikate seit einigen Jahren gratis über Let's Encrypt zu bekommen. Ihr findet die Infos dazu, wie Ihr ein Zertifikat für Eure Webseite bekommt, sicher auf der Seite Eures Hostinganbieters. Notfalls hilft der Support. Falls Euer Hoster Geld dafür haben möchte oder Ihr von einer Stelle zur nächsten geschickt werdet, hinterfragt das und schaut Euch nach einem anderen Anbieter um.

HINWEIS: Solltet Ihr ein Newsletter- oder Kontaktformular auf Eurer Webseite haben, die Möglichkeit für Webseitenbesucher:innen, Kommentare zu hinterlassen oder sonst eine Möglichkeit, wie Benutzer:innen Daten auf Eurer Webseite eingeben können, ist ein SSL-Zertifikat aufgrund der DSGVO mittlerweile vorgeschrieben.

Podcasthosting

Liegt Euer Podcast auf Spotify oder Soundcloud und ist nicht für jede:n zugänglich? Brauchen Eure Zuhörer:innen zwingend einen Account auf einer

Plattform, um Eure Inhalte hören zu können? Soll das so sein? Mit einem RSS-Feed können Eure Inhalte auch frei über sogenannte Podcatcher-Apps gehört werden. Achte darauf, einen RSS-Feed Eures Podcasts anzubieten.

Tracking

Fragt Euch – und ggf. andere, die auch involviert sind –, ob Ihr eine Tracking-Software wie Google Analytics auf Eurer Webseite oder Eurem Blog eingebaut habt und falls ja, ob Ihr diese Daten überhaupt nutzt. Vielleicht wurde es vor vielen Jahren mal eingebaut und dann vergessen? Falls ohnehin niemand reinschaut, könnt Ihr es ausbauen.

Solltet Ihr wirklich Nutzungsdaten der Webseite verwenden, schaut Euch doch Alternativen wie beispielsweise Matomo an. Da läuft die Auswertung und alles direkt auf Eurem eigenen Server und Ihr verratet Eure Webseitenbesucher:innen nicht an Google.

Newsletter

Wenn Ihr einen Newsletter oder Ähnliches anbietet, solltet Ihr von Mailchimp Abstand nehmen, da dies auch wieder ein US-Service und damit nicht rechtssicher einsetzbar ist.[29] Schaut Euch nach europäischen Anbietern wie »Eyepin« oder »Newsletter2go« um. Eine Möglichkeit ist auch, mit einem Wordpress-Plugin wie »Mailpoet« den Newsletter auch ganz aus eigener Hand zu versenden. Solange Ihr keine zigtausend Abonnent:innen habt, sollte das, je nach eMail-Anbieter, trotzdem gut funktionieren.

Außerdem: Müsst Ihr wirklich die Namen und vielleicht auch noch das Geschlecht der Personen erfassen? Für die Auslieferung des Newsletters braucht Ihr nur die eMail-Adresse. Fragt Euch, ob der Rest wirklich sein muss. Das Löschen der Felder im Newsletter-Formular ist mit wenigen Klicks erledigt.

Webfonts

Prüft, ob Webschriftarten (meist Google Fonts) im Theme Eures Blogs, Podcasts oder Eurer Webseite hinterlegt sind. Ein Werbeblocker hilft Euch dabei, da er anzeigt, welche Tracker er gefunden hat; auch Webfonts können als Tracker angesehen und auch so verwendet werden, daher wurden Google Fonts auch im Januar 2022 vom Landgericht München schon als illegal erklärt.[30] Falls Ihr noch Webfonts verwendet, legt die Dateien dazu direkt auf

Euren eigenen Webserver. Je nach Anbieter, bei dem die Seite gehostet wird, geht das schwieriger oder einfacher. Kontaktiert notfalls den Support.

Social-Media-Buttons & Co. nicht alles erlauben

Baut »Shariff« bzw. ein noch erhältliches Shariff-Plugin wie den Shariff-Wrapper in Eure Webseite ein, falls Ihr es noch nicht habt. Shariff ist ein Wordpress-Plugin, das Like- & Share-Buttons von sozialen Netzwerken so lange deaktiviert, bis ein:e Webseitenbesucher:in sich entscheidet, Inhalte auf einem sozialen Netzwerk zu teilen. Die Installation ist in 5 Minuten erledigt. Der kleine Aufwand bringt für Eure Webseitenbesucher:innen gleich sehr viel, da es verhindert, dass alle Netzwerke, von denen Ihr vielleicht Like- oder Teilen-Buttons auf Eurer Webseite eingebunden habt, schon alle Informationen über Eure Seitenbesucher:innen sammeln, ohne dass die es mitbekommen und auch wenn sie selbst keinen Account auf diesen Netzwerken haben.

Solltet Ihr eine Webseite nicht auf Basis von Wordpress betreiben, sucht im Netz nach passenden Alternativen.

---

1. https://netzpolitik.org/2019/der-selbstgebaute-algorithmus/
2. https://help.duckduckgo.com/duckduckgo-help-pages/results/sources/
3. https://de.wikipedia.org/wiki/DuckDuckGo#Funktionen
4. https://digitalcourage.de/blog/2021/europaeischer-suchindex-nachhaltig-zur-google-alternative
5. https://www.kuketz-blog.de/startpage-aeussert-sich-zur-beziehung-mit-system1-lcc/
6. https://www.heise.de/newsticker/meldung/Ghostery-Erweiterung-blendet-Werbung-ein-4107209.html
7. https://support.mozilla.org/de/kb/was-ist-firefox-klar
8. https://mobilsicher.de/ratgeber/so-installieren-sie-den-app-store-f-droid
9. https://keepassxc.org/docs/#faq-platform-mobile
10. https://www.mopo.de/hamburg/polizei/neue-technik-fuer-die-hamburger-polizei-finger abdruecke-per-smartphone-scannen/
11. https://media.ccc.de/v/pw17-97-sichere_authentifizierung
12. https://www.golem.de/news/twitter-zwei-faktor-telefonnummer-wurde-zu-werbezwe cken-verwendet-1910-144334.html
13. https://www.heise.de/newsticker/meldung/Deutsche-Onlinehaendler-druecken-sich-vor-Zwei-Faktor-Authentifizierung-4542700.html
14. https://techcrunch.com/2017/04/23/uber-responds-to-report-that-it-tracked-users-who-deleted-its-app/
15. https://reports.exodus-privacy.eu.org/en/reports/com.touchtype.swiftkey/latest/
16. https://www.techbook.de/mobile/beliebteste-emoji
17. https://images.apple.com/privacy/docs/Differential_Privacy_Overview.pdf
18. https://www.buzzfeednews.com/article/meghara/period-tracker-apps-facebook-maya-mia-fem

19. https://www.mirror.co.uk/news/uk-news/period-tracker-app-spied-told-20807187
20. https://www.instyle.com/news/government-tracking-period-information
21. https://www.datenschutz-podcast.net/podcast/bis-auf-die-unterwaesche-und-weiter/
22. https://media.ccc.de/v/pw20-383-bloody-data-das-geschft-mit-zyklusapps
23. https://www.golem.de/news/ueberwachung-fuer-16-us-dollar-fremde-sms-mitlesen-2103-155119.html
24. https://en.wikipedia.org/wiki/Threema#cite_ref-42
25. https://www.heise.de/hintergrund/Telegram-Chat-der-sichere-Datenschutz-Albtraum-eine-Analyse-und-ein-Kommentar-4965774.html
26. https://www.kuketz-blog.de/wire-messenger-zu-100-von-einer-us-holding-uebernommen/
27. https://www.handelsblatt.com/politik/international/cloud-sicherheit-eu-will-trotz-kritik-datenaustausch-mit-grossbritannien-freigeben/26918500.html
28. https://digitalcourage.de/digitale-selbstverteidigung/videokonferenzen-muessen-keine-datenschleudern-sein
29. https://edpb.europa.eu/news/national-news/2021/bavarian-dpa-baylda-calls-german-company-cease-use-mailchimp-tool_en
30. https://rewis.io/urteile/urteil/lhm-20-01-2022-3-o-1749320/

13

SOCIAL MEDIA ALTERNATIVEN

Das Fediverse bietet gute und wirklich soziale Möglichkeiten für fast alle Anforderungen. Ein Mastodon-Account ist ein sehr guter Einstieg ins Fediverse.

Mastodon: Alternative zu Twitter (& Facebook)

Eine Alternative zu Twitter und vielleicht auch Facebook ist Mastodon. Der Großteil der Server (»Instanzen« genannt) wird von Communities betrieben. Wenn Ihr Euch einen Account anlegen wollt, aber noch nicht wisst, welche Community für Euch interessant ist, habt Ihr auf joinmastodon.org eine Übersicht von einigen größeren Instanzen rund um die Welt. Es gibt auch einige mit Lokalbezug, was für den Einstieg auch sehr interessant sein kann.

-> https://joinmastodon.org/communities

BEI MASTODON HABT Ihr drei mögliche Ansichten: Eure persönliche Timeline, in der Ihr die Posts der Accounts seht, denen Ihr folgt, egal, ob diese auf demselben Server sind oder auf einer ganz anderen Fediverse-Plattform wie beispielsweise Peertube liegen. Dann die lokale Timeline, da seht Ihr die Posts aller Accounts auf diesem Server. Wenn Ihr Jurist:in seid und Eure Account auf einem Server mit vorwiegend Jurist:innen habt, seht Ihr in der lokalen Timeline voraussichtlich viele juristische Themen. Aber sicher nicht nur. Auch Jurist:innen posten mal Bilder ihres Mittagessens. Die globale

Timeline zeigt alle Posts aller Accounts auf allen Instanzen, mit denen Eure Instanz sich austauscht. Das sind vermutlich nicht alle, die es auf der Welt gibt, aber sehr, sehr viele. Nicht alle, weil die Administrator:innen auch einzelne Server blockieren können. Beispielsweise die von Hatespeech-Communities. Wenn jemand diese Inhalte lesen möchte, muss er:sie sich schon einen Account auf einer dieser Instanzen machen.

APROPOS BILDER VOM MITTAGESSEN: Bei Mastodon gibt es bereits einige sehr schöne technische Fortschritte wie »Content Warnings«, also Inhaltswarnungen. Ihr könnt Eure eigenen Posts hinter einer Inhaltswarnung verstecken. Politische Inhalte beispielsweise, direkten Augenkontakt eines Porträtfotos oder Essensbilder. Kätzchenbilder werden meistens ohne Inhalts-warnung gepostet.

FÜR MENSCHEN ODER AUCH VEREINE, die mehrere Social-Media-Accounts auf unterschiedlichen Plattformen betreiben (müssen), gibt es auch sogenannte »Crossposter«, also Software, die vornehmlich Posts von Mastodon und Twitter auf die jeweils andere Plattform posten kann. Hier ist Vorsicht geboten, denn gerade auf Mastodon kommen reine Twitter-Cross-post-Accounts, wo nur die Twitter-Posts automatisiert auf Mastodon gekippt werden, nicht gut an. Solche Software wie beispielsweise moa.party können eine Hilfe sein, aber eine vollständige Automatisierung eines Accounts ist sie keinesfalls. Gerade auf Mastodon wollen die Menschen einen echten Austausch mit anderen erleben und nicht nur einen Twitter-Dump lesen.
-> https://moa.party/

KEINE SORGE, falls Ihr später drauf kommt, dass die Community, wo Ihr Euren Account angelegt habt, doch nicht der richtige Platz für Euch war. Die Möglichkeit, den Account auf einen anderen Server umzuziehen, ist von Anfang an eingeplant. Es werden zwar nicht Eure Posts übertragen, aber Follower:innen und Accounts, denen Ihr folgt, werden auf den neuen Account umgeleitet.

Pixelfed: Alternative zu Instagram

Es gibt eine Alternative zu Instagram oder Pinterest namens Pixelfed. Zu Pinterest direkt ist unlängst auch gerade etwas entstanden, Pinbun, dem ich allerdings noch ein oder zwei Jahre Entwicklungszeit geben würde.

Pixelfed hat einen sehr ähnlichen Funktionsumfang wie Instagram, auch inklusive Stories, kleiner Fotoalben etc. Wenn man von Pixelfed aus beispielsweise Accounts auf Mastodon folgt, werden einem in der Pixelfed-Timeline nur die Mastodon-Posts angezeigt, die Bilder beinhalten, was dem Prinzip der bildzentrierten Plattform entspricht.

Eine Übersicht der Pixelfed-Instanzen ist wohl noch im Aufbau. Wenn Ihr Euch einen Account anlegen wollt, könnt Ihr das z. B. auf
-> https://pixelfed.de/
-> https://pixelfed.social/

Funkwhale: Alternative zu Soundcloud

Es gibt auch eine Alternative zu Soundcloud namens Funkwhale.

Funkwhale is a publication platform with a focus on freely licensed content. Our goal is to promote the publication and sharing of creative commons audio content. You can upload your private music collection to your pod if you want to, but this music can't be shared publicly due to copyright restrictions.
-> https://funkwhale.audio/

Peertube: Alternative zu YouTube & Twitch

Eine Alternative zu YouTube ist PeerTube. Ein ganzes Teil Vereine und Organisationen haben mittlerweile auch eigene PeerTube-Instanzen, um ihre Inhalte wie Vorträge, Diskussionsrunden, Anleitungen, Workshops etc. ins Netz zu stellen.

Peertube kann mittlerweile auch Livestreams und wird daher auch für alle interessant, die beispielsweise Vlogs führen oder Live-Lesungen veranstalten und ihre Zuschauer:innen nicht dem unvermeidbaren Google-Tracking auf YouTube oder einem Zwangsaccount auf Twitch aussetzen wollen.

Wenn man Inhalte auf PeerTube veröffentlichen möchte, hat man die Wahl, unter welcher CreativeCommons-Lizenz das jeweilige Video stehen soll. Man kann Videos und auch ganze Kanäle auch versteckt bzw. ungelistet anlegen. Dann können nur Menschen, die den direkten Link haben, die Inhalte aufrufen.

-> https://joinpeertube.org/

Plume, Writefreely, Wordpress: Blogs im Fediverse

Fediverse-Blog-Alternativen sind Plume oder WriteFreely. Beide bieten die Möglichkeit, einen Blog zu schreiben, der direkt im Fediverse liegt und von Menschen auf z. B. Mastodon direkt abonniert werden kann. Eine erste Orientierung und Links zu bestehenden Communities findet Ihr unter

-> https://writefreely.org/start
-> https://joinplu.me/

FALLS IHR EINEN WORDPRESS-BLOG HABT, könnt Ihr auch den mit Hilfe eines Plugins wie »ActovotyPub« (von Entwickler Matthias Pfefferle) ins Fediverse einhängen. Dann können Menschen mit Accounts im Fediverse Eurem Blog folgen. Hier solltet Ihr drauf achten, dass der Accountname, mit dem Ihr Eure Blogposts schreibt, zum Fediverse-Account wird, dem die Menschen folgen. Also @accountname@eureblogdomain ist der Nutzername, der im Fediverse angezeigt wird. Achtet darauf, dass es nicht @admin@... ist und vergebt im Zweifelsfall einen guten öffentlichen Nutzer:innen-Namen für die Blogposts, damit der Fediverse-Account auch nach etwas aussieht.

Mobilizon: Alternative zu Facebook-Gruppen & -Events

Ja, es gibt Alternativen zu Facebook Gruppen und Veranstaltungen. Mein Favorit ist »Mobilizon« aus der französischen Softwareschmiede Framasoft.

Mobilizon ermöglicht Gruppen inklusive kleinem Diskussionsforum, was für viele Lern- oder Schreibgruppen, aber auch für kleine Organisationen wir lokale Flohmarkt-Orga etc. gut funktioniert.

Die zweite und eigentliche Hauptfunktion ist das Organisieren von Veranstaltungen. Man kann mit einem einzelnen Account oder auch aus einer Gruppe heraus Veranstaltungen anlegen, vergleichbar mit Facebook-Events. Menschen können sich dort allerdings – wenn man dies freigibt – auch ohne Account nur mit Mailadresse für Veranstaltungen anmelden. Falls die Veranstaltung aktualisiert wird, Ort oder Zeit sich ändern oder die Veranstaltung abgesagt werden muss, bekommen die Teilnehmenden die Info per eMail zugestellt. Es gibt optionale Teilnehmerzahl-Beschränkungen und mehr.

Features wie Server-übergreifende Accounts – beispielsweise mit einem Account auf Server A für eine Veranstaltung bei Server B anmelden, sollen folgen.

-> https://joinmobilizon.org/en/

Auch erwähnt werden sollte eine weitere Alternative zur Eventorganisation: »gath.io«.

-> https://gath.io/

Castopod: Alternative für Podcaster:innen

Einen vielversprechenden Eindruck macht eine Podcast-Plattform namens Castopod. Die Plattform zum Podcast-Hosting im Fediverse ist schon gut durchdacht und funktionell, auch wenn ich persönlich noch Features wie Kapitelmarken vermisse. Der Workflow ist anders als bei z. B. Podlove, aber es ist auf alle Fälle ein Projekt, von dem es sich für Podcaster:innen lohnt, es im Auge zu behalten oder auch schon mit einem kleineren Podcast-Projekt direkt auszuprobieren.

-> https://castopod.org/

BookWyrm: Alternative zu LovelyBooks oder Goodreads

Etwas nischig, aber durchaus für Büchermenschen interessant ist eine Alternative zu Goodreads und LovelyBooks namens Bookwyrm. Wie beim Amazon-eigenen Goodreads und der deutschen, ebenfalls kommerziellen Variante LovelyBooks kann man auch bei BookWyrm den eigenen Lesefortschritt tracken, mit anderen über Bücher reden, Reviews schreiben, Rezensionen anderer Nutzer:innen lesen und neue Bücher entdecken. Und man kann direkt mit Nutzer:innen auf Mastodon interagieren und umgekehrt.

-> https://joinbookwyrm.com/

SOCIAL MEDIA ALTERNATIVEN

Notiere, was Du in diesem Kapitel gelernt hast.

SOCIAL MEDIA

Gibt es etwas, das Du bezüglich Deiner Social Media Nutzung
überdenken möchtest? Vielleicht eine freie Alternative wie
Mastodon ausprobieren? Notiere, was Du tun möchtest und auch
weitere To-Dos, die sich aus Deinen Experimenten ergeben.

DINGE ZUM AUSPROBIEREN & VERÄNDERN

Erledigt

To do

Erledigt

To do

Wenn Du jetzt ein Mastodon-Konto hast, schreib mich gern an!
-> @viennawriter@literatur.social

14

FORTGESCHRITTEN

Besucht Cryptoparties

O kay, ich gebe zu, »Cryptoparty« klingt etwas abschreckend und auch nicht selbsterklärend, was das sein soll. Auch zusätzliche Infos an den Terminausschreibungen wie »FNIT-only« sagen nicht allen Menschen etwas und führen eher zu Verwirrungen und dem Gedanken: »Das ist nichts für mich.« Weit gefehlt.

Cryptoparties sind keine »Parties« mit lauter Musik und Alkohol, sondern Veranstaltungen, wo Menschen anderen vermitteln, was sie selbst über Sicherheit im Netz wissen. Üblicherweise gibt es pro Termin ein spezielles Thema wie beispielsweise »sichere Messenger« oder »eMail-Verschlüsselung« oder »Festplatte verschlüsseln« oder auch »Linux installieren«.

Die Veranstaltungen lohnen sich also gerade am Anfang, wenn Ihr beginnt, Euch mit den Themen auseinanderzusetzen. Ich habe selbst sehr viel auf Cryptoparties gelernt, das ich dann weiter verfolgen konnte.

Sucht im Netz nach Cryptoparties in Eurer Gegend. Es gibt sie in den meisten größeren Städten und seit 2020 auch vermehrt online.

»FNIT-only«

Regelmäßig sind Termine dabei, die mit »FNIT-only« gekennzeichnet sind oder ähnliche Teilnahmeeinschränkungen haben. »FNIT« bedeutet: »Frauen,

Non-Binary, Inter- und Transgeschlechtlich«. Dass es für diese Gruppen eigene Termine gibt, schafft ein Gegengewicht dazu, dass der ganze Bereich *Computer* heutzutage sehr stark männlich dominiert ist. Extra Veranstaltungen »für alle außer (Cis-)Männer« sollen einen sicheren, vorurteilsfreien und ruhigen Raum schaffen für all jene, die Abwechslung von männerdominierten Gruppen und Treffen suchen. Bei solchen Treffen können sich Menschen wohl fühlen, die mit »starker männlicher Durchsetzungsfähigkeit« und dem immer wieder stattfindenden »Mansplaining« ein Problem haben. »Mansplaining« bedeutet, dass Männer von oben herab die Welt erklären. »Cis« heißt, dass das von der Gesellschaft bei der Geburt festgelegte Geschlecht auch das richtige ist. In kurz: Cis ist das Gegenteil von transgeschlechtlich. [Quelle: https://www.quixkollektiv.org/glossar/genderidentitaeten/]

NATÜRLICH KÖNNT IHR, falls Ihr Frauen seid oder einer der anderen Gruppen angehört, auch zu den anderen Terminen gehen. Die »FNTI only« Veranstaltungen sind auch für Euch, aber vor allem für all jene, die sich in von Männern dominierten Gruppen nicht wohlfühlen.

eMail-Verschlüsselung

Eine Bemerkung vorab: Die Erklärung klingt gleich viel aufregender, als es in der Realität dann ist. Je nach Mailprogramm ist Mailverschlüsselung nämlich sehr überschaubar gemacht.

Ein Nachteil von eMail-Verschlüsselung ist, dass auch Euer Gegenüber, also die Person, Bank oder Behörde, an die Ihr eine eMail schicken möchtet, eMail-Verschlüsselung verwenden muss.

Grundsätzlich gilt, je öfter Ihr verschlüsselt kommuniziert – also auch sichere Messenger verwendet und Eure Mails verschlüsselt –, umso einfacher wird es für Menschen, die auf sichere Kommunikation angewiesen sind, in der Masse unterzutauchen. Wenn nur alle heiligen Zeiten eine verschlüsselte eMail vorbeikommt, werden Beobachter:innen denken: »Oh, da muss jetzt etwas Wichtiges drinstehen!« Wenn aber alles verschlüsselt ist, kann von außen nicht mehr beurteilt werden, was eine wichtige und was die unwichtigen Nachrichten sind. Menschen, die beispielsweise investigative Journalist:innen oder Kriegsberichterstatter:innen sind, sind darauf angewiesen, sicher kommunizieren zu können. Ebenso wie Menschen, die in Gebieten wie

Afghanistan, Syrien oder der Türkei ihren Familien mitteilen wollen, dass es ihnen gutgeht, ohne das Leben der Familien oder das eigene aufs Spiel zu setzen. Ihr könnt Euren Teil dazu beitragen, das allgemeine »weiße Rauschen«, also die Masse an verschlüsselten Nachrichten zu erhöhen, indem auch Ihr verschlüsselt kommuniziert. eMail-Verschlüsselung ist ein Schritt auf dem Weg.

Verschlüsselung an sich

Verschlüsselung generell ist Euch schon mehrfach begegnet. Meist handelt es sich dabei um *symmetrische* Verschlüsselung. Das bedeutet, dass Ihr sowohl zum Ver- als auch Entschlüsseln denselben Schlüssel benötigt. Beispielsweise eine passwortgesicherte .zip-Datei ist symmetrisch verschlüsselt. Zum Verschlüsseln und zum Entschlüsseln gebt Ihr dasselbe Passwort ein.

Das Schlüsselpaar

Asymmetrische Verschlüsselung funktioniert etwas anders. Es gibt dazu ein Schlüssel*paar*, also zwei zusammengehörige Schlüssel, die zu *einer* Mailadresse zugeordnet sind. Ihr könnt es Euch in etwa vorstellen wie ein Schloss, für das es zwei Schlüssel gibt: mit dem einen schließt Ihr nur in die eine Richtung auf, mit dem anderen nur in die andere Richtung zu.

Der erste Schlüssel ist Euer »private Key«, also Euer privater Schlüssel, den nur Ihr kennt und der auch immer nur bei Euch bleibt. Der private Key wird nur zum Entschlüsseln verwendet. Auf diesen müsst Ihr besonders gut aufpassen, dass er nicht in falsche Hände gerät, da sonst andere Personen Eure an Euch geschickte, verschlüsselte Post lesen können.

Der zweite Schlüssel ist Euer »public Key«, also Euer öffentlicher Schlüssel. Dieser wird nur zum Verschlüsseln verwendet. Der public Key ist nicht sicherheitsrelevant und kann jedem:jeder gegeben werden – daher »public Key«. Wenn jemand Euch verschlüsselte eMails senden möchte, braucht die Person Eure public Key, um damit die eMail an Euch »abzuschließen«.

Einrichtung

Beide Schlüssel werden zu Beginn gemeinsam erstellt. Das geht im Mailprogramm wie beispielsweise K-Mail oder Thunderbird, letzteres ist für alle Desktop-Plattformen verfügbar. Es gibt auch noch weitere Programme, die Mailverschlüsselung können. Bei Thunderbird brauchte man bis vor einer

Weile dazu das Thunderbird-Plugin Enigmail, seit einer Weile ist Enigmail direkt in Thunderbird eingebaut.

DAS PRINZIP IST ÜBERALL DASSELBE, ich erkläre es jetzt anhand von Thunderbird, weil es dort meiner Meinung nach recht übersichtlich und verständlich dargestellt ist. Ihr könnt auch ein anderes Programm verwenden.

Die Einstellungen für eMail-Verschlüsselung findet Ihr unter »Enigmail«, dort gibt es auch einen Einrichtungsassistenten, der eine Standardkonfiguration für Anfänger:innen bereithält. Die könnt Ihr einfach anklicken und fortfahren.

Im zweiten Schritt wird das Schlüsselpaar erzeugt, das mit einem Passwort gesichert wird. Nutzt Euren Password-Safe, um ein möglichst langes Passwort zu erstellen und speichert es auch gleich in Eurem Password-Safe ab. Eure eMail-Schlüssel und das Passwort dazu solltet Ihr am besten genauso sicher verwahren wie Euren Reisepass, denn verschlüsselte eMails von Euch sind im Internet vergleichbar mit einem Identitätsnachweis. Ein Angreifer kann mit Euren eMail Key vermutlich sogar mehr anfangen, als mit Eurem Reisepass.

IM NÄCHSTEN SCHRITT könnt und solltet Ihr ein Widerrufszertifikat erstellen. Das bedeutet, dass Ihr einen Nachweis habt, dass diese Schlüssel wirklich Euch gehören. Sollte Euer Laptop gestohlen werden, könnt Ihr damit Eure alten eMail-Schlüssel widerrufen und somit der Welt klarmachen, dass sie nicht mehr gelten. Sollte irgendjemand noch mit dem alten Key vielleicht vom gestohlenen Laptop aus eMails senden und damit vorgeben, Ihr zu sein, könnt Ihr beweisen, dass diese eMails nicht von Euch stammen.

DAS NEU ERSTELLTE SCHLÜSSELPAAR – also private Key und public Key – sowie das Widerrufszertifikat sichert Ihr am besten sofort auf Eurem verschlüsselten USB-Stick sowie auf der Backup-Platte. Wie gesagt, das ist Euer Identitätsnachweis im Netz und Ihr solltet sehr gut darauf aufpassen.

WENN EUER SCHLÜSSELPAAR fertig erstellt ist, könnt Ihr in der Schlüsselverwaltung Euren public Key auf einen öffentlichen Schlüsselserver hochladen. Dort können andere Menschen ihn finden (es gibt eine Suchfunktion nach der Mailadresse im Mailprogramm) und Euch dann damit verschlüsselte Nachrichten an die Mailadresse schicken, für die Ihr das Schlüsselpaar erstellt habt. Ihr braucht dann Euren private Key, um diese Nachrichten wieder »aufzuschließen«.

HINWEIS: Sichere Messenger funktionieren nach demselben Prinzip, nur dass Ihr da von der Erstellung der Schlüssel gar nichts mitbekommt.

In der Praxis

In der täglichen Praxis sieht es so aus, dass wenn Ihr eine verschlüsselte Nachricht bekommt, Ihr das Passwort für Eure eMail-Schlüssel im Mailprogramm eingebt und daraufhin wird Euch die Nachricht angezeigt. Ihr braucht zum Ver- und Entschlüsseln jeweils dasselbe Passwort, das gilt für Euer ganzes Schlüsselpaar. Da noch lange nicht alle Menschen eMail-Verschlüsselung verwenden, wird dies zu Beginn wahrscheinlich nicht so häufig vorkommen. Weil Thunderbird aber mittlerweile mit vorinstalliertem Enigmail ausgeliefert wird, könnte es durchaus mehr werden.

Nachrichten signieren

Eine Funktion, die dank Eures Schlüsselpaares möglich wird, ist das Signieren von eMails. Damit meine ich nicht das automatische »PS« (»post scriptum« wie bei Briefen), das oft in Firmenmails die Abteilung des:der Absender:in und allerlei sonstige Informationen enthält. Signatur bedeutet in dem Fall, dass die Echtheit der Nachricht bestätigt wird. Dafür braucht Euer Gegenüber selbst keine eMail-Verschlüsselung zu können, signieren könnt Ihr immer. Euer Mailprogramm mit der eingebauten Mailverschlüsselung macht quasi immer ein Häkchen unten drunter: »Bis hierher ist die Nachricht echt und wirklich von dem:der Absender:in.« Sollte Euer Gegenüber selbst eMail-Verschlüsselung verwenden, wird Eure Signatur auch im Mailprogramm angezeigt, zum Beispiel als Kasten um die Nachricht herum: »Alles, was in diesem Kasten ist, kommt wirklich von dem:der Absender:in.«

Zum Einstieg

Ich empfehle, Thunderbird zu verwenden. Das Programm ist gratis und OpenSource und für alle Desktop-Betriebssysteme verfügbar. Ihr könnt natür-

lich auch andere eMailprogramme benutzen. Auf der Seite openpgp.org gibt
es eine Auflistung von eMailprogrammen, die Mailverschlüsselung unterstützen. Der Begriff dazu ist »PGP«, das steht für »Pretty Good Privacy«.

∼

Verschlüsselte Speichermedien

Jedes Desktop-Betriebssystem gibt Euch die Möglichkeit, USB-Sticks und
externe Festplatten zu formatieren. Das kennt Ihr sicher bereits. Alte Daten
löschen und Platz schaffen für neue. Ein Haken ist, dass alle Betriebssysteme
unterschiedliche »Filesysteme« (Dateisysteme) haben, also unterschiedliche
Arten, wie sie ihre Daten strukturieren. So kann es sein, dass ein auf einem
Mac formatierter USB-Stick auf einem Windowsrechner nicht gelesen werden
kann und umgekehrt. Linux kann die meisten Dateiformate lesen, das ist
etwas stressfreier.

WENN IHR EINEN USB-Stick erstellen möchtet, der auf allen
Betriebssystemen gelesen werden kann, beispielsweise um Freunden ein paar
Bilder zu geben oder um einen »Notfall-Stick« zu erstellen, der die allerwich-
tigsten Daten wie beispielsweise das Widerrufszertifikat für Eure eMail-Keys
und eine Kopie Eures Password-Safes beinhaltet und der auf allen Rechnern
im Notfall gelesen werden können soll, verwendet ein Dateisystem, das alle
Betriebssysteme kennen. FAT32 ist ein System, das es schon lange gibt und
quasi der »kleinste gemeinsame Nenner«. Bei FAT32 können einzelne Dateien
nicht größer als 4GB sein, aber das reicht für alle Notfälle üblicherweise aus.
ExFAT sollten ebenfalls alle Betriebssysteme lesen können.

Speichermedien verschlüsseln

Das Verschlüsseln von USB-Sticks oder externen Festplatten geht mit dem
Formatieren einher. Wenn Ihr einen Stick oder eine Festplatte verschlüsseln
möchtet, ist diese Funktion, je nach Betriebssystem, in der Nähe vom Formatieren externer Datenträger zu finden. Allerdings ist auch hier der Haken,
dass eine unter Windows mit Windows Bitlocker verschlüsselte Festplatte auf
einem Mac nicht geöffnet werden kann und umgekehrt.

· · ·

UM VERSCHLÜSSELTE DATENTRÄGER auf allen Betriebssystemen öffnen und lesen zu können, könnt Ihr sie mit VeraCrypt verschlüsseln. VeraCrypt ist OpenSource und gratis und für alle Desktop-Betriebssysteme verfügbar. Es gibt gute Anleitungen dazu im Netz. Auch wenn es vielleicht auf den ersten Blick nicht ganz selbsterklärend ist, ist VeraCrypt durchaus ein sehr lohnendes Helferlein.

~

Festplattenverschlüsselung

Wenn man aus einem Rechner die Festplatte rausnimmt, sind die Daten darauf normalerweise für jede:n, der:die die Festplatte findet, wie ein USB-Stick frei lesbar. Also alle Eure Bilder, Musik, Videos, Dokumente und so weiter können einfach so gelesen werden. Das Passwort, das Ihr beim Login in Euer Benutzer:innen-Konto eingebt, bedeutet nicht, dass die Daten auf Eurem Rechner verschlüsselt sind. Dazu gibt es extra die Festplatten-verschlüsselung, also das Verschlüsseln aller Dateien auf einer Festplatte. Alle gemeinsam, nicht einzeln.

DAS IST EINE FUNKTION, die an sich jeder Rechner kann und die für mobile Firmenrechner seit der DSGVO auch erwartet wird. Dies ist ein guter Schutz, falls Euer Laptop gestohlen wird oder verloren geht. Unter Mac und Linux ist diese Funktion offen verfügbar, bei Windows ist dies leider nur in der Enterprise-Version vorgesehen. Als ob nur Businessleute mit einem Laptop unterwegs wären.

Verschlüsselt werden üblicherweise alle Eure User:innendaten und Einstellungen und je nach Verschlüsselungsmethode eventuell auch der Groß-teil des Systems. Das bedeutet, dass nach der Festplattenverschlüsselung alle Eure auf der Festplatte ohne Passwort nicht mehr lesbar sind.

SOLLTET Ihr selbständig sein oder in einem Unternehmen arbeiten, in dem es üblich ist, den eigenen Rechner mitzubringen (»bring your own device«) und Ihr habt Kund:innendaten auf dem Gerät, ist es nach DSGVO vorge-schrieben, Festplattenverschlüsselung zu aktivieren. Das ist an sich einfach, allerdings ist dies das erwähnte dritte Passwort, das Ihr Euch neben dem zu Eurem Benutzer:innen-Konto auf dem Rechner und dem zu Eurem Password-

Safe dann wirklich merken müsst. Benutzt am besten ein langes Passwort, das Ihr Euch gut merken könnt. Schreibt es Euch am Anfang vielleicht in ein Büchlein – NICHT! auf ein Post-It am Gerät! Das ist, als würdet Ihr Euren Schlüsselbund nach dem Abschließen nicht in die Tasche stecken, sondern einfach stecken lassen. Aufschreiben ist für den Anfang okay, aber ausschließlich in ein Büchlein, das Ihr dann in der Schreibtischschublade verwahrt. Wenn Ihr Euch in ein paar Wochen daran gewöhnt hast, kann der Eintrag weg.

DIE MITGELIEFERTE FESTPLATTENVERSCHLÜSSELUNG heißt in allen Betriebssystemen unterschiedlich:

- Linux: LUKS
- Mac: FileVault
- Windows: Bitlocker

Wenn Ihr Windows verwendet und keine Enterprise-Version habt, kann VeraCrypt die Festplattenverschlüsselung übernehmen.

Grundsätzlich gibt es VeraCrypt für Windows, Mac und Linux. Ihr könnt also in jedem Fall eine Festplattenverschlüsselung mit VeraCrypt vornehmen.

LEST Euch vorher je nach Eurem Betriebssystem durch zwei oder drei Anleitungen und vielleicht einige Erfahrungsberichte durch, insbesondere, wenn Ihr bereits Daten auf Eurem Rechner habt. Ein nachträgliches Verschlüsseln kann funktionieren, muss aber nicht. Solltet Ihr Euren Rechner ohnehin neu aufsetzen wollen, ist es gut, die Festplattenverschlüsselung von Anfang an mit einzuplanen.

Festplattenverschlüsselung auf Mobilgeräten

Auch bei Telefonen oder Tablets mit Android-Betriebssystem ist mit einem Klick die »Full-Disk-Encryption«, also Festplattenverschlüsselung, aktivierbar. Das kann Android mittlerweile auch, wenn bereits Daten auf dem Gerät vorhanden sind. Danach fragt es beim Booten nach dem Screen-Lock, also einem PIN oder Passwort. Lest am besten auch hier vorher nach, wo die Einrichtung für Eure Android-Version zu finden ist. Und merkt Euch dann auch hier das Passwort.

uMatrix

uMatrix ist ein weiteres Browser-Add-on vom selben Hersteller wie uBlock Origin. uMatrix gibt allerdings viel detailliertere Informationen aus und zeigt Euch schon beim ersten Laden der Seite, welche Tracker, Cookies, Skripte und so weiter von der Seite und auch von Dritten ausgegeben werden. uMatrix blockiert von sich aus eine ganze Menge, was viele Seiten am vollständigen Laden hindert, insbesondere solche, die voll sind mit Marketing. Ihr könnt es aber trotzdem probieren und im Zweifelsfall für die Seite deaktivieren. Interessant ist auch, einzelne Skripte nach und nach freizuschalten. Häufig laden diese dann nämlich weitere Tracker nach und setzen andere Cookies, die beim ersten Anlauf noch nicht da waren. Wenn Ihr etwas Zeit habt, probiert das ruhig aus.

Cookies lesen

Wenn Ihr neugierig seid und wissen möchtet, was Webseitenbetreiber:innen und Trackingfirmen in die Cookies auf Eurem Rechner schreiben, könnt Ihr selbst nachsehen. Meist sind dies allerdings nur lange Zeichenketten, also entweder lange Identifikatoren oder eine verschlüsselte Information, die nur von dem:der Webseitenbetreiber:in oder dem Trackinganbieter gelesen werden kann. Trotzdem kann ein Blick in die Cookies durchaus aufschlussreich sein.

Um den Inhalt von Cookies zu lesen, gibt es mehrere Möglichkeiten. Ihr könnt die im Browser eingebauten »Developer Tools«, also »Entwicklerwerkzeuge« verwenden, die Programmierer:innen nutzen, um Webseiten zu analysieren. Das geht mit einem Rechtsklick auf die Webseite und dann »Element untersuchen«. Unter »Web-Speicher« werden Euch alle Cookies angezeigt, die diese Webseite in Eurem Browser hinterlegt hat.

Falls Euch das etwas zuviel ist, könnt Ihr auch ein Browser-Add-on benutzen. Es gibt eine ganze Reihe an Cookie-Add-ons. Ein recht übersichtliches ist der »Cookie Editor« von Moustachauve.

.   .   .

SCHAUT Euch ruhig ein paar der Cookies an, bevor Ihr sie alle löscht.

FORTGESCHRITTEN

Notiere, was Du in diesem Kapitel gelernt hast, insbesondere darüber, wie Verschlüsselung funktioniert.

To-Dos, die sich aus diesem Kapitel für Dich ergeben:

15

ETWAS WEITER FORTGESCHRITTEN

Was etwas länger dauert: Einige Services selber hosten

E inen eigenen Server zu haben oder einen bei einem Betreiber wie beispielsweise Uberspace oder Windcloud zu mieten, ist schon ein großer Schritt. Aber vielleicht werdet Ihr dahin kommen. Es ist auch einfacher, als es sich im ersten Moment anhört. Bei vielen Anbietern gibt es sogenannte »1-Click-Lösungen«, also die Möglichkeit, mit einem Klick einen vorgefertigten Server zu bekommen.

Ihr bekommt dabei nicht einen Rechner in einem Gehäuse, so wie Euer alter Standrechner vielleicht einmal ausgesehen hat, sondern ein Stück Festplattenplatz auf dem Rechner eines Anbieters, der vermutlich eine ganze Menge Rechner hat. In einem Rechenzentrum stehen sehr viele Computer, die etwas anders aussehen als der Standrechner, den Ihr vielleicht gerade im Kopf habt. Vor allem sind sie mittlerweile sehr flach und eher breit und davon stecken viele übereinander in Gitterkästen drin. Auf so einem Rechner könnt Ihr Festplattenplatz mieten. Dabei handelt es sich um »VMs«, das sind »Virtuelle Maschinen«. Die könnt Ihr Euch so ähnlich vorstellen wie die »Partitionen«, die Ihr vielleicht von Eurem Rechner kennt. Nur dass darauf dann auch ein eigenes Betriebssystem läuft. Also viele virtuelle Rechner nebeneinander auf den Festplatten des Servers. Einer davon ist dann Eurer.

. . .

WENN IHR EUCH eine VM bei z. B. Windcloud mietet, könnt Ihr direkt beim Einrichten entscheiden, was die VM für Euch tun soll. Ihr könnt beispielsweise eine NextCloud installieren. Das geht mit einem Klick in der Vorauswahl. Momente später steht dann schon Eure eigene NextCloud für Euch bereit und Ihr könnt direkt loslegen.

Ihr könnt genauso ein Mattermost selbst hosten. Oder auch einen Mailserver. Letzteres empfehle ich allerdings wirklich *nicht* zum Einstieg. Aber eine NextCloud oder ein Mattermost als 1-Click-Lösung traue ich Euch durchaus zu.

SOLLTET Ihr einen Server ohne 1-Click-Lösung haben wollen, gibt es die Möglichkeit, ein Betriebssystem wie »YunoHost« zu verwenden, das Euch einen Baukasten für virtuelle Maschinen liefert, in dem Ihr Euch eine eigene 1-Click-Lösung bauen könnt. Oder Ihr setzt Euren Server von Grund auf selbst auf.

ETWAS WEITER FORTGESCHRITTEN

Notiere, was Du in diesem Kapitel gelernt hast.

To-Dos, die sich aus diesem Kapitel für Dich ergeben:

16

NACHWORT

Ihr habt es bis zum Ende des Buches geschafft! Vielleicht habt Ihr einige Sachen gleich ausprobiert. »Da draußen« gibt es noch viel mehr und andere Menschen werden mit Sicherheit auch andere oder weitere Informationen, andere Software, andere Messenger etc. empfehlen. Schaut, welche Informationen Ihr finden könnt und trefft Eure eigenen Entscheidungen. Ich konnte nur das weitergeben, was ich selbst erlebt und ausprobiert habe und was ich aus meinem direkten Umfeld kenne. Nehmt es als einen Einstieg in das Thema und geht Euren eigenen Weg.

Ihr werdet bald feststellen, dass der Grat zwischen bequem und sicher sehr schmal ist. Vor allem werdet Ihr nicht in jedem Bereich das gleiche Maß an Sicherheit brauchen. So wird der Grat nie eine gerade Linie sein, die Ihr ziehen könnt. Mehr ein Zickzack, das sich an der Frage entlang bewegt, in welchem Bereich Ihr bereit seid, wieviel zu ändern. Oder wieviel Euch andere Menschen oder Situationen etwas ändern lassen.

Ändert nicht zuviel auf einmal. Gebt Euch etwas Zeit und versucht nicht, alles an einem Wochenende umzustellen. Sobald es in Eurem Leben hektisch wird, geratet Ihr sonst ins Straucheln und werft alle Änderungen wieder über Bord. Ändert einen Teil und gewöhnt Euch erst einmal daran. Dann den nächsten und so weiter. Bei mir hat es etwa anderthalb Jahre gedauert, bis ich soweit war und die Schritte, die Ihr hier im Buch findet, für mich alle durch hatte.

Zwischendrin werdet Ihr an den Punkt kommen, wo Ihr feststellt, dass alles – auch die Lösungen, die ich Euch in diesem Buch vorgeschlagen habe –

Vor- & Nachteile hat. Spätestens, wenn es darum geht, auf wessen Servern eine Webseite oder ein Service betrieben wird, wird die Luft im Netz nämlich sehr dünn. Hat ein Service eine gewisse Reichweite erreicht, kommt er kaum drumherum, seine Server auf eine große Infrastruktur umzuziehen. Somit laufen viele Services in der Amazon Cloud (»AWS«, Amazon Web Hosting), weil die die Kapazitäten hat, um mit vielen Datenverbindungen pro Millisekunde umgehen zu können.

Auch wenn es zwischenzeitlich aussichtslos erscheinen sollte: Wir als Gesellschaft werden nichts ändern, wenn wir darauf warten, dass jemand anderes einen ersten Schritt tut. Wir können alle gemeinsam nur dann aus dieser vertrackten Situation hinauskommen, wenn wir zusammenarbeiten. Daran, mündige Bürger:innen zu sein. Daran, echte, unmanipulierte und demokratische Entscheidungen zu ermöglichen. Daran, gemeinsam ein Regulativ zu schaffen, um mit der »einseitigen Enteignung von Verhaltensdaten« (Zuboff) Schluss zu machen.

Es mag als ein ganz kleiner, unbedeutender Vorgang erscheinen, die Cookies in Eurem Browser zu löschen. Aber es ist ein guter erster Schritt. Ein größerer ist vielleicht, andere Messenger zu nutzen. Und ein weiterer ist dann vielleicht, eMails durch sichere Messenger zu ersetzen und die verbliebenen eMails wo möglich zu verschlüsseln.

Mein Weg hat mich ziemlich weit von dem weggeführt, wo ich damals angefangen habe. Einen Schritt nach dem anderen habe ich mich von dem entfernt, »was alle anderen machen«. Und ich habe es auf dem Weg nicht einmal wirklich gemerkt. Natürlich hat es auch Rückschläge gegeben, die mir gut in Erinnerung geblieben sind. Beispielsweise eine Person, die mich ziemlich angeschnauzt hat, weil ich anmerkte, dass es auch Alternativen zu WhatsApp gibt und dass WhatsApp als Kommunikationsmittel zwischen Vortragenden und Studierenden an einer Uni schon aus rechtlicher Sicht nichts zu suchen hätte. Sowas passiert. Ich habe kein WhatsApp, ich muss mit der Person nicht mehr reden. Von anderen höre ich leider nur noch selten; mein Facebook-Konto habe ich zur Feier des Tages beim Erscheinen der ersten Auflage dieses Buches hier endgültig gelöscht. Es ist schade, von den Menschen nur noch wenig mitzubekommen, aber dafür kann ich mir selbst wieder in die Augen sehen.

Schaut in ein paar Wochen, einem halben Jahr, einem Jahr einmal zurück. Konntet Ihr einen ersten Schritt machen? Einen zweiten? Wie weit seid Ihr mittlerweile gekommen? Seid Ihr alleine gegangen oder habt Ihr Euch Hilfe gesucht? Wart Ihr bei Cryptoparties? Oder habt Ihr bei Eurem Hobbyabend anderen davon erzählt? Habt Ihr Menschen getroffen, denen all die Technik vielleicht auch schon suspekt geworden ist? Habt Ihr andere Menschen begeistern können?

Es würde mich sehr freuen, wenn Ihr mich – vielleicht auf Mastodon? – mal kontaktiert und erzählst, wie Euer Weg mittlerweile aussieht.

Bleibt neugierig, hinterfragt alles.

Danke für Euer Vertrauen und viel Spaß beim Erkunden.

DINGE, DIE DU SELBST HERAUSGEFUNDEN HAST

Du hast es bis zum Ende des Buchs geschafft. Mach weiter und
recherchiere selbst weiter zu den Themen, die Du auf den
Arbeitsblättern am Ende jedes Kapitels notiert hast. Schreib auf,
was Du beim tieferen Bohren entdeckt hast.

Notiere Deine weiteren To-Dos.

DINGE, DIE DU SELBST HERAUSGEFUNDEN HAST

Deine weiteren To-Dos:

- [ ]
- [ ]
- [ ]
- [ ]
- [ ]
- [ ]
- [ ]
- [ ]

NOTIZEN

17

LINKSAMMLUNG

Hier ein paar Links zu datensparsameren Anbietern und Services.

ICH BEKOMME KEIN GELD DAFÜR, dass die Links hier stehen. Es sind alles Anbieter und Services, die ich persönlich nutze oder die mir in den letzten Jahren begegnet sind und von anderen Menschen im Bereich Datenschutz verwendet werden.

Diese Liste ist sicher nicht vollständig und es wird eine ganze Reihe weiterer Lösungen geben.

SUCHMASCHINEN
DuckDuckGo: https://duckduckgo.com/
Metager: https://metager.de/

Messenger
Signal: https://signal.org/de/
Threema: https://threema.ch/de
Element: https://element.io/

· · ·

Password-Safes

Keepass XC: https://keepassxc.org/ (Linux, Mac, Win, kompatibel mit den folgenden zwei Apps für mobile)

KeePass2Android (Android)

Strongbox (iOS / iPadOS)

Enpass: https://www.enpass.io/ (alle Plattformen, auch mobile)

Dashlane: https://www.dashlane.com/ (Mac, Win, iOS, Android)

GEKLAUTE LOGINS CHECKER

';--have i been pwned?: https://haveibeenpwned.com/

APP-CHECKER

Exodus Privacy: https://reports.exodus-privacy.eu.org/en/

Browser

EFF »Cover Your Tracks« Browser-Tester: https://coveryourtracks.eff.org/

LibreWolf: https://librewolf.net/

Mozilla Firefox: https://www.mozilla.org/de/firefox/

Firefox Klar: https://support.mozilla.org/de/kb/was-ist-firefox-klar

Tor: https://www.torproject.org/

BROWSER-ADD-ONS

Browser Add-ons sollten immer über die Add-on-Verwaltung direkt im Browser installiert werden, daher stehen hier keine Direktlinks.

https everywhere

EFF Privacy Badger

uBlock Origin

Terms of Service; Didn't Read

uMatrix (für Fortgeschrittene)

EMAIL

Posteo.de: https://posteo.de/de

mailbox.org: https://mailbox.org/de/

Tutanota: https://tutanota.com/de/

· · ·

eMail-Programme & eMail-Verschlüsselung
K9 Mail: https://k9mail.github.io/
Thunderbird: https://www.thunderbird.net/de/
OpenPGP: https://www.openpgp.org/

Fediverse & Social-Media-Alternativen
Mastodon: https://joinmastodon.org/
Pixelfed: https://pixelfed.org/
Funkwhale: https://funkwhale.audio/
Peertube: https://joinpeertube.org/
WriteFreely: https://writefreely.org/
Plume: https://joinplu.me/
Wordpress Plugin für das ActivityPub Protokoll: https://wordpress.org/plugins/activitypub/
Mobilizon: https://joinmobilizon.org/en/
Castopod: https://castopod.org/
Bookwyrm: https://joinbookwyrm.com/

NextCloud
https://nextcloud.org/
Eure NextCloud als Teil des Fediverse:
https://kaffeeringe.de/2019/11/21/nextcloud-als-teil-des-mastodon-netzwerks

Link Shortener
Link-Shortener: https://t1p.de/

Zyklus-Apps
Drip: https://bloodyhealth.gitlab.io/
Periodical: https://f-droid.org/de/packages/de.arnowelzel.android.periodical/

· · ·

Gemeinsames Arbeiten an Dokumenten

Mattermost: https://mattermost.org/

CryptPad: https://cryptpad.fr/ oder https://cryptpad.digitalcourage.de/

Cryptpad Random: via https://cryptpad.random-redirect.de auf eine zufällige unabhängige Instanz umleiten lassen

NextCloud: https://nextcloud.org/

Videocalls & Webinare

Übersicht der Lösungen bei Digitalcourage: https://digitalcourage.de/digitale-selbstverteidigung/videokonferenzen-muessen-keine-datenschleudern-sein

Jitsi: https://jitsi.org/

BigBlueButton: https://bigbluebutton.org/

NextCloud: https://nextcloud.org/

2-Faktor-Authentifizierung

TOTP-Apps: andOTP oder FreeOTP (Android)

Password-Safe Enpass (aber auch andere): https://www.enpass.io/

Yubikey: https://www.yubico.com/

Nitrokey: https://www.nitrokey.com/de

Umfragen

Nuudel der Digitalcourage.de: https://nuudel.digitalcourage.de/

CryptPad: https://cryptpad.fr/ oder https://cryptpad.digitalcourage.de/

Dudle, z. B. bei der TU Dresden: https://dudle.inf.tu-dresden.de/

Limesurvey: https://www.limesurvey.org/de/

Kalender

NextCloud: https://nextcloud.org/

Kalender in Posteo: https://posteo.de/de

Kalender in mailbox.org: https://mailbox.org/de/

Kalender in Tutanota: https://tutanota.com/de/

Maps

Open Street Map: https://www.openstreetmap.org
als App z. B. OsmAndMaps (Android & iOS)
Im F-Droid-Store gibt es "OpenMultiMaps"

YOUTUBE-UMLEITUNGEN

invidio.us: https://invidio.us/
NewPipe: https://newpipe.net/
Freetube: https://freetubeapp.io/

QUICKWINS FÜR SEITENBETREIBER:INNEN

Shariff: https://www.heise.de/ct/artikel/Shariff-Social-Media-Buttons-mit-Datenschutz-2467514.html
Let's Encrypt: https://letsencrypt.org/
Matomo: https://matomo.org/

HOSTINGPROVIDER

Windcloud: https://windcloud.de/
Uberspace: https://uberspace.de/de/

SELFHOSTING

Framasoft hat viele interessante Projekte wie Mobilizon, Framaforms, Framatalk, Framapad und Framadate und noch einige andere, die man mit etwas Geschick auch selbst hosten kann.
-> https://framasoft.org/en/

SELBSTTESTS

Social Media Konsum und App Nutzung: https://one-sec.app/
Selbsttests für Euren Umgang mit Daten: Datenscham.org & https://www.privat-o-mat.de/
Selbsttest für Eure Medienkompetenz: https://www.der-newstest.de/

IoT

IoT besser machen: https://www.iot-austria.at/

Internet of Dongs, über smartes Sexspielzeug: https://internetofdon.gs/

PETITIONEN

Petition »Reclaim Your Face«:

https://reclaimyourface.eu/de/

Petition gegen Spotifys Überwachungspläne:

https://www.stopspotifysurveillance.org/

WEITERES

Das Bildungspaket der Digitalcourage:

https://digitalcourage.de/kinder-und-jugendliche/bildungspaket

Services der Digitalcourage:

https://digitalcourage.de/digitale-selbstverteidigung/online-zusammen-arbeiten

Übersichtsseite von Alternativen zu bekannten Softwarelösungen:

https://switching.software/

Center for Humane Technology: https://www.humanetech.com/

Ethical.net: https://ethical.net/

Web3 is going great: https://web3isgoinggreat.com/

Ansicht der Datenweitergaben bei PayPal:

http://rebecca-ricks.com/paypal-data/

Stop using Facebook: https://www.stopusingfacebook.co/

Wunschliste außerhalb von Amazon: https://wishlephant.com/

18

LESEEMPFEHLUNGEN

Bücher

Cathy O'Neil: Angriff der Algorithmen: Wie sie Wahlen manipulieren, Berufschancen zerstören und unsere Gesundheit gefährden

Christian Solmecke, Nora Wunderlich & Tobias Schrödel: WTF?! So tickt das Netz

Daniel Kahneman: Schnelles Denken, langsames Denken

Katharina Nocun: Die Daten, die ich rief

Katharina Nocun & Pia Lamberty: Fake Facts. Wie Verschwörungstheorien unser Denken bestimmen

Katharina Nocun & Pia Lamberty: True Facts.

Shoshana Zuboff: Das Zeitalter des Überwachungskapitalismus

Sarah Spiekermann: Digitale Ethik: Ein Wertesystem für das 21. Jahrhundert

Wolfie Christl & Sarah Spiekermann: Networks of Control, Facultas Verlag

Wolfie Christl: Kommerzielle digitale Überwachung im Alltag

Wolfie Christl: How Companies Use Personal Data Against People

Wolfie Christl: Corporate Surveillance in Everyday Life

Edward Snowden: Permanent Record

B̈ücher für Kinder und Erziehende

Matthias Kirschner & Sandra Brandstätter: Ada und Zangemann – Ein Märchen über Software, Skateboards und Himbeereis: https://oreilly.de/produkt/ada-und-zangemann/

Pixi-Bücher des Bundesdatenschutzbeauftragten: Pixi Buch – Das ist privat! & Pixi Wissen – Was ist Datenschutz? https://www.bfdi.bund.de/DE/Service/Publikationen/Pixi/Pixi_node.html

ISPA (Internet Service Provider Austria): Der Online-Zoo: https://www.ispa.at/wissenspool/onlinezoo/onlinezoo-detailseite/broschuere/detailansicht/der-online-zoo-buch-deutsch/ (in 12 Sprachen und inkl. pädagogischem Handbuch)

Online

Netzpolitik.org

Digitalcourage.de

Kuketz Blog & Empfehlungsecke: https://www.kuketz-blog.de/empfehlungsecke

Wolfie Christls Webseite mit Links zu seinen Studien, dem Buch etc.: https://wolfie.crackedlabs.org

heise.de

Auf Englisch

https://web3isgoinggreat.com

https://boingboing.net

Lern-Spiele

Was sind Fake News und wie funktionieren sie? https://www.getbadnews.de/#intro

Spiele, Unterrichtsmaterial und Infos für Erziehende https://data-kids.de/

Podcasts

Logbuch Netzpolitik

Der Datenschutz Podcast

Filme & Dokumentationen

The Social Dilemma
    The Circle
    Snowden
    Citizen 4
    Terms & Conditions May Apply (das war noch vor Snowden)
    The Cleaners

DANK AN DIE MITWIRKENDEN

Bei dieser Auflage wurde ich besonders unterstützt von Judith, Natascha, Petra, Till, Clemens, Katharina, Volker, sowie L., F., K. und allen, die mir Hinweise auf Vertipper und inhaltliche Verbesserungsmöglichkeiten geschickt haben.

Einen ganz 🤍-lichen Dank Euch!

EINE GROSSE BITTE AN EUCH

Liebe Leser:innen,

für Autor:innen sind Rezensionen das Um und Auf, um auf dem schwierigen Buchmarkt bestehen zu können. Wenn Euch dieses Buch gefallen hat, hinterlasst bitte eine Rezension auf der Plattform, auf welcher Ihr das Buch gekauft habt. Das hilft mir sehr, auch kommende Bücher schreiben und damit gefunden werden zu können. Erzählt gern allen Freund:innen von diesem Buch. Es macht sich auch gut als Geschenk.

Falls Euch dieses Buch nicht gefallen hat, erzählt einfach allen Leuten davon, die Ihr nicht leiden könnt. ;)

Spenden und Weitersagen

Falls Ihr genug Geld verdient, dass Ihr ein paar Euro (vielleicht sogar im Monat) abgeben könnt, unterstützt freie Projekte: den lokalen Hackspace, die Macher von offenen Plattformen etc. Sie alle brauchen dringend Hilfe, um gegen die großen Plattformen bestehen zu können. Viele von ihnen arbeiten in ihrer Freizeit an den Communityprojekten – Zeit, in der sie keinem Brotjob nachgehen (können) oder nachts, nachdem sie die Kinder ins Bett gebracht haben. Es stecken echte Menschen hinter all den Plattformen und Programmen, die ich Euch hier im Buch vorgestellt habe; hinter Mastodon und Pixelfed, hinter Suchmaschinen wie DuckDuckGo und hinter den Browser-Addons, die einem die Tracker vom Hals halten.

Falls Ihr nicht soviel Geld übrig habt, könnt Ihr trotzdem etwas tun. Sagt es weiter, dass es diese Projekte gibt. Erzählt anderen von diesem Buch und davon, dass sie lieber andere Suchmaschinen statt Google zum Suchen verwenden sollen. Ihr könnt viel bewegen. Oder wie Greta Thunberg sagte: »Niemand ist zu klein, um etwas zu verändern.«

NEUES VON KLAUDIA ZOTZMANN-KOCH

Ich bin Europäerin mit einem Herz für Kaffee und für das Schreiben. Neben Sachbüchern schreibe ich auch Kriminalromane und Science Fiction. In meiner Freizeit engagiere ich mich aktivistisch im Bereich Datenschutz, Medienkompetenz & digitale Grundrechte.

Im Netz findet Ihr mich:
auf Mastodon: @viennawriter@literatur.social

~

Meinen Blog und Podcast für Leser:innen, die Termine meiner nächsten Vorträge, Workshops und Lesungen sowie Leseproben und mehr zu meinen Büchern gibt es auf

    -> zotzmann-koch.com

Neuigkeiten und Aktuelles vom Schreibtisch erfahrt Ihr in meinem Newsletter für Leser:innen.

    -> zotzmann-koch.com/newsletter

BÜCHER VON KLAUDIA ZOTZMANN-KOCH

Dieses Buch gibt es auch auf Englisch unter dem Titel »Easy Ways to Be More Private on the Internet«.

Pop-ups, cookie notices, password rules and data scandals everywhere. Who are those who want to have our data? *And what does that even mean?*

Learn, why so many data flows are problematic and what you can do in just a few minutes to be safer and more private on the Internet.

-> zotzmann-koch.com/privacybook/

VIELLEICHT MÖGT IHR AUCH …

Der Datenschutz Podcast

Im Datenschutz Podcast unterhalte ich mich mit Menschen, die sich für die Themen Internetsicherheit, Privatsphäre, Netzpolitik und Vermittlung digitaler Kompetenzen einsetzen. Hört gerne rein! Ihr findet den Datenschutz Podcast im Podcatcher Eurer Wahl und unter datenschutz-podcast.net.

Oder vielleicht einen meiner Schokoladen- & Kaffee-Krimis?

Die Paula-Anders-Reihe

Link zur Paula-Anders-Reihe: zotzmann-koch.com/paula

Teil 1: Mord & Schokolade

Das süßeste Fachwerkhaus der Welt, wie der Hildesheimer *Umgestülpte Zuckerhut* schon einmal genannt wurde, beherbergt Paula Anders' Spezialitätengeschäft *Bittersweet*: Schokolade und Kaffee. Nur einige hundert Meter weiter klaffen auf der Dombaustelle tiefe Löcher in der entweihten Erde. Als auf den Stufen zur Krypta ein Toter mit einer mysteriösen Schokoladentafel in der Tasche gefunden wird, steckt Paula mit einem Mal tief in Verstrickungen und Korruption, denen auch ihre Jugendliebe Thomas nicht entrinnen kann.

-> zotzmann-koch.com/mord-schokolade

Teil 2: Mord & Kaffee schwarz

Der zweite Kriminalroman der Paula Anders Reihe. Eine Vernissage im Derneburger *Glashaus* findet ein jähes Ende, als das Oberhaupt der Hildesheimer Künstlergilde tot im nahen Weiher treibt. Durch ihre Verbindung zum Opfer gerät Paula ins Fadenkreuz der Ermittlungen. Doch als plötzlich Paulas Nichte Susi verschwindet, offenbart sich erst das ganze Ausmaß des Verbrechens.

-> zotzmann-koch.com/mord-kaffee-schwarz

Teil 3: Mord & Nougat Crisp

Der dritte Kriminalroman der Paula Anders Reihe. Eine Mumien-Lieferung für das Ägyptische Museum in Hildesheim – Routine, sollte man meinen. Doch am Ende des Tages sind neben den Mumien noch drei Menschen mehr tot. Gleichzeitig taucht in der Stadt eine neue Droge auf – schon eine kleine Dosis führt zum Exodus. Paula Anders und ihre Nichte Susi, die für den Museumsshop mit Schokoladen-Sarkophagen experimentieren, nehmen zusammen mit Susis Exmann und Kriminalhauptkommissar Volker Müller die Ermittlungen auf. Volker gerät unter Zeitdruck, als sein Kollege Brunner mit den Drogen in Berührung kommt.

-> zotzmann-koch.com/mord-nougat-crisp

Kurzkrimi: Schlechte Karten

Eine Kurzgeschichte aus der Paula Anders Reihe. In einem »Hexenhaus« inmitten eines überwucherten Gartens wird eine Frau tot aufgefunden. Ein Messer steckt in der Leiche, sein Zwilling in einer Tarotkarte auf dem Tisch. Für die Lösung des Falls braucht Kriminalhauptkommissar Volker Müller die Hilfe seiner Exfrau Susi, die sich zum Glück mit Kartenlegen auskennt.

-> zotzmann-koch.com/schlechte-karten

Sammelband: Mord, Kaffee & Schokolade (nur als eBook)

Paula Anders' erste drei Fälle in einem Sammelband: »Mord & Schokolade«, »Mord & Kaffee schwarz« sowie »Mord & Nougat Crisp«, sowie der Kurzkrimi »Schlechte Karten«.

-> zotzmann-koch.com/mord-kaffee-schokolade

Podcasting: Dein leicht verständlicher Fahrplan zum eigenen Podcast

Vielleicht möchtet Ihr auch einen eigenen Podcast starten. Dann habe ich noch ein weiteres Sachbuch für Euch.

Gesehen werden alleine reicht heute nicht mehr. Man muss sich auch Gehör verschaffen. Podcasts sind im Trend. Aber warum? Was macht dieses Format so besonders? Und was brauchst Du wirklich, um einen eigenen Podcast zu starten?

Dieses Buch ist der Wegweiser zu Deinem ersten Podcast. Hier findest Du alles, was Du wissen solltest: Welche Hardware und Software ist unverzichtbar? Wie sieht es mit Datenschutz und anderen Rechtsvorschriften im Podcast aus? Und schließlich: Wie kommt der Podcast bis ins Herz der Hörer:innen? Leicht verständlich und mit vielen Praxistipps vom Start bis zum Ziel.

-> zotzmann-koch.com/podcasting/

Verantwortlich für Inhalt und Gestaltung dieses Buchs:

© 2019-22 Klaudia Zotzmann-Koch

Klaudia Zotzmann-Koch
eMail: klaudia [at] zotzmann-koch.com
PGP Fingerprint: F773 1363 1BCF BA36 646D 6996 6E45 F677 E1EA 1663

4. Auflage, Vorgängerausgabe 2021

ISBN Softcover: 978-3-903324-35-0
ISBN Großdruck: 978-3-903324-36-7

Coverfoto & -design: Klaudia Zotzmann-Koch
Autorinnenfoto: Markus Koch

Klaudia Zotzmann-Koch
Verlagslabel / Imprint: edition sil|ben|reich
c/o Bianca Kronsteiner
impressumservice.net
Robert-Preußler-Straße 13 /Top 1
5020 Salzburg, Österreich